세습 중산층 사회

세습 중산층 사회

90년대생이 경험하는 불평등은 어떻게 다른가

조귀동 지음

세습 중산층의
세계에 오신 것을 환영합니다

10과 90의 사회

오늘날 20대 문제의 핵심은 '1등 시민'인 중상위층과 나머지
'2등 시민' 간의 격차가 더는 메울 수 없는 초超격차가 되었다는
데 있다. 이 초격차는 단순히 부모의 재산을 물려받는 것만이 아
니라 좋은 직업과 사회경제적 지위를 확보하는 형태의, 즉 물적
자본만이 아닌 인적자본의 세습을 통해 확대·유지된다. 그리하
여 1등 시민과 2등 시민이 갖는 격차는 노동시장에서 소득·직
종·직업적 안정성의 격차로 나타난다.

20대의 불평등 문제는 단순히 그들의 삶이 평등하지 않다는
데 있지 않다. 불평등이 만들어지고 강화되는 과정 그리고 그것
이 다차원적이라는 질적 특징에 있다. 그 불평등은 학력·소득·

직업·인맥·문화적 역량의 복합적인 결합으로서, 부모의 경제적·사회적·문화적 격차가 그대로 자녀의 인적자본 격차로 체화되는 것이다. 흔히 이 격차는 능력의 격차처럼 여겨지지만, 실제로는 출신 계층의 격차라는 사실을 '나머지' 계층에 속한 오늘날의 20대는 삶의 단계마다 피부로 깨친다.

이러한 계층 분화는 단순히 경제적·사회적 지위 격차의 확대만을 의미하지 않는다. 생활세계에서 겪는 경험의 이질성이 커지면서, 20대의 세계관은 그들이 어떤 계층 출신인지에 따라 크게 차이가 나기 시작했다.

2019년 가을 조국 전 법무부 장관을 둘러싸고 벌어진 논란은 현재 한국 사회에서 20대의 핵심 문제가 계층 또는 계급의 재생산이라는 사실을 확인해주었다. 또 20대 내부의 격차가 이전 세대의 그것보다 훨씬 크고 다차원적임을 보여주었다.

조 전 장관 일가의 문제는 20대 내부에서의 단층을 드러냈다. 기성세대로부터 착취당하는 'N포 세대'[1]와 한국 경제 고도성장의 수혜를 받은 자신감 넘치는 'G세대(글로벌 세대)'[2]가 공존하고 있다는 사실을 말이다. 유창한 영어 실력과 진취적인 사고방식으로 글로벌 환경 전문가를 꿈꾸며 고등학교 때 이미 제1 저자로 의학 분야의 논문을 쓰고, 대학교 재학 중에는 300시간 이상을 의료 봉사활동에 쓰며 미래를 준비하는 모습은 2010년 당시 제시된 G세대의 모습과 일치했다. 그 과정에서 가족들은 기업처럼 자녀의 인적자본 형성을 위한 장기 전략을 짜고, 입시

제도에 최적화된 투자를 계획·집행하며, 탄탄한 주력 계열사의 든든한 지원과도 같은 부모의 사회적 네트워크 등을 활용하기도 했다.

조 전 장관 자녀에 대한 분노는 그와 경쟁 관계에 있는 서울대·연세대·고려대 등 이른바 명문대에 재학 중인 중산층 자녀들을 중심으로 터져나왔다. 조부모와 부모가 일구어놓은 재력과 인적 네트워크, 경우에 따라 위법·탈법 의혹을 받을 수도 있는 방법까지 써 일종의 '추월 차로'를 타며 중산층 자녀 교육의 최고 목표인 의대에 입학한 것은 그들이 보기에 분노가 치밀 수밖에 없는 사안이었다. 무엇보다 '공정'해야 할 명문대와 의사 양성소 입시에서 '불공정'을 저질렀기 때문이다.

하지만 명문대 바깥의 20대는 시종일관 침묵하면서 '남의 일'이라는 무기력한 반응이었다. 그나마 지방 국립대 중 대기업 취업률이 가장 높은 경북대 학생회가 장관 후보자 시절인 8월 말 한 차례 성명서를 발표했을 뿐이다.[3] 조국 전 장관을 둘러싼 논란에 대해서 "20대는 이슈 초기 국면부터 부정적이거나 냉소적"[4]이었으며, 시간에 따른 부정 평가의 등락도 초기에 다른 연령대와 비슷한 수준으로 부정적 반응을 내놓은 뒤 큰 변동이 없었다. 20대는 '조국 수호'를 외친 4050의 서초동에도 '조국 사퇴'를 부르짖은 6070의 광화문에도 모두 모습을 드러내지 않았다.

조국 전 장관을 둘러싼 논란에서 20대가 중산층의 분노와 다수의 냉소로 갈린 것은, 오늘날 그들이 경험하는 불평등의 양적·질적 특성 때문이다. 20대, 즉 90년대생(1990~1999년생)의 생활세계는 근본적으로 불평등한 세계다. 이들은 상급학교 진학, 각급 학교에서의 교육과 기회 획득, 교육의 최종 '결과'인 취업 과정에서 이전 세대와는 다른 복합적인 불평등을 경험한다.

각각의 20대들이 불평등 구조의 위계 서열에서 어느 위치에 자리하는지는 그들의 부모가 어떤 계층 또는 계급에 속해 있는지에 따라 달라진다. 취업하기 전까지 각 단계는 '능력 본위'로 포장되어 있지만 기실 그 '능력'은 부모가 어느 학교를 나왔고, 어떤 직업을 가졌으며, 월 소득은 얼마고, 어느 지역의 몇 평 아파트에 거주하는지에 강한 영향을 받는다.

20대가 취업과 함께 노동시장에 진입할 때 어떤 일자리를 얻느냐는 그의 미래 소득, 자산, 결혼 여부, 사회적·문화적 경험 등 생애주기 전반을 결정한다. 고임금의 안정된 일자리와 저임금의 불안정한 일자리 간의 격차가 큰 데다, 이직이나 전직 등을 통한 '질 좋은 일자리'로의 이동이 사실상 불가능한 한국 노동시장의 특성 때문이다. 인터넷 게시글에서 종종 볼 수 있는 '한 번 ㅈㅅ(중소기업을 의미)면 영원한 ㅈㅅ'라는 말이 나타내듯 첫 일자리가 대기업이냐 중소기업이냐, 정규직이냐 비정규직이냐에 따라 그 사람의 인생이 갈린다. 첫 일자리가 모든 것이나 마찬가지인 셈이다.

대기업·공공부문 정규직의 기회를 얻는 이들은 연간 7만 2,000명쯤 되며, 이는 동갑내기들 중 10퍼센트 정도로 추산된다.

따라서 오늘날 20대가 경험하는 불평등은 1퍼센트와 99퍼센트의 격차가 아니라 10퍼센트와 90퍼센트의 격차에 기인한다. 그리고 그 격차는 단순히 임금의 격차가 아니라 생애주기 전반의 격차다. 변호사·의사와 삼성전자·우리은행 직원의 생활세계 내 격차는 크지 않지만, 그들과 중소기업 노동자 또는 비정규직의 격차는 감히 메울 수 없을 정도로 넓고도 깊다. 20대가 계급 불평등을 경험한다면 현대판 부르주아지인 10퍼센트와 나머지 90퍼센트의 불평등인 것이다.

여기서 중산층은 '중간 소득 집단'[5]이 아니라 '경제적으로 안정된 도시의 중간계급과 도시 및 농촌의 프티부르주아 중 경제적으로 안정된 집단 그리고 소득이 높은 상층 노동계급을 포함하는 집단'[6]과 유사하거나 그보다 좀 더 상층의 집단이다. 미국의 사회학 교과서인 『소사이어티인포커스Society in Focus』[7]는 취업자 중 소득 상위 15퍼센트 정도를 차지하는 대기업 고소득 화이트칼라와 전문직 종사자 등을 '상위 중간계급upper middle class'으로 정의하는데, 이 책에서 사용하는 중산층 또는 중상위층 개념은 이와 가장 유사하다. 이는 이 책이 중산층과 중상위층을 함께 사용하는 이유이기도 하다.

통계청 가계동향조사에 따르면 2018년 현재 한국에서 최상위 10퍼센트에 속하기 위해서는 가계소득이 연 1억 1,520만 원을 넘어야 하고, 상위 20퍼센트에 들어가려면 연 8,500만 원은 넘게 벌어야 한다. 상위 20퍼센트 이상 가구는 맞벌이 비중이 높기 때문에 개인소득 기준으로는 상위 10~15퍼센트 안팎의 집단을 중산층이라 정의할 수 있다.

이들은 교육과 노동시장에 투자할 경제적 여력과 문화적 자본 그리고 인적 네트워크를 가진 집단이다. 또한 내부에 치열한 경쟁이 존재한다는 점을 특징으로 볼 수 있다.

20대가 경험하는 다중의 불평등

20대 집단 내부의 격차는 '능력'의 격차로 포장된 '결과'의 격차이면서, 동시에 '능력'을 배양할 수 있는 '계층'의 격차다. 결국 20대의 격차는 부모 세대인 50대의 격차가 그대로 세습되는 것이라 할 수 있다.

문제는 여기에서 발생한다. 오늘날 50대인 60년대생(1960~1969년생)이 한국 사회에서 학력, 소득, 직업, 자산, 사회적 네트워크 등 다중격차를 처음으로 만들어낸 세대이기 때문이다. 특히 전체 근로자의 22.4퍼센트, 취업자의 16.5퍼센트 정도를 차지하는 대기업·공공부문 화이트칼라는 1980년대 초중반 전문직 또는 대졸 사무직 수요가 폭발적으로 늘어나는 가운데 등장한 이후 고소득 일자리를 안정적으로 유지하는 데 성공했다. 특히나 이들은 1990~2000년대에 질적으로 발전한 한국 자본주의의 수혜를 입었다. 이들 '80년대 학번-60년대생'과 나머지 '학번 없는 60년대생'의 차이는 이전과 다르다. 바로 직전의 '학번 없는 50년대생'은 '학번 없는 60년대생'에 비해 노동시장에서 상대적으로 높은 지위를 차지할 여지가 있었다. 하지만 60년대생으로 넘어가면 '번듯한 일자리'는 대부분 대졸자의 차지가 되고, 거기에 소수의 대공장 정규직 생산직 근로자가 80년대 후반 '노동자 대투쟁'과 90년대 초반 '3저 호황'에 힘입어 고임금의 안정된 일자리를 확보한 구조가 짜여졌다.

이 '80년대 학번-60년대생'인 중상위층은 학력과 노동시장의 지위를 기반으로 부를 축적하면서, 나머지 학번 없는 60년대생과 다중적인 격차를 벌렸다. 그리고 이들이 교육 투자뿐만 아니라 문화적 역량, 사회적 네트워크 등 무형 자산을 이용해 자녀 세대(90년대생)에게 동일한 지위를 물려주려고 나서면서 중산층 지위의 세습이라는 결과가 빚어지게 되었다.

80년대 학번 대졸자들에게 '질 좋은 일자리'라는 건 어떤 대학을 나왔는지 그리고 어떤 직종에 종사하는지에 따라서 달라지는 것이었고, 따라서 그들은 본인과 같은 안락한 지위를 자녀도 누려야 한다는 생각에 서울 대치동 사교육 특구를 만들어냈다. 오늘날의 30대(80년대생)에게서만 해도 가끔은 존재했던 육체 노동자나 소상인 자녀가 대기업에 취업하는 일은 이제 20대에게서는 찾아보기 어렵게 된 셈이다.

평일 점심, 서울 을지로입구역 인근 식당가로 밥을 먹으러 나온 20대 노동자들의 모습을 그려보자. 그들이 SK텔레콤이나

KEB하나은행 사원증을 목에 걸고 있다면, 그들의 60년대생 부모도 대졸 화이트칼라일 가능성이 크다. 거꾸로 사원증이 없는 중소기업에 다니거나 아니면 명동 인근에서 서비스·판매직에 종사하고 있다면 그들의 부모도 비슷한 일을 하고 있을 가능성이 크다.

결국 오늘날 20대가 경험하는 불평등은 '세습 중산층'과 나머지 사람들의 격차에 가깝다. "부의 위계에 따라 구조화되어 있던 사회가 거의 전적으로 노동과 인적자본의 위계에 따라 구조화된 사회로 바뀌었다"[8]는 토마 피케티Thomas Piketty의 지적은 구미뿐만 아니라 한국에도 그대로 적용된다. 60년대생이 대학(특히 명문대) 정원 확대, 경제 호황기 노동시장 진입, 수출 대기업의 급성장과 그로 인한 노동소득 증가·자산 가격 급등에 힘입어 세습 중산층의 1세대를 이루었다면, 90년대생은 그들의 교육 투자로 만들어진 세습 중산층의 2세대다.

오늘날 20대가 경험하는 불평등의 본질은 부모 세대인 50대 중산층이 학력(정확히는 학벌)과 노동시장 지위를 바탕으로 그들의 자녀에게도 동일한 학력과 노동시장 지위를 물려주는 데 있다. 세습 중산층의 자녀가 '번듯한 일자리'를 독식하는 게 2019년의 20대가 1999년 또는 2009년의 20대와 다른 점이다. 이렇게 심화된 '격차 고정'은 결혼, 주택 등 생애주기에서의 기회에까지 강력한 영향력을 행사한다. 결혼과 주택 문제는 세습 중산층과 나머지 사람들 간의 격차 심화의 결과이면서 그와 동시에 격차가 더욱 벌어지게 하는 요인이다.

'90년대생'은 출신 학교, 직업, 소득, 자산 나아가 결혼 등의 사회적·문화적 경험에 이르기까지 다중의 불평등을 경험한다. 그들에게 불평등은 마치 공기와 같은 존재라 할 수 있다. 그리고 불평등 확대와 격차 고정 상황에서 겪는 경험의 이질성은 정치·사회 인식에 영향을 미쳐 '계급의식'이라 할 수 있을 정도로 세계관의 차이를 만들어낸다. 따라서 그들은 '세대'로 묶을 수 있는 단일한 실체가 아니다. 굳이 세대론의 용어를 사용해 이들을 규정짓자면 '초격차 세대'가 어울릴 것이다.

2010년 이후 노동시장의 변화

세습 중산층의 사회 또는 초격차 사회가 어떻게 작동하는지 살피기 위해 이 책은 20대의 취업(노동시장 진입) 과정과 취업 직후 생애주기에서 겪는 경험에 주목한다. 노동시장 진입은 직업적·계층적 지위를 결정하는 과정이면서, 이전에 이루어진 인적자본 투자의 결과물이다. 한국 사회에서 자녀 교육은 단순히 좋은 학벌을 세습하기 위한 것이 아니라, 이후 좋은 일자리를 갖는 데 유리한 사전적인 인적자본 투자의 성격을 갖는다. 따라서 노동시장의 특징과 2010년 이후 나타난 변화를 먼저 분석하고, 노동시장과 연관된 상급학교 진학 경쟁 양상과 결혼·주택 취득

등 30대까지 이어지는 생애주기상 경험의 문제를 살핀다.

노동시장에서 주목해야 할 것은 2010년 이후 나타난 변화다. 대기업-정규직으로 대표되는 고소득과 안정된 지위가 보장된 '번듯한 일자리'가 줄어들기 시작했는데, 이는 IT 기술의 도입과 확산에 따라 특별한 기술을 필요로 하지 않는 범용 사무직을 중심으로 나타난 것으로 보인다. 또 번듯한 일자리를 얻는 남성의 비율이 가파르게 감소하기 시작했다. 서울 4년제 대학에 진학하는 여성의 비율이 늘어나고 노동시장에서 성별에 따른 남성의 우위가 사라지면서 나타난 현상이다. 이처럼 2010년 이후 나타난 20대 노동시장의 가장 큰 특징은 대기업 일반 사무직 일자리가 감소했고, 그 과정에서 중산층 배경을 가진 남성이 극도로 경쟁적인 상황으로 내몰렸다는 것이다.

20대 내부에서 성性이나 계층에 따라 정치·사회의식이 상이하다는 것도 이전 세대인 30대와 구별되는 특징이다. 중상층 20대는 자신의 삶이 매우 안정되어 있다고 느끼며, 한국 사회가 누구나 노력하면 인정을 받을 수 있는 사회이고 나아가 더욱더 능력에 따른 격차를 인정하는 방향으로 바뀌어야 한다고 생각한다. 하지만 중하층 20대는 자신의 삶이 불안정하다고 생각하며, 한국 사회가 능력에 따른 격차를 보완하는 방향으로 바뀌어야 한다고 본다. 노동시장의 '결과'를 중심으로 발생하는 다중격차가 계급의식이라 할 수 있을 만큼 계층별 정치·사회의식 격차를 낳았다고 볼 수 있다.

불공정·불평등에 대한 인식도 부모의 사회경제적 지위에 따라 다른 양상을 보이는데, 이는 성별에서도 차이를 드러낸다. 남성은 사회경제적 지위가 하층일수록 사회 구조에 문제가 있다고 생각한다. 그런데 여성은 사회경제적 지위가 상층일수록 사회 구조에 대한 불만을 표시하고, 진보적 성향을 띤다. 20대 남녀 간 정치적 양극화는 중산층 집단에서 집중적으로 발생하는 것으로 보인다.

사회경제적 지위의 향상 가능성이 없는 하위 90퍼센트에 속한 20대들에게서 공통으로 나타나는 모습은 부모 세대인 50대를 불신하는 것이다. 그들이 상위 10퍼센트에 속한 '50대-80년대 학번-60년대생' 남성의 진보 담론에 대해 냉소적인 반응을 보이는 것은 자연스럽다. 20대, 특히 20대 남성은 보수화된 게 아니라 비당파화apartisan되어 있다고 보아야 할 것이다.

노동시장을 중심에 놓고 이른바 하부 구조의 특징과 변화를 살폈을 때 장점은 남녀 간 성별 갈등, 20대 남성의 보수화, 공정이란 가치에 대한 하부 집단별 감수성을 둘러싼 유용한 정보를 얻을 수 있다는 것이다. 최근 발생하는 20대를 둘러싼 이슈 가운데 상당수는 노동시장 진입 기회, 불평등 강화 등 사회경제적 요인이 강하게 작용한 것으로 볼 수 있다. 그것이 20대 문제의 모든 것을 설명하지는 못하지만, 주요 이슈들이 불거지게 된 동력이 어디서 나왔는지는 보여줄 수 있는 셈이다.

글의 구성

구성은 다음과 같다.

1장에서는 20대가 진입하는 노동시장의 특성을 개관한다. 노동시장이 대기업 정규직 중심의 고임금-높은 고용 안정성의 1차 노동시장과 나머지 중소기업·비정규직의 저임금-낮은 고용 안정성의 2차 노동시장으로 나뉘어 있다는 이중노동시장 이론을 중심으로 임금 구조·취업률 추이·중등 교육의 변화 등을 살핀다.

2장에서는 2010년 이후 20대가 노동시장 진입 당시 겪는 '경험'에서 어떤 변화가 있었는지 알아본다. 서울 4년제와 그 외 나머지 대학으로 집단을 나눈 뒤 두 집단의 10분위별 임금 변화와 남녀 성비를 분석한다. 또 데이비드 오터David Autor 미국 MIT 교수 등이 제시한 업무편향기술발전Task-Biased Technological Change 가설을 활용해 IT 기술 도입으로 '일'이 자동화되면서 평범한 사무직이나 기능공 등이 집중적으로 사라지는 이른바 '중숙련 일자리 감소' 가능성을 논한다.

3장에서는 교육이 어떻게 세습 중산층 지위를 유지하는 불평등 제조기 역할을 하고 있는지 살핀다. 또 사교육비 지출뿐만 아니라 부모 세대의 학력자본이나 문화자본에 의해 자녀 세대의 인지적·비인지적 능력에 큰 격차가 발생한다는 것을 확인한다.

4장은 세습 중산층에 진입할 기회가 없는, 나머지 90퍼센트에 해당하는 지방 소재 대학생과 고졸자에 대한 논의다. 이들은 저임금과 불안정한 고용 환경 속에서 대규모 '근로 빈곤층'을 구성한다.

5장은 취업 이후의 생애주기 과업인 결혼과 주택 구입 등에서 나타나는 계층 분화 양상을 분석한다. 특히 결혼 문제를 중심으로 상이한 성별·계층별 경험을 들여다본다.

6장은 현재 90년대생의 다중격차가 부모 세대인 60년대생의 역사적 특수성에서 기인했음을 다룬다. 60년대생은 한국 자본주의 고도화의 수혜를 받아 '테크노크라트'라고 말할 수 있는 대졸-화이트칼라의 대군大軍이 형성된 첫 세대로, 1990~2000년대에 급격히 성장한 수출 제조업과 혜성처럼 등장한 금융·IT 산업의 수혜를 받았다.

7장은 오늘날 20대의 세계관이 성별에 따라, 계층에 따라 얼마나 다른지에 주목한다. 20대의 세계관은 30대와 달리 부모의 사회경제적 지위의 영향을 강하게 받으며, 성별에 따라서도 다르다. 이들은 공정성에 대한 감수성, 능력주의에 대한 믿음, 정치적 진보-보수 정도, 바람직한 사회상 등에서 현격한 차이를 드러낸다.

8장은 그러한 세계관의 차이가 어떻게 가장 표층의 정당 지지에 영향을 주는지를 다룬다.

이 책은 몇 달 전 모 기관의 의뢰를 받고 작성한 20대가 처한 경제적 상황과 그것이 정치·사회의식 등에 미치는 영향을 다룬 분석 보고서를 뼈대로 한다. 당시 노동시장 진입 과정을 중심으로 분석하면서, 다층적 불평등의 심화 등 구조적 특징에 주목했다. 그리고 불평등의 세습에 관해 2017년에 작성한 몇 개의 글이 기초가 됐다.

20대의 노동시장 상황과 사회 인식 변화 등을 보기 위해 기존 연구와 통계청·고용노동부가 제공하는 통계 자료를 기본으로 하되, 여러 기관에서 만든 원시자료(마이크로데이터)를 사용했다. 또 주로 변수별로 군집화해 통계량을 추출하고, 이를 비교하는 기법을 사용했다. 대부분 인과관계 등을 파악하기 위해 통계 분석 기법을 쓰는 학술 연구들과 목적이 달랐기 때문이다. 마이크로데이터는 한국고용정보원의 대졸자직업능력이동조사GOMS, 한국노동연구원의 노동패널, 동그라미재단이 2016년 실시한 한국사회 기회불평등조사, 정보통신정책연구원의 한국미디어패널조사KMP 등 4종을 사용했다. 이와 별도로 「한겨레21」·한겨레 경제사회연구원·글로벌리서치가 2018년 1월 실시한 '유권자 인식조사' 통계표를 입수해 사용했다. 이 자리를 빌려 자료를 선뜻 제공해준 동그라미재단과 「한겨레」·글로벌리서치 관계자분들께 감사드린다. 또 여론조사 자료 등을 수집·가공해준 이창희 박사에게도 고마움을 표한다.

차 례

1장

—

문제는
노동시장

한 번 외부자는 영원한 외부자

세습 중산층과 나머지 사람들 간의 메울 수 없는 격차가 발생한 핵심 원인은 노동시장에 있다.

한국 사회에서 노동시장은 대기업 정규직이나 공무원 같은 '내부자Insider'와 중소기업 재직자나 기타 비정규직의 '외부자Outsider'[1]로 구성된다. '인싸(인사이더의 줄임말)'들이 끼리끼리 모여 형성되는 노동시장을 '1차 노동시장'이라고도 하는데, 여기에 속한 일자리는 급여가 높고 근속 연수가 길며 연공서열제가 강하고 경우에 따라 노동조합의 보호를 받는다. 반면 나머지 '아싸(아웃사이더의 줄임말)'들의 노동시장을 '2차 노동시장'으로 묶는데, 이 일자리들은 낮은 급여에 연공서열제 등이 거의 없고 근속 연수가 짧으며(따라서 숙련 형성도 어렵다), 노동조합의 보호는커녕 계약 기간이 만료되면 일자리가 사라질지도 모른다는 불안감을 안고 살아야 한다.

대학에서 한 번 '아싸'가 되면 '인싸'가 되기 어렵듯이 노동 시장에서도 한 번 외부자가 되면 내부자로 승급하기가 여간 어렵지 않다. 1차 노동시장에서는 연공서열제 등으로 내부자의 인 건비 부담이 높아도 이들을 정리해고하기란 사실상 불가능하다. 또한 기업이나 공공기관은 중소기업 재직자를 경력직으로 뽑느니, 차라리 상대적으로 초임이 저렴한 젊은 신입 직원을 채용한다. 한국 노동시장의 특징으로 거론되는 이중노동시장 또는 분절노동시장이 바로 이것이다.

국내 학자들은 이와 같은 이중 구조가 있다는 데 대해서는 대부분 동의한다. 다만 그 원인이 내부자 보호 경향이 짙은 경직적 노동시장 때문인지 아니면 기업이 생산 조직을 유연하게 바꾸면서 비정규직 채용을 늘려 내부자-외부자 차별을 조장하기 때문인지 등등으로 이견이 있는 정도다.

이러한 상황에서 어느 학교를 나왔는지는 노동시장에 진입할 때(즉 첫 일자리를 얻을 때) 중요한 영향을 미친다. 내부자가 되느냐, 외부자가 되느냐의 기로에 서기 때문이다. 따라서 상급학교 (특히 대학) 진학과 첫 일자리 취업은 노동시장 진입 과정으로 한데 묶어볼 수 있다. 김영철 서강대 교수는 이에 대해 '이중 선별 screening'이라는 용어를 사용했다. "국내 노동시장에서의 선별(또는 선택selection)이 대학 입학 단계에서의 1차적 선별first screening과 노동시장 진입 단계에서의 2차적 선별second screening로 구성"[2]되어 있다는 의미다. 이른바 '명문대'라는 학벌을 가져야 좋은 일자리를 얻는다는 상식과도 같은 이야기이기도 하다.

'인싸'와 '아싸'의 격차가 크고, 대학 입학과 첫 일자리에서 모든 게 결정된다고 한다면 치열한 경쟁이 벌어질 수밖에 없다. 첫 일자리가 어디냐에 따라 금쪽같은 자녀의 인생이 좌우되는 상황에서, 부모들은 목숨을 건 투자에 나선다. 그리고 그 승자는 대개 '인싸' 가정의 자녀들이다. 마일스 코락Miles Corak 캐나다 오타와 대학교 교수는 부모 세대의 소득 불평등이 자녀 세대로 이어지는 핵심 경로가 자녀 세대의 노동시장 진입 당시 임금격차(처음 취업했을 때의 임금소득의 차이)라는 실증분석 결과[3]를 내놓아 유명해졌는데, 이는 한국의 20대들이 첫 일자리를 가질 때 경험하는 '이중 선별'에 잘 들어맞는다.

첫 일자리로 신분이 결정된다

그렇다면 '인싸'와 '아싸'는 각각 얼마나 될까? 배규식 노동연구원장은 지난 2017년 발표한 보고서에서 2016년 현재 1차 노동시장에 속한 노동자의 비중을 대기업 정규직 14.5퍼센트(284만 명)와 공공부문 정규직 7.9퍼센트(154.7만 명)를 합쳐 22.4퍼센트(438.7만 명)로 추정했다.[4] 이를 노동자가 아닌 사람들(자영업 자, 무급 가족 종사자 등)까지 고려한 취업자 기준으로 보면 1차 노동 시장에 속한 사람들의 비중은 대기업 정규직 10.7퍼센트와 공공 부문 정규직 5.8퍼센트를 합쳐 16.5퍼센트가 된다. 이는 김유선 한국노동사회연구소 이사장이 2017년 현재 1차 노동시장에서 일하는 사람들이 노동자의 23.4퍼센트, 취업자의 19.3퍼센트에 달한다고 본 것과 비슷한 수준이다.[5] 전체의 5분의 1 정도의 사 람들만이 '내부자'인 셈이다.

노동시장에 처음 진입하는 20대 입장에서 첫 직장이 '인싸' 인지, '아싸'인지는 사활을 건 문제다. 당장 받는 급여, 미래의 소 득은 물론이고 그에 따른 자산 축적, 현재의 연애와 미래의 결혼 등에도 모두 영향을 미치기 때문이다. 이제 '인싸'와 '아싸' 두 집단의 격차가 어느 정도인지 살펴보자.

먼저 급여의 차이를 보자. 권혜자·이혜연 한국직업능력개발 원 연구위원이 전문대학 이상 대학 졸업자의 근로 행태와 급여 를 분석한 결과[6]인 〈그림 1-1〉에 따르면 이른바 '재벌'이라 불 리는 대기업 집단 계열사[7] 정규직으로 취업하면 월 305만 1,000 원을 받는데, 중견기업에 취업하면 월 245만 2,000원, 중소기업 (종사자 수 300인 미만)에 취업하면 월 191만 4,000원을 받는 것으 로 나타났다. 대기업 집단에 속하지 않은 경우에는 종사자 수가 300명이 넘는 곳에 가도 월 228만 5,000원을 받는 데 그쳤다. 대 기업 집단이 만들어질 만큼 산업 규모가 크거나 고부가가치 업

그림 1-1 대졸 취업자의 직장 규모 및 일자리 유형에 따른 임금(초임)

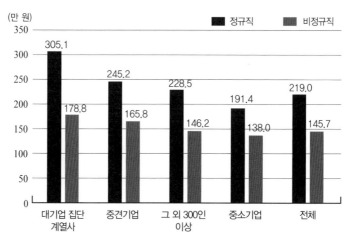

주: 2013년 8월~2014년 2월 졸업자의 2015년 현재 임금.
자료: 권혜자·이혜연(2019).

종에 속하지 않으면 급여가 뚝 떨어진다는 의미다. 그나마 이 정
도 급여는 정규직이라 받는 것이다. 비정규직일 경우 대기업 집
단 계열사에 가도 월 178만 8,000원밖에 받지 못하고, '아무도
모르는' 중소기업으로 갈 경우 월 138만 원까지 하락한다.

급여가 가장 높은 집단인 '재벌' 소속 대기업 정규직(월 305만
1,000원)과 가장 낮은 집단인 중소기업 비정규직(월 138만 원)의 차
이는 2.2배에 달한다. 기본적인 노동경제학 모형에서 급여 차이
는 노동자 각각의 생산성을 반영한 결과로 흔히 간주하는데, 대
졸자 초임에서 이 정도 격차가 난다면 생산성 이외에 다른 요인
이 작용한 것으로 보아야 할 것이다. 실제로 동일한 규모의 기업

에서 일한다 할지라도, 대기업 집단 계열사에 취업한 대졸자 급여는 그렇지 않은 기업(중견기업 또는 대기업이 아닌 300인 이상 기업)에 취업한 사람의 급여와 비교해 25~33퍼센트 정도 많았다. 정규직 여부, 취업자의 학력, 매출·종업원 수 등이 같다고 가정했을 경우 나타난 격차다. 이름만 들어도 바로 알 수 있을 정도로 '간판'이 좋은 기업에 다니는 게 중요한 실질적 이유는 급여 차이에 있다.

'초봉'에서부터 나기 시작한 이 격차는 시간이 갈수록 더 벌어진다. 근속 연수에 따른 임금 상승률도 대기업이 더 높기 때문이다. 양준석 대전세종연구원 연구위원 등에 따르면 근속 연수가 1년 늘 때 급여(시간당 임금 기준)는 대기업이 3.2퍼센트, 중소기업(100인 이상)은 2.8퍼센트 늘어나는 것으로 나타났다.[8] 중소기업 중에서 종업원 수 100명이 넘는 어느 정도 규모 있는 기업들만 따로 떼어내 봐도 1년에 평균 0.4퍼센트포인트씩 임금 상승률이 차이 난다는 이야기다. 그 결과 근속 연수 10년이 되면 초임 대비 대기업 직원은 37.0퍼센트, 중소기업 직원은 31.8퍼센트 오른 급여를 받는다. 근속 연수 20년이 되면 초임 대비 대기업 직원은 87.8퍼센트, 중소기업은 73.7퍼센트 높은 임금을 받는다. 앞서 권혜자 연구위원의 대기업과 중소기업 정규직의 평균 임금 자료를 여기에 대입하면, 〈그림 1-2〉에서 볼 수 있듯이 159 대 100이었던 초임 격차가 10년 후에는 212 대 128, 20년 후에는 290 대 169로 벌어진다.

그림 1-2 근속 연수에 따른 임금 추이

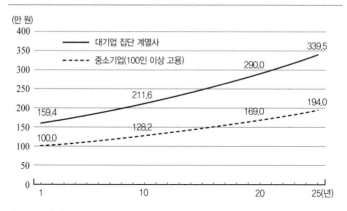

자료: 중소기업(100인 이상 고용) 취업자의 초봉을 100으로 하고 권혜자(2019)의 대졸 취업자 초임 자료와 양준석(2017)의 근속 연수당 상승률을 활용해 시뮬레이션.

그런데 중소기업 노동자들은 기업당 재직 연수가 짧다. 일자리가 안정되지 못하고 이리저리 옮겨 다니면서, 한국 기업 특유의 연공서열제 혜택을 받지 못한다는 의미다. 정이환 서울과학기술대 교수에 따르면 2010년 현재 노동자 1인당 평균 재직 연수는 정규직이 7년일 때 비정규직은 2.1년, 대기업은 11.4년일 때 중규모 기업(종사자 수 100~299인)은 7.6년, 소기업(종사자 수 30~99인)은 6.7년, 영세기업(29인 이하)은 3.3년이다.[9] 또 학력으로는 대졸 이상은 7.9년이고 고졸은 4.8년이다. 정 교수의 분석에 따르면 한국 사회에서는 정규직과 비정규직, 대기업 재직자와 중소기업 재직자, 화이트칼라와 블루칼라의 근속 연수에 따른 격차가 현격하다(〈그림 1-3〉 참조).

노동시장의 외부자가 내부자로 승급하기 쉽다면, 이런 격차는 그리 문제가 되지 않을 것이다. 그런데 앞서 언급했듯 한 번 외부자가 되면 웬만큼 운이 좋지 않고서는 내부자가 될 수 없다. 전병유 한신대 교수 등에 따르면 2004~2006년까지만 해도 중소기업 근로자 가운데 3.5퍼센트가 1년 뒤 대기업으로 이직했는데, 2013~2015년이 되면 2.2퍼센트로 그 비율이 줄어든다.[10] 2000년대 중반만 해도 한 해 중소기업 노동자 100명 중 3.5명이 대기업 이직에 성공했는데, 2010년대에 접어들면 100명 중 2.2명만이 이직하게 되었다는 이야기다. 게다가 비정규직에서 정규직으로 바뀌는 비율은 2004~2006년 평균 10.8퍼센트에서 2013~2015년 평균 4.2퍼센트로 내려갔다. 비정규직으로 입사해 고생하다 겨우겨우 정규직 일자리를 얻을 확률이 10년 만에 반

그림 1-3 노동자의 특성별 평균 근속 연수(2010년 현재)

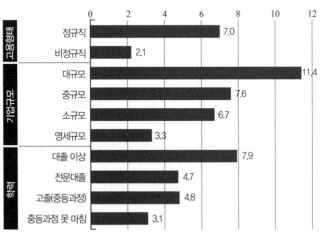

자료: 정이환(2014).

토막 난 셈이다.

일상적으로 겪는 차별도 심하다. 한 조선회사 인사부서에서 근무한 이력이 있는 양승훈 경남대 교수에 따르면 조선소 비정규직들이 일터 밖의 차별을 가장 극심하게 느낄 때는 "직영(조선회사 본사 소속을 의미)이세요?"라는 질문을 받을 때다.[11] "특히 소개팅이나 미팅 자리에서 위의 질문을 가장 많이 받"고 "물론 직영이 아니라는 사실을 미리 밝히면 상대에게 진즉에 거절"당한다. 거제여상 출신으로 거제여상 2학년생들의 댄스스포츠 대회 도전기를 다룬 다큐멘터리 영화 「땐뽀걸즈」에 출연한 박지현 씨는 초등학교에 다닐 때 "너네 아빠 직영이야?"라는 질문을 친구들에게 정말 많이 들었다고 회상한다. 직영이 아니라고 답하면 "아이들의 질문은 대개 '너네 아빠 직영 아니야? 그럼 너네 집 못사는 거야?'"[12]로 이어진다. 공공연한 작업장 내 차별도, 직영은 다 쉬는 휴일 근무와 야간 근무를 떠맡아야 하는 괴로움도, 불황기 가장 먼저 해고당하는 고용 불안정도 2차 노동시장에 속한 사람들의 몫이다.

오늘날 20대들은 첫 일자리로 사실상 '신분'이 결정된다. 한번 대기업 정규직, 전문직, 공무원이라는 '내부자'가 되면 웬만한 일이 있지 않는 한 내부자로 남는다. 반면 중소기업 정규직, 대기업 비정규직, 기타 비정규직·일용직 등이 되면 끝까지 '외부자'의 삶을 살아야 한다. 그리고 따뜻하고 안전한 내부자의 삶과 춥고 위험한 외부자의 삶의 격차는 점점 벌어진다. 특히 외부자가 내부자로 올라가는 길은 이제 막혀 있는 것이나 다름없는 수준이다. 이직이나 전직을 해도 내부자는 또 다른 내부자의 일자리에 가고, 외부자는 계속해서 외부자의 일자리를 떠돈다.

이러한 내부자와 외부자의 극심한 차이는 중세 유럽 도시의 '성 안 사람'들이란 표현에서 '부르주아지bourgeoisie'라는 신분을 가리키는 용어가 나왔던 것을 연상케 한다. 부르주아지는 원래 중세 성벽에서 귀족이 거주하는 내성內城과 도시 전체를 방어하는 외성外城 사이 지역에 거주하는 상공인, 법률가, 의사 등을 가리키는 단어였다. 중세 경제가 발전하고 도시가 성장하자 이들은 농민들과 다른 전문적 지식과 재산을 갖는 하나의 집단으로 일컬어졌다. 또 중세시대 성 안은 상대적으로 안전한 지역이었고, 봉건적 인신 구속으로부터 자유로웠다. 성벽 안에 거주하기 위해서는 재산 및 거주 기간 등을 동료 부르주아지 집단으로부터 까다롭게 심사받았다.

사정이 이렇다 보니 노동시장에 진입하는 청년들에게 가장 중요한 문제는 대기업 정규직이나 공기업 정규직, 공무원 등이 되는 것이다. 배규식 노동연구원장이 지난 2017년 시민단체 희망제작소 주관 사다리포럼에서 말한 것처럼 "일자리의 양이 적은 것이 아니라 번듯한 괜찮은 일자리 창출이 적은 것"[13]이 숨겨진 '진짜' 문제였던 것이다.

첫 번째 관문은 명문대 진학

노동시장의 '내부자' 또는 '성 안 사람'이 되기 위한 첫 번째 단계는 이른바 '명문대'라 불리는 상위권 대학에 진학하는 일이다. 명문대에 진학하지 못하면 번듯한 일자리에 취업하는 경로가 대단히 좁아지기 때문이다. 지방 거점 국립대 공대에서 4년간 줄곧 높은 학점을 받아 대기업에 입사거나, 7급 또는 9급 공무원 시험에 목숨을 걸거나, 아니면 공기업에서 균형선발 등의 명목으로 제공하는 좁은 문을 뚫어야 한다. 앞서 언급한 이중 선별 과정의 1단계가 사실상 가장 중요한 셈이다.

20대 대졸자의 임금과 취업률을 분석한 여러 연구들은 10여 개 명문대 졸업자와 나머지 대학 졸업자 간의 임금이 크게 차이 난다는 결과를 내놓고 있다. 한국고용정보원은 2014년 발간한 보고서에서 2009년 8월~2010년 2월 사이에 4년제 대학을 졸업한 사람들의 2011년 현재 평균 급여와 취업률을 조사했다.[14] 또 나이가 같은 2008년 2월 2년제 대학(전문대) 졸업자의 2011년 급여와 취업률도 조사해 비교했다(〈그림 1-4〉 참조). 그 결과 상위 10개 대학 졸업자의 평균 급여는 월 269만 5,000원이었는데 수도권 대학은 월 208만 2,000원, 지방 대학은 월 196만 7,000원, 졸업 후 2년 정도 경력을 더 쌓은 전문대학 졸업자의 급여는 월 202만 원이었다. 상위 10개 대학을 제외하면 서울 및 지방 4년제 대학과 전문대학의 월 급여는 큰 차이가 없다는 것을 시사하

그림 1-4 대졸자의 출신 학교 유형별 초봉과 취업률(2011년 기준)

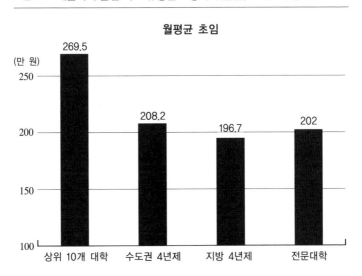

월평균 초임

(만 원)

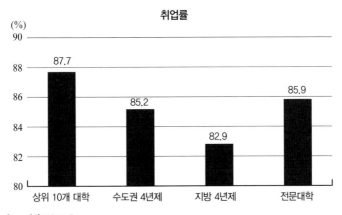

취업률

(%)

자료: 채창균(2014).

는 셈이다. 여기서 10개 대학은 2013년 「중앙일보」 대학 평가 순위에 따라 선정되었는데, 포스텍(포항공대), 카이스트KAIST, 성균관대, 고려대, 서울대, 연세대, 한양대, 서강대, 중앙대, 경희대였다. 흔히 이야기되는 서울 안 명문대에 카이스트와 포스텍을 더한 셈이다.

취업률의 경우 명문대에서 수도권 4년제, 지방 4년제로 갈수록 낮아졌다. 취업률을 비교하면 상위 10개 대학은 87.7퍼센트였는데, 수도권 대학으로 가면 85.2퍼센트로 2.5퍼센트포인트 낮았다. 그런데 지방 대학으로 가면 82.9퍼센트로 2.3퍼센트포인트 더 떨어졌다. 전문대학의 취업률은 85.9퍼센트로 수도권 소재 대학과 비슷했다.

10여 개 명문 대학 내부에서도 '학벌 위계'에 따른 졸업생의 임금 차이가 존재한다. 한국고용정보원의 대졸자직업능력이동조사 자료를 이용해 2008년 8월부터 2009년 사이에 졸업한 32개 대학 졸업자의 2010년 9월 임금을 분석한 조윤서 씨의 논문[15]이 이를 잘 보여준다. 조 씨는 2006~2008년 「중앙일보」 대학평가를 기초로 상위 1~6위 대학, 상위 7~12위 대학, 상위 13~32위 대학의 세 집단으로 졸업자를 나누어 평가했다. 이른바 '명문대' 내의 위계에 따른 격차를 살핀 셈이다. 그 결과 1~6위 대학 졸업자는 월 274만 2,000원, 7~12위 대학 졸업자는 월 237만 5,000원, 13~32위 졸업자는 216만 8,000원을 각각 받는 것으로 나타났다. 최상위(1~6위) 명문대 졸업자가 차상위(7~12위)

명문대 졸업자에 비해 15퍼센트 정도 더 받고 있다는 것을 의미한다. 이는 차상위 명문대와 나머지 13~32위 대학 간 임금격차(9.5퍼센트)보다 큰 값이다. 이처럼 학벌에 따른 임금 프리미엄은 최상위권 명문대로 갈수록 그 격차가 더 커졌다.

학벌에 따른 임금격차는 2000년대 들어 급격히 커지기 시작했다. 1990년대까지만 해도 이른바 '명문대'에 따른 임금 프리미엄은 지금처럼 높지 않았다. 고은미 미국 로체스터공대RIT 교수는 1999~2008년 노동시장에서 만 26~28세 남성 취업자의 임금에 학벌이 미치는 영향을 분석했는데,[16] 그 결과를 〈그림 1-5〉에 정리했다. 고 교수의 분석에 따르면 1999년까지만 해도

그림 1-5 상위 13개 명문대를 졸업한 만 26~28세 남성의 임금 프리미엄

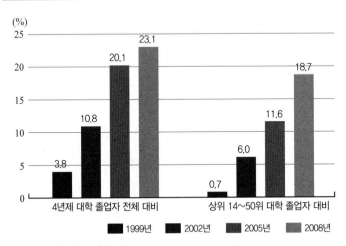

주: 취업자 특성이 출신 대학을 졸업하고 모두 같을 때의 임금격차. 상위 13개 대학은 대성학원·진학사의 대학배치표를 기준으로 작성. 한국노동패널 자료 사용.
자료: 고은미(2011).

다른 조건이 같다면 명문대 졸업자의 임금은 다른 4년제 대학 졸업자보다 3.8퍼센트 높았을 뿐이었다. 그런데 이 격차는 2002년 10.8퍼센트, 2005년 20.1퍼센트, 2008년 23.1퍼센트로 급격히 확대되었다.

명문대 바로 아래의 상위 14~50위 대학 졸업자와의 임금 격차도 2000년대 들어 급격히 커졌다. 명문대 졸업자와 상위 14~50위 대학 졸업자의 임금격차는 1999년에는 0.7퍼센트에 불과했다. 사실상 첫 일자리를 구했을 때 명문대 학벌이 임금에 그리 영향을 미치지 못했다는 의미다. 그런데 두 집단의 임금격차는 2002년 6.0퍼센트, 2005년 11.6퍼센트, 2008년 18.7퍼센트로 급격히 커진다. 2008년 시점에서 최상위 13개 대학을 제외하면 상위 14~50위 대학은 나머지 4년제 대학과 비슷한 수준의 임금을 받는다는 이야기이기도 하다.

이러한 현상에 대해 고 교수는 "고용주들이 명문대 졸업 여부 등 고숙련 노동자와 저숙련 노동자를 구분하기 위한 새로운 정보를 이용해 고숙련 노동자에 대한 상대수요를 늘려간다고 해석할 수 있다"고 설명했다.[17] 결국 지금과 같은 노동시장의 극심한 이중 선별 구조가 형성된 것은 2000년대에 대학을 졸업한, 1980년대생부터라고 할 수 있다.

한 가지 흥미로운 사실은 이른바 '명문대 프리미엄'에 대한 연구에서 제시되는 명문대 졸업자의 평균 초임이 대기업 취업자의 평균 초임과 거의 비슷한 수준이라는 것이다. 앞서 소개한 권혜자 직업능력개발원 연구위원의 논문은 2014년 현재 대기업 집단 계열사 정규직 취업자의 평균 초임이 월 305만 1,000원이라고 분석했다. 그런데 이는 채상균 연구위원이 계산한 2011년 현재 상위 10개 대학 졸업자의 평균 초임(269만 5,000원)에 4년간 대기업 근로자 임금 상승률 16.7퍼센트[18]를 곱한 값(314만 5,000원)과 거의 일치한다. 요컨대 대기업 정규직 취업 기회가 명문대생들에게 주로 열려 있고, 학벌에 따른 임금격차는 대기업 정규직이라는 노동시장 지위를 거쳐서 발생한다는 것을 시사한다.

이지영 KDI(한국개발연구원) 연구원 등도 대학 서열과 생애 임금격차의 관계를 분석한 2019년 보고서에서 대학 서열에 따른 임금격차 발생 요인으로 "서열 높은 대학 졸업자들이 상대적으로 대규모 사업체, 상용직 및 정규직 형태로 더 많이 분포"하고 있기 때문이라고 지적했다.[19] "(대학 서열에 따른) 임금격차는 결국 일자리의 격차"를 반영한다는 것이다.

10퍼센트만이 번듯한 일자리를 갖는다

20대 가운데 노동시장의 '내부자'로 진입하는 데 성공하는 사람은 얼마나 될까? '번듯한' 또는 '괜찮은decent' 일자리를 초임 기준 월 300만 원 이상을 주는 일자리라고 한다면, 2017년을 기준으로 했을 때 연 7만 2,000명만이 내부자라고 할 수 있다. 이는 동일 연령에서 고등학교 졸업 이상 학력을 가진 사람의 11.4퍼센트 정도로 추산된다. 단순 비교가 어렵긴 하지만 전체 취업자(자영업자 포함) 가운데 1차 노동시장의 종사자라고 추정되는 비율인 16.5퍼센트보다 턱없이 낮은 수치다. 지금의 20대들은 이전보다 훨씬 더 중산층이 되기가 어려워진 것이다.

교육부는 2018년 말 발간한 '2017년 고등교육기관 졸업자 취업통계연보'[20]에서 대졸 취업자들의 소득 현황을 처음으로 집계해 발표했다. 이 자료는 2016년 8월~2017년 2월에 4년제 또는 2~3년제 대학, 대학원 등을 졸업하고 취업한 30만 2,000명의 임금을 교육부가 고용보험, 국민연금 등의 행정자료를 이용해 파악한 뒤, 통계표를 작성한 것이다. 2017년 대졸 취업자 전체(33만 8,000명)의 89.3퍼센트에 해당하는 수치로서, 대학별 졸업자 취업 현황 조사를 기반으로 고용보험 등 행정 자료를 결합한 터라 대학 졸업자의 성별·전공별 임금 분포와 취업자 현황을 꽤 정확하게 보여준다.

이 자료를 정리한 〈그림 1-6〉을 보면 대졸(대학원 포함) 취업자 가운데 월 급여가 300만 원이 넘는 사람은 21.3퍼센트(11.6퍼센트+9.7퍼센트)에 달한다. 이 비율에 2017년 대졸 취업자 수를 곱하면, 월 300만 원 이상 급여를 받는 데 성공한 취업자는 7만 2,000명이라는 숫자가 나온다. 월 급여 300만 원이라는 기준은 앞서 여러 자료에서 제시한 대기업 집단 계열사 취업자의 월 급여, 상위권 명문대 취업자의 월평균 급여 등과 엇비슷한 값이다.

그림 1-6 대학(원)을 졸업한 취업자의 월평균 급여 구간별 분포

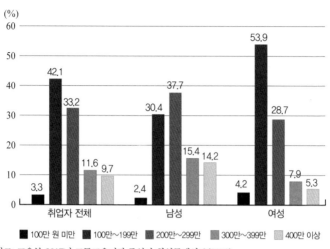

자료: 교육부 2017년 고등교육기관 졸업자 취업통계연보(2018).

2017년 현재 월 300만 원은 2015년 대비 2017년의 대기업 임금 인상률(2.8퍼센트)로 할인(割引)할 경우 권혜자 연구위원이 사용한 자료의 연도인 2015년 현재 월 292만 원에 상응한다. 이는 권혜자 연구위원이 제시한 대기업 계열사 평균 급여(305만 1,000 원)보다 4.3퍼센트 낮은 수준이기도 하다. 이런 측면에서 '번듯한 일자리'의 하한선으로 삼아도 무리 없는 급여 수준이다.

2017년 전국의 대학·대학원 졸업자는 57만 4,000명에 달한다. 결국 1차 노동시장에 진입하는 데 성공한, 번듯한 일자리를 찾는 데 성공한 사람(7만 2,000명)은 대학·대학원 졸업자의 12.5 퍼센트에 불과하다는 이야기다. 고등학교 졸업자 대비 비율은 정확히 계산하기 어렵지만, 2013년 고등학교 졸업자(61만 3,000

명)를 분모로 놓고 보면 11.4퍼센트로 더 떨어진다. 고등학교 학력만 가지고 20대 중반에 월 300만 원 이상 급여를 받는 노동자는 극소수에 불과하기 때문에, 동일 연령집단의 11.4퍼센트만 노동시장의 내부자 지위를 확보했다고 봐도 무리가 아니다.

월 급여 300만 원 미만의, '외부자'에 해당하는 대졸 취업자들의 일자리 여건은 좋지 않다. 저임금 근로자 비율이 높기 때문이다. 전체 대졸 취업자의 42.1퍼센트는 월 100만~199만 원 일자리에 취업한다. 그리고 3.3퍼센트는 월 100만 원도 못 받는 일자리를 얻는다. 이처럼 월 급여가 200만 원에도 미치지 못하는 취업자가 전체의 45.4퍼센트에 달한다.

임금 순으로 쭉 세웠을 때 한가운데에 해당하는 중간값은 월 200만 원을 살짝 웃도는 수준으로 추정된다. 대졸 취업자의 임금 분포는 저임금 노동자 비중이 높아 왼쪽으로 치우친 형태다. '가운데'에 해당되는 월 200만~299만 원 일자리를 얻는 비율은 33.2퍼센트로 월 100만~199만 원 일자리 비율보다 8.9퍼센트포인트 낮다.

이제 임금 분포를 보다 구체적으로 이해하기 위해 〈그림 1-7〉에서는 성별·전공별·임금 구간별 취업자 비율에 2017년 대졸 취업자 전체 숫자(33만 8,000명)를 곱하는 방식으로 성별·전공별·소득 구간별 취업자 숫자를 추산해보았다.

먼저 남성과 여성의 소득 구간별 취업자 분포를 따져보았을 때, 저임금 일자리에 여성이 훨씬 많다. 월 급여 100만 원대(100만~199만 원) 취업자는 14.3만 명인데, 남성은 5.2만 명이고 여성

그림 1-7 대졸 취업자의 월평균 급여 구간별 취업자 수

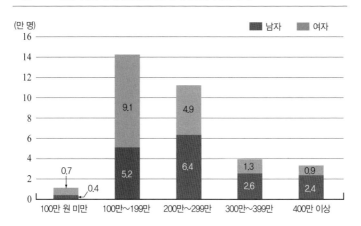

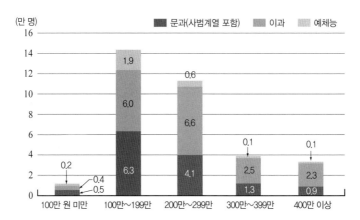

자료: 『2018년 취업통계 연보』를 기초로 추정하였음.

은 9.1만 명에 달한다. 월 급여 200만 원대(200만~299만 원) 취업자는 남성이 6.4만 명이고, 여성은 4.9만 명이다. 월 급여가 200만 원이 못 되는 저임금 일자리에서는 여성이 남성보다 75퍼센트 더 많은데, 월 급여 200만 원대 일자리에서는 거꾸로 남성이 30퍼센트 더 많다.

월 급여 300만 원 이상 '번듯한 일자리'를 얻은 남성과 여성 숫자를 보면 남성이 훨씬 더 많다. 월 급여 300만~399만 원인 취업자는 남성이 2.6만 명, 여성이 1.3만 명으로 2배의 차이가 난다. 월 급여 400만 원 이상으로 가면 남성 2.4만 명, 여성 9,000명으로 남성 우위가 더 심화된다.

여성 취업자 가운데 월 급여가 100만~199만 원인 사람의 비율은 53.9퍼센트에 달한다. 반면 월 급여가 300만 원이 넘는 취업자 비율은 13.2퍼센트에 불과하다. 일을 해도 저임금과 빈곤에 시달리는 '워킹푸어working poor' 여성이 대거 존재하는 것이다.

'번듯한 일자리'에 속하는 월 급여 300만 원 이상 일자리 숫자를 전공별로 따져보면 공학계열 2만 9,000명, 자연계열 6,000명, 의약계열 1만 3,000명 등 이른바 '이과'가 4만 8,000명으로 전체 '번듯한 일자리' 가운데 3분의 2를 차지한다. 인문계열과 상경계를 포함한 사회계열, 이른바 '문과'는 2만 2,000명에 불과하다.

고임금 일자리에서 남성 비율이 훨씬 높은 이유는, 1차 노동시장에서 이공계 전공의 대졸자 수요가 많은데 여성의 이공계 진학 비율이 낮기 때문이다. 월 급여 300만 원 이상 남성 취업자

가운데 절반가량은 공학계열 졸업자다. 월 급여가 300만 원이 넘는 남성 취업자 가운데 인문·사회계열 등 '문과' 비중은 4분의 1 정도에 지나지 않는다.

여성의 경우 인문·사회계열 등 이른바 '문과' 전공자 비중이 남성보다 높다. 여성 취업자 가운데 월 급여 300만 원 이상 고임금자의 비율은 13.2퍼센트에 불과하고, 그 가운데 3분의 1은 인문·사회계열이다. 상경계가 포함된 인문·사회계열의 월 급여 300만 원 이상 취업자는 남성이 1만 4,000명, 여성이 8,000명이다. 남녀 성비는 1.83 대 1로, 전체 고임금(월 급여 300만 원 이상) 취업자의 남녀 성비 2.25 대 1보다 여성 비율이 상대적으로 높다.

'번듯한 일자리'를 얻는 사람 중에서 이른바 '명문대생'의 비중이 어느 정도 될지 어림짐작하기 위해 상위권 대학 및 학과 입학 정원을 집계했다(〈표 1-1〉 참조). 한국대학교육협의회가 운영하는 대학 정보 서비스 대학알리미에 따르면 서울 4년제 대

표 1-1 이른바 '명문대'와 '상위권' 학과 입학 정원(2018년 입학 정원 기준)

(만 명)

유형	인원
서울 12개 대학	4.28
카이스트/포스텍	0.11
의대(서울 12개대 제외)	0.2
치대(서울 12개대 제외)	0.04
교육대	0.39
합계	5.02
전체 서울 4년제	8.13
2018년 대학 입학자	48.8

자료: 대학알리미.

학 입학 인원은 2018년 기준 8만 1,300명이다.[21] 이 가운데 12개의 이른바 '명문대'[22] 입학 인원은 4만 2,800명이다. 서울 4년제 대학 입학자의 절반 정도다. 여기에 대표적인 고소득 일자리인 의대와 치대 입학자는 서울 소재 12개 대학을 제외하면 2,000명과 400명이다. 카이스트와 포스텍의 한 해 입학자에 해당하는 1,100명과 3,900명을 뽑는 교육대학 입학자도 여기에 포함시킬 수 있다. 이를 모두 합치면 총 5만 200명이다. 이들이 모두 '번듯한 일자리'를 얻는다고 가정한다면 1차 노동시장 진입 인원의 69.7퍼센트는 이들 명문대 또는 상위권 대학·학과 입학생이 차지한다. 나머지 30.3퍼센트를 놓고 '비명문대' 출신 학생들은 치열한 경쟁을 벌여야 한다.

어느 때보다 극심한 경쟁을 경험하는 세대

노동시장의 '공급' 측면에서도 20대는 최악의 경험을 하는 세대다. 베이비부머인 60년대생들의 자녀 세대로서 30대보다 절대적인 숫자가 많을 뿐만 아니라, 특성화고 등이 급격히 위축되면서 선先 대학 진학-후後 취업을 '울며 겨자먹기' 식으로 선택하지 않을 수 없기 때문이다. 앞서 언급한 7만 2,000개의 '번듯한 일자리'를 얻지 못한 대졸자들이 그만큼 많이 생겨날 수밖에 없는 것이다. 2017년에는 심각한 경기침체 상황이 아니었는데도 대졸 미취업자가 20만 명을 넘어섰다. 또 전체 고등학교 졸업자의 5분의 1가량은 취업도 안 하고, 직업교육도 받지 않는 상태에 놓여 있다.

노동시장 진입 또는 바로 전 단계인 고등학교 졸업자의 진로통계는 인구학적인 관점에서 90년대생이 이전 세대인 80년대생보다 훨씬 더 격렬한 1차 노동시장 진입 경쟁을 치러야 한다는 것을 잘 보여준다. 〈그림 1-8〉을 보면 특수목적고(특목고) 및 자율형 사립고를 포함한 일반계 고등학교 졸업자는 1984~1987년 출생자들이 고등학교를 졸업한 2003~2007년만 해도 연 40만명 정도였다. 그런데 1986년생(2019년 현재 33세)이 졸업한 2005년 39만 9,000명으로 잠시 내려갔다가 증가하기 시작해, 1992년생(27세)이 졸업한 2011년 53만 4,000명으로 껑충 뛴다. 그리고 1997년생이 졸업하는 2016년까지 50만 6,000~52만 8,000명 선

그림 1-8 일반계 고등학교(특수목적고 및 자율형 사립고도 포함) 졸업자 추이

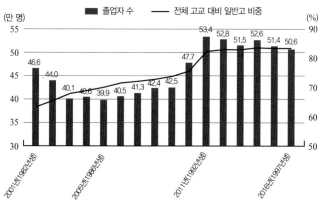

자료: 교육부 교육통계연보, 2001~2016년.

을 유지하고 있다.

이렇게 늘어난 일반계 고등학교 졸업자는 연 10만~13만 명 정도다. 대학에 진학하고 3~7년 뒤 얻을 수 있는 일자리가 그만큼 많든가, 아니면 특별한 기술 없이도 졸업 후 취업할 수 있는 일자리가 대폭 늘어야 이들이 경력을 쌓고, 경제적 자립을 할 수 있다. 일반계 고등학교 졸업자가 가장 많았던 2011년 고교 졸업자가 4년제 대학에 진학할 경우 노동시장으로 나오는 시기는 2014~2017년 정도다. 즉, 향후 진로까지 모두 고려한 노동시장 '공급' 측면에서 일반계 고등학교 출신자들이 2014~2015년 정도를 기점으로 급증했던 것이다.

일반계 고등학교 졸업자 급증의 이면에는 전문계 또는 특성화고의 몰락이 있다. 과거 실업계 고교라 불리던 이들 학교를 졸업한 뒤 취업을 선택하는 인원이 2000년대 초중반 들어 급감했다. 특성화고 입학자 감소는 2011년 졸업자(2008년 입학자)까지 계속된다. 그리고 그 뒤에는 쭉 일반계 고등학교 졸업자의 '고공비행'이 이어진다. 특성화고를 졸업한 뒤 질 좋은 일자리를 찾을 수 없는 상황에서 일반계 진학을 선택한 결과다. 지난 2014년 「한국일보」와 인터뷰한 서울 구로구의 한 특성화고 교사는 "좋은 일자리를 얻는 학생은 5퍼센트 미만 정도로 봐야 한다"면서 "대다수는 열악한 중소기업에 취업한다"[23]고 말했다. 이명박 정부 당시 고졸 취업을 늘리겠다고 공공기관, 기업의 고졸 채용을 적극 유도했지만 관제 고졸 채용 증가는 정권이 바뀌고 끝이 났다.

교육부가 집계한 고교 졸업 이후 진로 조사 결과(교육부 교육통계연보 기준)에 따르면 고교 졸업 이후 취업한 것으로 파악된 학생 수는 1982년생(현재 37세)이 졸업한 2001년에 14만 4,000명이었는데, 1990년생(현재 29세)이 졸업한 2009년에는 2만 8,000명까지 급락한다. 이후 2014~2016년(1995~1997년생)은 6만 명 수준을 유지한다. 즉, 일반계 고교 진학 증가는 고교 졸업 학력으로 취업 가능한 일자리가 줄어들면서 나타난 결과다. 대학 학력을 갖추기 위해 능동적으로 선택한 결과가 아니라는 의미다.

일반계 고교에 진학한다고 뾰족한 수가 있는 건 아니다. 오히려 대학 진학도 하지 못한 이들이 2000년대 중후반 이후 급증했다. 진학, 취업, 군 입대 등을 선택하지 않아서 고교 졸업 당시 학교 측에서 '무직자 및 미상'으로 파악한 인원은 2011년 졸업자(1992년생, 현재 27세) 중 13만 6,000명으로 늘어나고 이후 12만~13만 명대를 유지한다. 2003년 졸업자(1984년생)만 해도 해당 집단 규모는 4만 명으로 전체 졸업자의 6.8퍼센트에 불과했다. 매년 등락이 있긴 했지만 2001~2009년 평균을 내보면 숫자로는 5만 5,000명이었다. 무직자 및 미상자 규모가 2000년대와 비교해 2~3배가량 늘어난 셈이다. '고졸 백수 집단의 폭증'이라 이름 붙일 만한 현상이다.

일반계 고등학교 졸업자가 이렇게 늘어난 또 다른 원인은 이들이 베이비붐 세대인 1960년대생의 자녀인 '에코' 세대이기 때문이다. 2019년 현재 20대 인구는 연령별로 각각 평균 68만

7,000명(2017년 기준 통계청 추정치를 이용)인데, 이는 만 30~34세(연령별 평균 65만 6,000명)보다 3만 명가량 많다. 특히 만 25~29세는 연령별로 평균 71만 7,000명에 달한다. 35~39세(79만 8,000명)보다 작은 규모이지만 바로 직전 연령 집단보다 인원이 늘어났다. 저출산 영향으로 본격적으로 인구가 줄어드는 세대는 2000년대생이지, 1990년대생이 아니다. 1990년대생은 오히려 직전 연령대보다 숫자가 많고, 따라서 더 치열한 상급학교 진학 및 취업 경쟁을 벌여야 한다.

일반계 졸업자들이 많이 선택하는 진로인 4년제 대학의 입학자를 보면 1991년생인 10학번부터 1995년생인 14학번까지가 사상 최대 규모다. 4년제 대학 입학자는 2010년 35만 9,000명으로 사상 최초로 입학자가 35만 명 선을 넘은 데 이어, 2012년에 37만 3,000명으로 정점을 찍은 뒤 2013~2014년에 36만 명대였다.[24] 그 결과 2010년 이후 대학(및 대학원) 졸업자는 줄기는커녕 늘어났다. 교육부의 교육통계연보와 취업통계연보에 따르면 2016년(2015년 8월~2016년 2월)이 대학 졸업자가 사상 최대로 많았는데, 그 수는 58만 1,000명에 달한다.

그런데 연 단위 취업자 수는 2008년 글로벌 금융위기 이후 쪼그라들었다. 취업자 수는 2008년 이전에는 연 38만~39만 명대를 유지하다가, 2010년 이후 32만 7,000~35만 명 수준을 유지하고 있다. 글로벌 금융위기를 전후로 취업자 수는 5만 명 정도 감소했다. 노동시장의 일자리 공급이 그만큼 감소한 것이다.

그림 1-9 대학·대학원 연도별 졸업·취업·진학 인원 추이

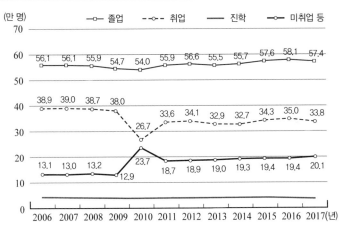

자료: 교육부 고등교육 졸업자 취업통계 연보, 2006~2018년.

미취업자는 2011년 이후 점진적으로 증가하는 추세다(〈그림 1-9〉 참조). 대졸자는 느는데 일자리 사정은 딱히 좋아지지 않았기 때문에 당연한 결과다. 2006~2009년에는 13만 명 정도였는데, 2011년 이후에는 18만~20만 명에 달한다. 즉, 5만~7만 명 정도 미취업자가 더 많다. 특히 미취업자는 2017년 졸업자에서 20만 1,000명을 기록하면서 20만 명 선을 넘었다. 이 미취업자가 모두 그대로 '백수'가 되는 건 아니다. 대학생들의 취업 준비 기간이 늘어나면서 아예 대학을 졸업한 상태에서 일자리를 찾거나 또는 공무원 시험 등을 준비하는 사람들이 늘어난 영향이 존재한다.

그럼에도 미취업자가 20만 명을 넘는 것은 2010년(23만 7,000

명) 같은 대규모 경기침체 상황에서나 발생했던 일이다. 오늘날 20대가 느끼는 '취업난'은 이전 세대가 IMF 외환위기나 2008년 글로벌 금융위기 직후에 겪었던 수준인 셈이다.

2장

좁아진
중산층 진입의 문

달라진 취업시장

이른바 '문과' 출신 전공자들에 대한 수요는 이제 별로 없습니다. 인사나 재무 쪽은 거의 없다고 봐도 좋을 정도로 소수이고요. 그나마 채용이 일정 규모 이상 되는 직군은 해외 마케팅 정도입니다. 나머지는 연구개발R&D 인력이 주가 되죠.

지난 2011년 11월, 주요 대기업의 고참 과장급 인사 담당 직원들을 잇따라 만나 인터뷰할 기회가 있었다. 이때 들은 신입 직원 채용 수요에 대한 이야기는 충격적이었다. 국내 최대 전자업체 인사 담당자들은 한결같이 "이제 인사, 재무, 영업 등의 사무직 채용에는 관심이 없다"고 말했다. 그나마 이들이 채용 의사를 가진 직군은 한창 확장 중인 해외 판매망에 투입할 마케팅 인력이었다. 전통적인 내수 산업도 일반적인 사무직 인력에 대해서는 '새로 뽑을 필요가 없다'는 입장이었다. 한 통신사 관계자는 "지금 있는 인력도 상당히 많은 편"이라고 말하며 "신규 사업을 진행할 수 있는 인력이 주로 필요한데, 자연스럽게 기술적인 능력을 갖춘 사람을 공채로 많이 뽑을 수밖에 없다"고 덧붙였다.

당시 인터뷰는 대기업 인력 채용 방식의 변화가 주제였기 때문에, '수요'에 관해서는 간략한 질문과 답변이 오갔을 뿐이다. 하지만 인터뷰를 진행하면서 '문과 일자리는 이제 끝났다'는 인상과 함께 '서울의 중간 정도 사립대나 지방 거점 국립대를 나와 대기업 샐러리맨으로 일하는 시대는 이제 R&D 분야를 제외하면 과거의 일이 되겠다'는 생각이 머릿속을 떠나지 않았다. 인사 담당자들의 설명은 정확히 '산업 고도화에 따른 중간 정도 일자리의 소멸'을 의미했기 때문이다. 그리고 나머지 '문과'가 갈 만한 일자리는 대기업이나 외국계 기업의 어학 능력을 필요로 하는 마케팅 직군 정도가 주가 될 것으로 보였다.

8년 전의 인터뷰 경험을 꺼낸 이유는, 당시 대기업 인사 담당자들의 발언대로 2010년 이후 대졸 신규 취업자들의 노동시장이 바뀌었기 때문이다. '번듯한 일자리'에 속한 대기업 일자리 중 일반적인 사무직군 일자리가 가파르게 감소하는 양상이 나타나고 있다. 이른바 '문송(문과라서 죄송하다는 의미의 신조어)'의 시대가 펼쳐진 것이다. 거기에 대기업이 채용하는 화이트칼라 직군의 면면을 보면 '그럭저럭 괜찮은 대학을 나온 흙수저 남성'이 가차 없이 밀려나는 대신 '서울 명문대를 나오고 외국어에 능통한 중상위층 여성'은 이전보다 주목받기 시작했다.

이처럼 1차 노동시장이 위축되는 가운데, 집중적으로 피해를 받는 집단과 상대적으로 이전보다 몫이 늘거나 최소한 유지하는 집단이 갈리고 있다. 오늘날 20대의 노동시장을 이해하기 위해서는 일자리 사정이 악화된 정도가 계층별, 성별, 대학 전공별로 다르다는 사실을 유념해야 하는 것이다. 아래에서 이를 자세히 살펴보자.

줄어든 대기업 일자리

앞서 논의했듯이 한국의 일자리, 특히 1차 노동시장에 속한 번듯한 일자리에 진입할 수 있는지의 여부는 고등학교 졸업 후 어떤 대학에 가느냐에 좌우된다. 그리고 그 대학은 대개 서울에 집중적으로 분포하는 이른바 '명문대'다. 오늘날 청년들의 일자리 사정을 파악하고자 할 때, '대졸자'로 한 번에 묶기보다는 비슷한 유형의 대학별로 또는 전공별로 나누어 살펴야 더 해상도가 높은 그림을 얻을 수 있다. 이를 위해 한국고용정보원이 집계하는 자료를 활용해 서울의 4년제 대학 출신과 나머지 대학(지방 소재 4년제 및 전국의 2~3년제 등) 출신이 취업 1년 후 얻은 소득(사실상 초봉)이 어떻게 변해왔는지를 소득 10분위로 나누어 살펴보았다(〈표 2-1〉 참조).

몇 차례 통계에서 보았듯이, 대기업 집단 계열사 취업 시 받을 수 있는 급여는 2016~2017년 기준 월 300만 원 안팎이다. 이를 '번듯한 일자리'의 기준으로 본다면 2016년 서울 4년제 대학 졸업자 가운데 상위 30퍼센트(8~10분위)와 7분위(상위 31~40퍼센트)의 일부만이 번듯한 일자리를 갖는다. 이때 번듯한 일자리와 그렇지 않은 일자리의 경계에 해당하는 7분위가 중요하다. 2016년 졸업자 중 이듬해 소득 7분위의 월평균 급여는 283.6만 원인데, 바로 아래 6분위와의 차이는 29.8만 원으로 바로 위 8분위와

표 2-1 서울 4년제 대학 출신의 취업 1년 후 소득 추이

(만 원)

졸업연도	2008년	2010년	2012년	2014년	2016년
10분위	399.2	404.9	441.1	440.4	439.8
9분위	317.7	325.2	351.3	348.0	342.9
8분위	285.9	298.6	308.8	317.9	306.1
7분위	254.6	272.3	288.7	283.8	283.6
6분위	239.8	247.3	254.0	253.3	253.8
5분위	210.4	217.7	236.5	230.6	234.7
4분위	195.0	200.1	205.0	202.4	208.3
3분위	163.9	177.7	192.2	187.1	194.6
2분위	134.4	144.3	159.2	155.4	160.3
1분위	83.7	87.7	104.5	100.2	91.2
평균	228.5	237.6	254.1	251.9	251.5
5분위 배율	3.29	3.15	3.00	3.08	3.11

주: 1. 극단적인 값의 영향을 배제하기 위해 소득 최상위와 최하위 0.5퍼센트는 절사(잘라서 날림)했다.
   2. 가령 2016년 졸업자는 2015년 8월~2016년 2월 졸업자를 가리키며, 이 사람의 취업 1년 후의 소득을 기준으로 하였다.
자료: 대졸자직업능력이동조사 원자료.

의 차이인 22.5만 원보다 크고 5분위와 6분위의 차이인 19.1만 원보다 훨씬 크다. 2010~2016년 졸업자의 분위별 임금격차를 따져보면 8분위는 7분위보다 평균 9.1퍼센트 급여가 높다. 그런데 7분위는 6분위보다 11.9퍼센트 임금이 높다. 이는 질 좋은 '번듯한 일자리'와 그렇지 않은 일자리의 격차가 크다는 것을 나타낸다.

나머지 대학, 즉 전국의 2~3년제 및 지방 4년제 대학의 경우 '번듯한 일자리'에 진입할 수 있는 이들은 상위 10~20퍼센트 정도다(〈표 2-2〉 참조). 2016년 기준 최상위 10퍼센트(10분위)의 평

표 2-2 2~3년제 및 지방 4년제 대학 출신의 취업 1년 후 소득 추이

(만 원)

졸업연도	2008년	2010년	2012년	2014년	2016년
10분위	353.6	367.3	367.7	360.1	377.8
9분위	247.8	256.8	266.3	263.6	282.3
8분위	207.4	216.3	232.0	234.8	247.3
7분위	192.2	199.6	202.2	205.2	222.8
6분위	171.6	181.4	194.0	197.2	201.8
5분위	153.4	163.1	175.6	180.1	192.4
4분위	142.4	149.8	157.9	165.4	176.2
3분위	124.9	134.8	146.8	151.0	159.8
2분위	106.6	116.1	126.6	134.6	143.7
1분위	79.9	82.1	89.4	92.6	88.5
평균	178.0	186.7	195.8	198.5	209.3
5분위 배율	3.10	3.17	3.41	3.64	3.52

주: 1. 극단적인 값의 영향을 배제하기 위해 소득 최상위와 최하위 0.5퍼센트는 절사(잘라서 날림)했다.
2. 가령 2016년 졸업자는 2015년 8월~2016년 2월 졸업자를 가리키며, 이 사람의 취업 1년 후의 소득을 기준으로 하였다.
자료: 대졸자직업능력이동조사 원자료.

균 소득은 서울 4년제 대학 출신 취업자의 9~10분위 평균 소득과 같다. 그다음인 9분위(상위 11~20퍼센트)의 평균 소득은 282.3만 원으로 서울 4년제 대학 출신 취업자의 7분위(상위 31~40퍼센트) 평균 소득과 비슷하다. 이 9~10분위 취업자 중 상당수는 의치대, 약대, 로스쿨 졸업자이거나 카이스트나 포스텍과 같은 이공계 대학(원) 졸업자들로 추정되며, 이들을 제외하면 번듯한 일자리를 확보하는 취업자 비율은 크게 줄어들 것이다.

그런데 〈표 2-1〉과 〈표 2-2〉에서 볼 수 있는 대졸 취업시장의 가장 큰 변화는 2012년 이후 '번듯한 일자리' 또는 '1차 노동시장'에 진입하는 서울 4년제 대졸 취업자의 소득이 감소했다는 점이다. 2012년 9분위의 소득이 351.3만 원에서 2016년 342.9만 원으로 2.7퍼센트 줄었고, 10분위와 8분위 및 7분위의 소득 역시 감소했다. 이 시기 소비자물가상승률(4.3퍼센트)을 차감하면 9분위의 실질임금은 7퍼센트 감소한 셈이다.

이 숫자들은 무엇을 의미하는가? 이것이 전반적인 임금 수준 정체 혹은 하락에서 기인한 것인지 아니면 '번듯한 일자리'가 줄어든 탓인지 직접적으로 확인하기는 어렵다. 다만 동일 일자리의 소득이 감소하는 경우는 흔치 않으므로(가령 대기업 신입사원의 연봉이 줄었다는 뉴스는 거의 보기 힘들다), '번듯한 일자리' 중 일부가 사라지고 이전에는 아래쪽 소득 분위에 속해 있던 일자리가 그 자리를 메움으로써 해당 분위의 평균을 떨어뜨렸을 것으로 추정할 수 있다. 2016년 각각 월 253.8만 원과 234.7만 원을 받는

6분위와 5분위 일자리의 경우에도 2012년 대비 평균 임금이 0.8퍼센트, 0.1퍼센트씩 감소했다. 7분위 이상(상위 40퍼센트)에서 일자리가 사라지면서 2012년 5~6분위에 있었던 일자리가 2016년 7분위로 이동했을 가능성이 크다. 저소득 일자리인 2~4분위(상위 11~40퍼센트) 임금은 평균 1.2퍼센트 증가했다.

이처럼 질 좋은 일자리, 금액으로 따지면 월 300만 원 이상 급여를 주는 대기업 일자리가 줄어들면서 서울 4년제 대학 출신 취업자 전체의 월평균 임금은 2012년 254.1만 원에서 2016년 251.5만 원으로 1퍼센트 하락했다. 해당 기간 물가상승까지 감안하면 실질 평균 임금은 5퍼센트 이상 줄어든 것이다. 그런데 최하위 20퍼센트와 최상위 20퍼센트의 소득 비율인 5분위 배율은 이 기간 동안 3.00에서 3.11로 악화됐다. 최하위 10퍼센트의 임금이 2012년 월 104.5만 원에서 2016년 월 91.2만 원으로 가파르게 내려갔기 때문이다.

나머지 대학을 나온 취업자들, 즉 2~3년제나 지방 4년제 대학을 졸업한 취업자의 경우에는 그나마 현상 유지 정도로 선방한 것으로 보인다. 〈표 2-2〉에서 먼저 '번듯한 일자리'를 보면, 10분위(최상위 10퍼센트) 월평균 소득은 2012년 졸업자 367.7만 원에서 2016년 졸업자 377.8만 원으로 2.7퍼센트 늘어난다. 바로 그다음인 9분위는 2012년 졸업자 월 266.3만 원에서 2016년 졸업자 월 282.3만 원으로 6퍼센트 늘었다. 실질임금으로 환산하면 이 기간 최상위 10퍼센트는 1.6퍼센트 감소했고, 그다음 상위 11~20퍼센트는 1.7퍼센트 늘어났다. 상승이라고 하기 민망한 수준이긴 하지만, 서울 4년제 대졸 취업자의 일자리 사정이 꽤 나빠진 것과 비교하면 선방한 셈이다.

한편 지방대나 2~3년제 대졸 취업자 전체의 소득은 꾸준히 오른 수치를 보였다. 2008년 월 178만 원, 2010년 월 186.7만 원, 2012년 월 195.8만 원, 2014년 198.5만 원, 2016년 월 209.3만 원이 그것이다. 2016년 졸업자의 소득은 2010년 졸업자와 비교해서는 12.1퍼센트, 2012년 졸업자와 비교해서는 6.9퍼센트가 각각 늘어났다. 이들 집단에서 최상위 20퍼센트(9~10분위)의 소득이 정체 양상이었다는 것을 감안하면, 나머지 80퍼센트의 소득 증가폭은 평균보다 더 높다. 이른바 '2차 노동시장' 취업자의 상황은 '1차 노동시장'과 달리 나쁘지 않았던 것이다. 다만 5분위 배율의 경우 2010년 3.17에서 2012년 3.41, 2016년 3.52로 큰 폭으로 악화된다. 서울 4년제 '바깥'의 대학 졸업자들의 경우 2010~2011년을 전후해 양극화가 심화되었음을 알 수 있다.

지방 4년제 대학과 대학원, 2~3년제 대학 출신 취업자의 임금 수준이 그리 악화되지 않은 것은 크게 두 가지 이유로 보아야 할 것이다. 먼저 이공계 대학이나 대학원 졸업자에 대한 수요다. 2010년 이후 대외 수출 비중이 높은 제조업종의 주요 대기업은 이공계 위주로 직원을 선발한다. 「한국경제」에 따르면 2014년 공채의 경우 삼성그룹이 신입사원의 85퍼센트를 이공계로 채웠고 현대차그룹과 LG그룹의 경우에도 이공계가 전체의 80퍼센트를 차지한다.[1] 이런 일자리에는 KAIST, 포항공대, 울산과기대(UNIST), 지방 거점 국립대의 전자·화학·기계 관련 전공자가 취업했을 가능성이 크다. 가령 부산대의 경우 2018년 현재 공대를 졸업한 남성의 75.9퍼센트가 취업했고, 그중 절반이 주요 대기업에 취업했다.[2]

〈표 2-1〉과 〈표 2-2〉에서 볼 수 있는 대졸 취업시장의 또 다른 변화는 서울 4년제 대졸자 이외의 나머지 사람들이 가는 2차 노동시장의 일자리 수나 여건은 그리 나빠지지 않았다는 것이다. 1차 노동시장에 속한 일자리가 줄어들면서 번듯한 일자리를 얻은 사람들의 소득 구간(서울 소재 4년제 대학 졸업자의 40퍼센트, 나머지 대학 졸업자의 20퍼센트 정도)에서는 각 분위별 평균값이 낮아졌지만, 서울 외 지역 대학을 나온 사람들이 취업하는 2차 노동시장의 일자리 여건은 악화되지 않았다면 위에서 보인 형태의 소득 분위별 평균 소득 증감 양상이 나타난다.

이를 간접적으로 보여주는 자료가 〈표 2-3〉의 만 25~29세 노동자의 학력별 임금 증감과 전체 노동자(상용직 기준)의 급여 추이다. 2017년 급여(2016년 졸업자의 1년 후 급여에 해당)와 2013년 급여를 비교해보면, 만 25~29세 노동자의 경우 대졸 이상은 8.3퍼센트 올랐는데 전문대졸은 10.3퍼센트, 고졸은 9.8퍼센트 각각 인상됐다. 이러한 결과는 초대졸 또는 고졸 노동자 수요가 더 가파르게 늘었다는 것을 시사하는데, 이는 2차 노동시장의 노동력 수급 요건이 좀 더 노동자들에게 유리한 상황이 조성되었기 때

표 2-3 만 25~29세 노동자의 학력별 급여와 전체 노동자의 지역별 급여

(만 원)

		2013년	2017년	증감
만 25~29세 노동자	고졸	218.6	240.0	9.8%
	전문대졸	225.4	248.6	10.3%
	대졸 이상	255.6	276.7	8.3%
	전체	238.9	262.3	9.8%
전체 노동자 (상용직)	서울	316.9	344.6	8.7%
	광역시	257.0	288.5	12.2%
	경기	273.6	310.2	13.4%
	경기 외 도	253.3	287.1	13.3%
	전국	273.7	312.5	14.2%

주: 월평균 급여이며, 전체 노동자의 광역시와 경기 외 도 지역 급여는 시도별 급여의 산
술평균임.
자료: 고용노동부 사업체노동력조사.

문일 가능성이 크다. 전체 노동자의 지역별 급여 추이를 보면 평균 급여 상승률은 14.2퍼센트인데, 서울은 8.7퍼센트로 5.5퍼센트 낮다.

결국 2010년 이후 나타나는 대졸자 취업시장의 가장 큰 특징은 '번듯한 일자리' 또는 '괜찮은 일자리'가 사라지면서 서울 4년제 대졸자의 취업시장 여건이 크게 악화된 것이라고 할 수 있다. 괜찮은 일자리의 수가 줄어들면서 그만큼 취업을 전후한 경쟁은 치열해질 수밖에 없다. 노동시장의 '내부자'가 될 수 있는 자리는 점점 줄어들고, 첫 일자리에서 '외부자'로 밀릴 경우 내부자로 승급할 수 있는 기회는 거의 없기 때문이다.

그나마 이공계 대학 또는 대학원 졸업자의 경우 취업 사정 악화 정도가 덜해 보인다. 결국 '문송합니다'의 영향이 가장 크다. 앞에서 언급한 2010년 이후 대졸 취업자 수가 연 5만 개 이

상 감소한 현상이 주로 인사·재무·마케팅·영업 등의 직군에서 나타났음을 시사하는 것이다. 반면 2차 노동시장 일자리의 경우 일자리의 '양'은 별개로 치더라도 임금 등 '질'이 나빠진 것으로 보기는 어렵다.

내부자가 되기 위한 치열한 경쟁

2010년 이후 노동시장에 진입한 80년대 후반생 또는 90년대생은 이전과 비교해 대기업 일자리가 조금씩 줄어드는 상황에서 일자리를 찾아야 했다. 특히 일반 사무직 일자리가 집중적으로 줄어들었다. 취업 희망자들이 최우선 목표로 삼는 대기업-일반 사무직의 안정된 일자리가 줄어드는 가운데, 경쟁은 이전보다 더 치열할 수밖에 없다.

앞서 사용한 대졸자직업능력이동조사[3]는 자료 작성이 처음 시작된 2007년 졸업자(2006년 8월~2007년 2월)부터 매년 대학 졸업자가 얻은 일자리의 기업별 규모와 기업이 속한 산업, 일자리의 직업 특성 등을 집계해 공개한다. 따라서 고졸 취업자의 현황은 파악할 수 없지만, 대졸자가 졸업 후 6개월~1년 정도 지난 뒤 어떤 일자리를 얻었는지는 확인할 수 있다.

이 자료를 정리한 〈그림 2-1〉에 따르면 종사자 수 300인 이상 기업에 취업한 대졸자의 숫자는 2007~2016년 졸업자 평균

그림 2-1 대졸자가 취업한 기업의 규모

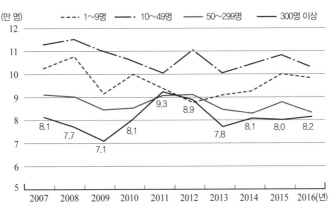

자료: 대졸자직업능력이동조사.

그림 2-2 대졸 취업자 중 대기업 취업자 비중

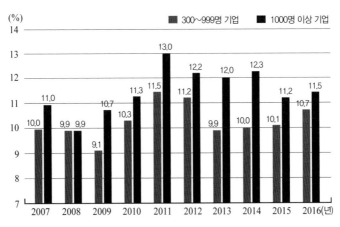

자료: 대졸자직업능력이동조사.

8만 1,000명 선에서 등락하는 양상을 보인다. 좀 더 정확히 말하자면 2011년 9만 3,000명을 정점으로 했다가, 2014년 졸업자부터 8만 명 선을 유지하고 있다. 2011년 이후 대기업 취업자 감소가 경기 상황 때문인지 아니면 구조적으로 대기업의 인력 수요가 줄어든 때문인지는 불분명하다. 다만 확실한 것은 2011년 이후에는 경제성장에도 불구하고 300인 이상 기업, 즉 대기업·공공기관 취업자가 늘어나지 않았다는 사실이다.

〈그림 2-2〉를 보면 전체 취업자 가운데 300인 이상 기업 취업자가 차지하는 비율은 2011년 24.5퍼센트(11.5퍼센트+13.0퍼센트)까지 늘어났다가 2016년 22.2퍼센트(10.7퍼센트+11.5퍼센트)로 내려왔다. 일단 정규직이건 비정규직이건 대기업에 취업하는 비율이 매년 조금씩 줄어들고 있다. 그리고 300인 미만 중소기업에 취업하는 인원은 2011년 28만 6,000명에서 연도에 따라 등락이 있을 뿐 큰 변동이 없다. 이에 따라 전체 취업자에서 중소기업이 차지하는 비중은 2011년 75.5퍼센트에서 2016년 77.8퍼센트로 늘어난다.

그런데 대졸자 숫자는 2010년이 47만 1,000명으로 가장 작고, 2016년이 52만 1,000명으로 가장 많다. 2010년 대졸자에 해당하는 1983~1986년생과 비교해 2016년 대졸자인 1989~1993년생은 졸업자는 많은데 일자리는 제한된 상황에서 경쟁을 벌여야 한다는 의미다. 이는 1차 노동시장에 진입하기 위한 경쟁 강도가 그만큼 세졌을 뿐만 아니라, 2차 노동시장에도 진입하지 못하고 실업자나 비경제활동인구(취업하거나 일자리를 찾지 않고 쉬어버리는 인구)가 되는 사람들이 그만큼 늘어났다는 것을 의미한다.

오랫동안 일자리를 찾지 못한 장기 미취업자 숫자가 2013년부터 늘어나는 현상은 대기업 일자리 감소, 중소기업 일자리 정체, 대졸자 증가가 맞물린 결과라고 할 수 있다. 통계청이 매년 5월 만 15~29세 청년층을 대상으로 실시하는 '경제활동인구조사 부가조사'에 따르면 만 29세 이하 청년 중 미취업 상태에 있는 사람은 2013년 132만 9,000명까지 내려갔다가 이후 2018년 148만 7,000명, 2019년 154만 1,000명 등 계속해서 늘어나는 양상이다. 이 '미취업자'는 사실상 만 29세 이하 인구 중 실업자의 숫자다. 통계청의 조사는 '최근 일자리를 그만둔 이후 또는 졸업·중퇴 이후 미취업 기간은 어떻게 됩니까'라는 질문을 던져서 미취업자를 집계한다. 취업 준비생과 실업자의 경계가 모호한 청년층의 특성을 고려해 던지는 질문이다. 이 때문에 미취업자는 '사실상의 실업자'를 의미하는 것이나 다름없다.

특히 6개월 동안 구직활동을 했는데 일자리를 찾지 못한 장기 미취업자, 즉 사실상의 장기실업자도 큰 폭으로 늘었다. 학교 졸업이나 실직 이후 6개월 정도는 일자리를 찾는 데 시간이 걸리는 일종의 '마찰적 실업'으로 볼 수 있지만, 구직 기간이 6개월이 넘어가면 '구조적 실업'에 가깝기 때문이다.

6개월 이상 청년 미취업자는 2014년 73만 9,000명에서 2017년 80만 명, 2018년 83만 8,000명, 2019년 88만 1,000명으로 늘

어났다(〈그림 2-3〉 참조). 2017~2019년 6개월 이상 미취업자 증가폭은 약 4만 명으로, 같은 해 전체 미취업자 증가폭 3만 9,000~5만 4,000명의 77.8~90.7퍼센트를 차지했다. 2017년 이후 청년 취업 문제가 질적으로도 악화일로를 걷고 있다는 의미다.

이와 같이 2010~2011년 이후 20대 노동시장 사정이 악화된 주된 이유 가운데 하나는 대졸-일반 사무직 일자리가 감소했기 때문이다. 여기에 탈산업화deindustrialization로 인한 제조업 일자리 감소도 또 다른 주요 원인 가운데 하나다.

한국의 대표적인 주력 수출 산업에 속한 ㈜한국이라는 가상의 기업을 생각해보자. ㈜한국은 2000년대 초중반부터 인건비 등 국내 생산 원가가 상승하고, 해외시장 비중이 늘어나면서 많은 생산 기지를 해외로 이전했다. 미국, 중국, 베트남 등에 공장

그림 2-3 청년 장기(6개월 이상) 미취업자 추이

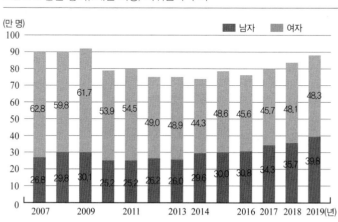

자료: 통계청 경제활동인구조사 부가조사.

이 하나둘 늘어나면서 구미와 창원 일대에 있던 ㈜한국의 옛 공장은 문을 닫았다. ㈜한국의 주력 공장이 해외로 옮겨나가면서 하청업체들도 덩달아 따라나가게 됐다. 공장을 관리하고 운영하는 데 필요한 사무직 인력은 기존 인력을 재배치하거나, 아니면 최소한의 규모로 신입 직원을 뽑거나, 그것도 부족하면 아예 해외 근무를 전제로 채용 공고를 내거나 아니면 현지 인력을 뽑는다. 제품 케이스를 생산하는 공장의 경우 일본의 로봇회사 화낙으로부터 정밀하게 금속을 깎을 수 있는 수치제어장치CNC 1만 대를 들여와 공장을 가득 채웠다. 이 기계는 미리 데이터만 입력하면 자동으로 제품을 생산한다. 예전 같으면 공장에서 수천 명이 일했겠지만, 이제 소수의 엔지니어와 정비 인력 정도가 있다. 고용 인원이 줄어드니 자연스레 관리 인력도 많이 필요하지 않게 됐다.

기업들은 주로 R&D 분야의 인력을 필요로 하는데, 미국·중국 업체와 경쟁이 치열해지면서 특히 소프트웨어sw 인력이 부족한 상황이었다. 하지만 국내에서 이들 인력을 모두 확보할 수 없는 데다, 다양한 신기술 고급 인력을 채용하기 위해 해외 연구소를 집중 육성하고 있다. 이미 2013년부터 SW 분야에서는 해외 연구소 인력 규모가 국내 연구소 인력 규모를 앞섰다. 2013년 채용 인원은 해외는 6만 9,000명, 국내는 5,000명 정도다.[4] 그나마 이제 SW 인력도 중간 수준 SW 엔지니어에 대한 필요가 줄어들면서 채용 규모를 줄여 자연적인 인원 감축을 도모할 계획이다.

한국의 대표 제조업종 대기업 대부분은 ㈜한국과 같은 경험을 하고 있다. 예외랄 게 없는 상황이다. 그리고 이러한 변화는 바로 20대 일자리에 직접적인 영향을 주고 있다.

대졸자직업이동경로조사의 직업별 취업자 변화에 따르면 2010년 이후 가장 많이 줄어드는 직종은 '경영, 회계, 사무 관련' 직업이다. 〈표 2-4〉를 보면 이 직업이 취업자에서 차지하는 비중은 2011년 29.7퍼센트까지 늘었다가 2016년 26.4퍼센트로 가파르게 감소하는 양상이다. 전체 취업자 가운데 차지하는 비중은 작은 편이지만 '금융, 보험 관련' 직업도 2008년 5.2퍼센트에서 2016년 2.4퍼센트로 반 토막이 났다. 두 직종을 합친 취업자 수는 2008년 13만 6,000명으로 가장 많았는데, 2016년이 되면 11만 명으로 감소한다. 이 두 직종에서만 2만 6,000개의 화이트칼라 일자리가 사라진 셈이다. 이들 직종에는 1차 노동시장에 속한 일자리가 많기 때문에, '번듯한 일자리'라는 범주에 한정한다면 감소폭이 커지게 된다.

이공계가 주목을 받는다지만 연구개발 관련 직종의 채용 인원은 늘지 않았다. 인문·사회과학까지 포함한 '연구 관련' 직종 취업자 비율은 2010년 10.6퍼센트까지 늘었다가, 2016년 8.7퍼센트를 기록했다. 인원으로 따지면 4만 명을 정점으로 2016년 졸업자 기준 3만 3,000명만이 연구 관련 직업을 얻었다. 가장 빠른 속도로 늘어난 '직업'은 음식 서비스 종사자다. 2007년

표 2-4 직업별 대졸 취업자 분포

(졸업연도 기준)

	2007년	2008년	2009년	2010년	2011년	2012년	2013년	2014년	2015년	2016년
졸업자(만 명)	49.9	49.7	48.0	47.1	47.9	50.3	49.2	49.4	51.5	52.1
취업자(만 명)	38.9	39.1	35.8	37.6	38.1	38.2	36.2	37.0	38.1	38.1
경영, 회계, 사무 관련	28.3%	29.5%	28.9%	29.5%	29.7%	29.6%	27.9%	27.1%	27.2%	26.4%
금융, 보험 관련	4.8%	5.2%	4.7%	4.4%	3.9%	3.8%	2.6%	2.2%	2.7%	2.4%
연구 관련	8.9%	10.6%	9.4%	10.6%	10.5%	8.5%	8.0%	7.2%	7.9%	8.7%
보건 및 의료 관련	9.4%	9.6%	10.2%	9.7%	9.9%	10.1%	10.4%	11.5%	11.4%	11.2%
사회복지 및 종교 관련직	5.4%	5.7%	6.5%	5.9%	5.9%	5.9%	5.6%	5.3%	5.3%	4.7%
음식 서비스	1.6%	1.8%	1.7%	2.1%	2.3%	2.5%	2.9%	3.8%	3.6%	4.1%
정보통신 관련직	5.6%	5.0%	5.2%	4.7%	4.9%	5.2%	5.2%	4.7%	5.0%	5.1%
문화, 예술, 디자인, 방송 관련	6.1%	5.8%	5.7%	5.7%	5.6%	6.1%	6.0%	6.1%	5.4%	6.2%
영업 및 판매 관련	6.9%	6.7%	6.9%	6.9%	6.8%	6.7%	7.0%	7.5%	6.8%	6.9%

자료: 대졸자직업능력이동조사.

전체 대졸 취업자의 1.6퍼센트만 차지했던 해당 직종 종사자는 2016년 4.1퍼센트로 늘어났다. 보건 및 의료 관련 종사자 비율도 2007년 9.4퍼센트에서 2016년 11.2퍼센트로 증가했다. 이는 고령화로 인한 보건·의료 서비스 수요 증가를 반영하는 수치다. 대졸 화이트칼라 일자리가 줄고 그 자리를 음식 서비스와 고령자 대상 보건·의료 서비스가 채우는 양상이다. 20대 취업 희망자들이 원하는 '번듯한 일자리'는 줄어들 수밖에 없는 형국이다.

종사자 수 300인 이상 대기업의 매년 채용 계획 인원을 〈표 2-5〉에서 살펴보면 제조업종 대기업에서 일자리가 가파르게 감소하고 있다는 게 잘 나타난다. 글로벌 금융위기 영향으로 채용 계획 인원 변동폭이 컸던 2009~2010년을 한데 묶어서 보면 당시 대기업이 채용 계획이 있다고 답한 인원은 6만 9,000명이고 그 가운데 제조업의 비중은 29.4퍼센트였다. 그런데 2018년이 되면 채용 인원은 7만 1,000명으로 큰 변화가 없는데 제조업 비중은 13.8퍼센트로 15.6퍼센트포인트만큼 급감했다. '전문, 과학 및 기술 서비스업'의 채용 비중은 2009~2010년 6.3퍼센트였고, 2011년 10.7퍼센트로 늘어났다가 2018년 7.8퍼센트로 감소한다. 대신 늘어나는 분야는 '보건업 및 사회복지 서비스업(9.6퍼센트→15.1퍼센트)'과 '교육 서비스업(6.9퍼센트→11.2퍼센트)'이다.

채용 계획은 실제 채용이 어느 정도 이루어졌는가와는 다르다. 하지만 대기업의 인력 수요를 짐작할 수 있는 지표다. 채용 계획 추이를 보면 제조업에서 인력 수요가 급격히 감소하고 있

표 2-5 300인 이상 기업 채용 계획 인원의 산업별 비중

	2009~2010년	2011년	2012년	2013년	2014년	2015년	2016년	2017년	2018년
전체(만 명)	6.9	6.5	6.7	6.7	6.2	6.1	6.3	6.6	7.1
제조업	29.4%	25.9%	20.8%	15.4%	13.2%	11.1%	10.3%	14.2%	13.8%
사업시설관리 및 사업지원 서비스업	21.1%	14.5%	19.2%	19.5%	19.2%	23.6%	21.5%	21.8%	20.2%
보건업 및 사회복지 서비스업	9.6%	12.3%	11.4%	9.9%	8.9%	10.0%	12.5%	12.7%	15.1%
교육 서비스업	6.9%	6.6%	8.2%	24.2%	24.1%	19.4%	22.1%	16.0%	11.2%
운수업	5.3%	9.9%	11.6%	5.9%	7.1%	8.1%	5.1%	6.7%	6.2%
전문, 과학 및 기술 서비스업	6.3%	10.7%	8.7%	8.9%	7.2%	11.3%	9.3%	8.4%	7.8%
출판, 영상, 방송통신 및 정보 서비스업	7.0%	5.2%	5.5%	3.5%	4.4%	4.1%	5.9%	7.8%	7.3%
예술, 스포츠 및 여가 관련 서비스업	0.5%	0.2%	0.4%	1.4%	1.0%	0.6%	0.5%	1.1%	4.1%
도매 및 소매	3.1%	5.3%	6.1%	3.4%	2.7%	2.9%	2.4%	2.7%	3.1%
숙박 및 음식점업	2.3%	2.5%	1.6%	1.7%	5.8%	3.3%	3.8%	2.5%	4.0%

자료: 고용노동부 사업체노동력조사.

는 데다, 고부가가치 서비스업도 인력 수요가 늘어나지 않고 있음이 드러난다. 대신 헬스케어, 사회복지, 교육 등 고만고만한 서비스업에 대한 인력 수요만 빈자리를 채우고 있다. 기업의 고부가가치-고비용 인력에 대한 수요는 조금씩 줄어들고 있는 상황에서, '번듯한 일자리'에 대한 경쟁은 더 치열해질 수밖에 없는 것이다.

여성의 약진

2010년대 대졸자 취업시장의 특징 가운데 하나는 이른바 '번듯한 일자리'에서 남성의 몫이 가파르게 감소하고, 여성의 몫은 거꾸로 큰 폭으로 뛰었다는 것이다. 특히 '번듯한 일자리'의 아래 부분을 구성하는 월평균 급여 280만~310만 원 일자리와 함께, 그에 미치지는 못하지만 월 250만 원 정도 급여를 받는 일자리에서 남성 비율이 집중적으로 감소하고 있다. 이 정도 급여 수준이라면 대기업에서는 평균 아래인 일자리 그리고 중견기업 일자리에 해당한다. 즉 '대기업 취업'의 경계선에 있는 일자리에서 남성 비율은 줄고 여성 비율은 늘어나고 있다.

〈표 2-6〉에서는 서울 4년제 대학 출신의 취업자를 졸업 1년 뒤 소득에 따라 10개 구간으로 나누고, 해당 구간의 남녀 성비 추이를 비교하였다. 이를 보면 유독 상위 20~50퍼센트 구간에서 남성 비율이 줄어들었음을 알 수 있다. 구체적으로 살펴보면

소득 8분위(상위 21~30퍼센트)의 남성 비율은 2008년 68.4퍼센트 대비 2016년 49.1퍼센트로 19.3퍼센트포인트 떨어졌고, 소득 6분위는 같은 기간 21.5퍼센트포인트 급감했다.

그런데 이 기간 동안 서울 소재 4년제 대학을 졸업한 취업자 전체에서 남성이 차지하는 비중은 2008년 50.0퍼센트에서 2016년 47.6퍼센트로 불과 2.4퍼센트포인트밖에 줄지 않았다. 이는 소득 6~8분위에서의 남성 취업자 감소가 취업자 전체 중 남성 취업자의 감소보다 두드러지게 나타난 것임을 말해준다.

실제 최상위 10퍼센트(10분위)와 월 급여가 200만 원 이하인 최하위 30퍼센트(1~3분위)에서의 남성 취업자 비중은 늘고 있다. 10분위 일자리 중 남성의 비율은 2008년 71.5퍼센트에서 2016년 80.1퍼센트로 무려 8.6퍼센트포인트 늘어났다. 9분위의 경우

표 2-6 서울 4년제 대학 출신 취업자의 남성 비율 (%)

졸업연도	2008년	2010년	2012년	2014년	2016년	2008년 대비 증감(%p)	
10분위	71.5	75.4	78.4	79.2	80.1	8.6	유지/증가
9분위	69.1	62.1	71.6	62.0	69.5	0.4	
8분위	68.4	63.8	57.3	58.9	49.1	-19.3	급감
7분위	62.9	61.8	57.5	52.1	58.0	-4.9	
6분위	55.7	58.5	51.6	44.9	34.2	-21.5	
5분위	37.8	45.3	44.2	40.1	40.4	2.6	
4분위	45.5	39.8	38.4	34.5	23.8	-21.7	
3분위	39.8	32.6	36.1	41.6	47.4	7.6	급증
2분위	22.5	20.8	35.8	35.8	39.8	17.3	
1분위	26.8	31.7	26.8	33.9	33.5	6.7	
전체	50.0	49.2	49.8	48.3	47.6	-2.4	

자료: 대졸자직업능력이동조사.

에는 남성의 몫은 2008년 69.1퍼센트에서 2012년 71.6퍼센트로 늘었다가 2016년 69.5퍼센트로 줄어드는 모습으로, 다소 등락이 있지만 안정적으로 비율이 유지되고 있다. 9~10분위에는 주로 치의대나 변호사·회계사 등 전문직과 이공계 연구직의 비중이 높고, '문과' 사무직 중에서도 가장 급여가 높은 일자리가 포진한다. 가장 좋은 일자리에 있어서는 예나 지금이나 남성들이 훨씬 더 많은 몫을 가져간다는 이야기다. 아울러 최하위 30퍼센트(1~3분위)에서 남성 비중은 2008년부터 2016년 사이에 2분위는 무려 17.3퍼센트포인트, 1분위와 3분위도 각각 6.7퍼센트포인트, 7.6퍼센트포인트 늘어났다.

이 같은 양상은 2010년 이후 취업시장에서 나타난 여성 몫 증가가 1차 노동시장의 중간 아래층에 위치한, 어찌 보면 번듯한 일자리와 아닌 일자리의 '경계'에서 집중적으로 일어났음을 의미한다. 여성 비율이 늘어난 소득 상위 21~50퍼센트(6~8분위) 일자리의 평균 급여는 2016년 현재 월 281만 원이다. 여기에는 상경계열, 사회계열 등 이른바 '문과계열'의 대기업 근로자들 비중이 높다. 이처럼 1차 노동시장의 주변부 및 '탈숙련화'된 대기업 일자리에서 남성의 몫이 급속히 줄어들게 되자 2000년대 중반 이후 대학에 입학한 남성 입장에서는 준거 집단인 3~4년 전 선배들에 비해 여성이 강력한 경쟁자처럼 비춰질 수 있을 것이다. 이러한 상황은 이들 집단에서 일자리를 둘러싼 갈등이 젠더 갈등의 양상으로 나타날 수 있는 기초를 이룬다.

표 2-7 지방 4년제 및 전국 2~3년제 대학 출신 취업자의 남성 비율 (%)

졸업연도	2008년	2010년	2012년	2014년	2016년	2008년 대비 증감(%p)	
10분위	74.3	77.4	78.1	72.6	72.4	-1.9	감소
9분위	69.7	70.0	66.7	64.0	66.8	-2.8	
8분위	60.1	64.9	64.0	61.2	64.5	4.4	
7분위	54.7	56.2	57.8	54.9	59.8	5.1	
6분위	55.8	51.9	52.1	52.2	50.0	-5.9	
5분위	51.4	46.2	47.8	48.0	47.6	-3.9	
4분위	44.4	42.6	38.9	39.5	38.8	-5.6	
3분위	33.0	28.8	34.6	33.7	31.9	-1.1	
2분위	27.9	26.8	24.6	28.1	27.0	-0.8	
1분위	30.8	27.1	29.6	32.2	32.5	1.7	
평균	50.2	49.2	49.4	48.6	49.1	-1.1	

자료: 대졸자직업능력이동조사.

서울 4년제 대학 바깥에서 취업시장의 남녀 성비는 〈표 2-7〉에서 알 수 있듯이 서울 4년제 대학과 다르다. 지방 소재 4년제, 2~3년제 대학에서는 여성의 '번듯한 일자리' 잠식 현상 이 두드러지지 않는다. 이들 집단에서 번듯한 일자리에 해당하 는 10분위와 9분위의 남성 비중은 최근 들어 약간 감소하긴 했 지만 2016년에도 여전히 72.4퍼센트와 66.8퍼센트로 여성에 비 해 압도적으로 높은 상황이다. 바로 그 아래 8분위(64.5퍼센트)와 7분위(59.8퍼센트)에서는 남성 비중이 각각 4.4퍼센트포인트, 5.1 퍼센트포인트 늘었다. 서울 4년제 대졸자 바깥의 번듯한 일자리 사정에서는 남성 지위가 흔들리지 않고 있다는 의미다. 서울 4년제 외 대졸 취업자 전체의 남성 비율은 2008년 50.2퍼센트에 서 2016년 49.1퍼센트로 불과 1.1퍼센트포인트만 낮아졌다. 특 히 2~6분위(소득 하위 10~60퍼센트)에서는 남성 비율이 모두 감소한다.

서울 4년제 대졸 취업자 중 월 250만~310만 원을 받는 집단에서 여성 몫이 가파르게 증가한 이유 가운데 하나는 서울 4년제 대학에 입학한 여성 비율이 늘어났다는 것이다. 서울 소재 4년제 대학 입학 인원은 2018년 기준 8만 1,300명이다. 이 가운데 12개의 이른바 '명문대'[5] 입학 인원은 4만 2,800명이다. 서울 4년제 대학 입학자의 절반 정도다. 지금까지 논의한 서울 4년제 대학 취업자 가운데 소득 상위 50퍼센트 이상은 다수가 명문대라 불리는 상위권 대학 졸업자일 가능성이 높다. 서울대와 연세대, 고려대는 2007~2008년 전체 입학자 중 여성 비율이 처음으로 40퍼센트를 넘겼고,[6] 2015년에 이르자 연세대와 고려대의 입학자 중 여성 비율은 45퍼센트[7]에 육박하게 되었다. 지금까지 논의한 서울 4년제 대졸 취업자 가운데 상위 20~50퍼센트에서 여성 비율이 급격하게 늘어난 이유는 이들 학교에서 여성 비율이 늘어난 것을 주요 원인 가운데 하나로 볼 수 있는 것이다. 또한 취업시장에서 여성에 대한 차별이 예전보다 덜해지면서 '비슷한 조건'에 있는 취업 희망자 중 여성이 일자리를 얻을 가능성이 높아진 것도 또 다른 이유일 것이다.

문제는 여성 몫 증가와 남성 몫 감소가 2010년 이후 '번듯한 일자리'가 줄어드는 상황에서 발생했다는 것이다. 괜찮은 일자리가 시간이 갈수록 줄어드는 상황에서, 남성 취업자 및 구직자는 노동시장에서 가장 첨예한 경험을 하게 된다. 이른바 '페미니즘 이슈'에 중산층 남성들이 민감하게 반응하는 데에는 그들의 노동시장에서의 지위 악화가 일정 정도 영향을 미친 것으로 보인다.

앞서 소개한 통계청 조사에 따르면 2013년 이후 만 15~29세 청년 중 미취업 기간이 6개월 이상인 장기 미취업자의 증가는 대부분 남성 미취업자의 증가에 기인한 것이었다.[8] 2013년 장기 미취업자 75만 명 가운데 남성은 26만 명, 여성은 48만 9,000명이었다. 그런데 2019년이 되면 남성 장기 미취업자는 39만 8,000명으로 늘어나고, 여성은 48만 3,000명으로 거의 차이가 없다.

이승윤 이화여대 교수 등이 15~29세 노동자를 대상으로 각각 2002년과 2014년 고용, 임금, 사회보험에서 안정성이 어떻게 변화했는지를 살핀 자료에서도 '괜찮은 일자리'를 얻고 안정된 지위를 차지한 여성 비중이 늘고 사회경제적 지위가 불안정해진 남성 비중이 증가한 것이 드러난다.[9] 〈표 2-8〉을 보면 '불안정하지 않음'에 위치한 여성은 2002년 9.8퍼센트에서 2014년 22.7퍼센트로 12.9퍼센트포인트 늘어난다. 하지만 같은 기간 '불안정하지 않음'에 해당하는 남성의 증가는 3.6퍼센트포인트에 그친다. 그리고 불안정 상태에 놓여 있는 남성이 감소한 것은 주로 사회보험 안정성이 강화된 때문으로 풀이된다. 고용이나 임금의 안정성은 그리 나아지지 않았다.

표 2-8 청년들의 성별 고용-임금-사회보험 불안정성 비교　　　　　　　　(%)

		남성			여성		
		2002년	2014년	증감(%p)	2002년	2014년	증감(%p)
매우 불안정	고용-임금- 사회보험	9.2	12.1	2.9	9.7	13.0	3.3
불안정	임금- 사회보험	2.8	1.4	-1.3	3.9	1.3	-2.6
	고용- 사회보험	8.8	3.6	-5.2	7.5	3.4	-4.1
	고용-임금- 사회보험	0.8	0.9	0.1	1.1	1.1	0
불안정(2개 지표 해당)		12.4	5.9	-6.5	12.5	5.8	-6.7
다소 불안정	사회보험	8.1	2.9	-5.2	8.7	2.4	-6.3
	임금	2.2	2.4	0.2	2.3	2.9	0.6
	고용	10.2	9.3	-0.9	2.2	4.2	2.0
다소 불안정 (1개 지표 해당)		20.5	14.6	-5.9	13.2	9.5	-3.7
불안정하지 않음		12.9	16.5	3.6	9.8	22.7	12.9

자료: 이승윤, 백승호, 김윤영(2017).

중숙련 일자리가 사라진다

지금까지 논의한 대기업 사무직 일자리의 축소를 설명하는 데 가장 적합한 이론은 미국 MIT의 데이비드 오터 교수, 프랭크 레비Frank Levy 교수, 대런 애쓰모글루Darren Acemoglu 교수 등이 제시한 '루틴화routinization 가설' 또는 '업무편향기술발전 가설'이다.

루틴화는 업무 내에서 반복 수행 비율이 높고 그 때문에 컴퓨터 등 IT 기술을 이용한 자동화가 용이한 업무에 대해 기업들이 사무자동화OA에 투자해 고용을 줄이는 방향으로 움직인다는 의미다. 규칙적으로 하는 일을 가리키는 '루틴routine'에서 나온 말이다. 그리고 그런 규칙적인 업무로 구성된 중간 정도 숙련 일자리가 IT 기술 확산으로 인해서 빠르게 사라진다는 게 '루틴화 가설'의 의미다.[10] 하지만 고위 관리자, 연구직, 고부가가치 서비스업에 해당하는 전문직 일자리는 IT 기술로 대체되지 않기 때문에 고용 규모가 줄지 않는다. 또 단순한 일을 하는 저숙련 일자리도 영향을 받지 않는다. 이렇게 중숙련 일자리가 사라지면서 일자리와 일자리에서 얻는 임금의 양극화는 심화된다. 기계로 쉽게 대체가 가능한 업무를 중심으로 기술 변화와 그로 인한 직업 특성 변화가 나타난다고 해서 '업무편향기술발전'이라는 표현을 쓰기도 한다.

오터 교수와 애쓰모글루 교수는 2011년 발간한 책에서 직업을 10개로 나누어 1979~2007년 사이의 일자리 변화를 분석한다.[11] 그 결과 사무직, 판매직, 생산직, 설비조작원 직업군에서는 급격히 일자리가 줄어든다. 특히 이들 직군의 일자리는 1999년 이후 급격히 감소했다. 두 사람에 따르면 사무직과 판매직은 화이트칼라, 생산직과 설비조작원은 블루칼라 일자리인데 모두 자동화로 인력을 쉽게 대체할 수 있다는 게 공통점이다. 두 일자리는 IT 기술이 확산된 1999~2007년 일자리가 거의 늘지 않거나 아니면 감소했고, 글로벌 금융위기가 닥친 2007~2009년 기업들이 집중적으로 감원을 하면서 직군에 따라 7~17퍼센트 정도 취업자 수가 줄어들었다.

반면 관리직, 전문직, 기술직의 경우 꾸준히 일자리가 늘어나고 있다. 이들 직군은 추상적이고 루틴화하기 힘든 업무를 수행하기 때문에 IT 기술 발전의 영향도 상대적으로 적게 받는다. 경비직, 요식업·청소업, 대인 돌봄서비스 직종 등 저숙련 서비스업의 경우 기계로 대체하기 어렵다는 특성 때문에 노동 수요가 증가하고 있다. 이들은 "요구되는 교육 수준이나 급여가 낮음에도 불구하고 지난 30년간 가장 빠르게 취업자 수가 증가한 직종"이라고 두 사람은 설명한다.

오터 교수와 스위스 취리히 대학교의 데이비드 돈David Dorn 교수는 2013년 발표한 논문에서 미국을 722개 지역 노동시장으로 나누어 분석했는데, 평균적으로 개별 일자리의 업무 루틴화 정도가 높은 지역에서 중간 일자리가 더 많이 감소했다.[12] 또 저숙련 서비스 일자리가 늘어나고 저숙련 일자리의 임금도 올라가는 특성을 보였다. 앞서 오터 교수와 애쓰모글루 교수는 유럽 지역에서 루틴화 가설을 실증 분석했는데, 높은 숙련을 요구하지 않는 '사무종사자'나 공장 자동화의 영향을 받는 '장치·기계 조작 및 조립종사자(한국어 번역은 한국표준직업분류 기준)' 등에서 일자리가 감소하는 현상이 나타났다.

한국은 2008년 이후 대졸자들의 상대임금(다른 학력을 가진 취업자와 비교한 임금)이 하락하는 현상이 나타났다. 이를 정리한 것이 〈그림 2-4〉다. 고영선 KDI 국제협력개발센터장(선임연구위원)이 2019년 7월 발표한 논문에 따르면 2008~2016년 고졸 대비 대졸 이상 학력 노동자에 대한 상대수요는 연평균 증가율이 0퍼센트로 정체되어 있었는데, 상대공급은 연평균 4.3퍼센트씩 늘었다.[13] 그 결과 상대임금은 1.4퍼센트씩 하락했다. 고졸 학력을 가진 사람들의 임금보다 대졸 학력을 가진 사람들의 임금이 상대적으로 줄어드는 현상이 나타났다는 것이다.

1995~2007년 기간에는 대졸자들의 고졸자 대비 상대수요가 연평균 8.4퍼센트, 상대공급은 연평균 6.3퍼센트씩 각각 늘었다. 대학이 많이 생겨나면서 대졸자 공급이 급증했지만, 그 이상으로 대졸자 수요도 증가했다는 얘기다. 그 결과 대졸자의 상대임금은 연평균 0.7퍼센트씩 늘어났다. 13년간이니, 총 9.5퍼센트만큼 차이가 더 벌어진 것이다.

고영선 선임연구위원의 2018년 보고서에 따르면 2008년 이

그림 2-4 고졸 대비 대졸, 초대졸의 상대수요, 상대공급, 상대임금 변화

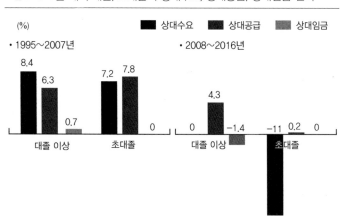

자료: koh(2019).

후 학력에 따른 임금격차가 감소했다.[14] 다만 대기업 재직에 따른 임금 프리미엄은 늘어났다. 최상위 20퍼센트와 최하위 20퍼센트의 시간당 임금격차로 측정한 임금 불평등도는 퍼센트 단위로 연평균 0.8퍼센트씩 감소했다. 임금 불평등이 줄어든 주요 원인은 학력(-0.4퍼센트), 성(-0.2퍼센트), 산업(-0.2퍼센트), 근속 연수와 경력(-0.4퍼센트) 등의 영향력이 감소했기 때문이었다. 하지만 사업장 규모에 따른 임금 불평등은 연평균 0.2퍼센트씩 늘어났다.

이 같은 임금격차 축소는 고소득자 임금 증가가 둔화되었기 때문이다. 고소득자의 임금이 오르지 않으니, 임금과 연관된 개인 특성의 영향력이 줄어든 결과가 나온 것이다. 최상위 10퍼센트의 시간당 실질임금 증가율은 2008년 이후 연평균 1.1퍼센트에 불과했다. 1995~2007년 연평균 5.6퍼센트였던 것과 비교하면 4.5퍼센트포인트나 낮아졌다. 10년간 누적 증가율로 바꾸면 1995~2007년에는 최상위 10퍼센트 노동자의 시간당 실질임금은 총 72.4퍼센트 늘어나는데, 2008년 이후에는 총 11.6퍼센트 늘어난 데 불과하다. 하위 10퍼센트의 시간당 실질임금 증가율은 1995~2007년에는 연평균 3.1퍼센트, 2008~2016년에는 연평균 3.0퍼센트로 엇비슷한 수준이었다.

앞서 살펴본 2010년 이후 '경영, 회계, 사무 관련' 직종과 '금융, 보험 관련' 직종에서 대졸 취업자가 집중적으로 감소하고, 대졸 취업자들의 평균적인 '초봉' 수준이 대기업 사무직의 소득으로 보이는 구간에서 줄어든 것은 대기업 화이트칼라 일자리의 양적·질적 악화를 여실히 보여준다. 단순히 대졸자가 늘었기 때문이 아니라, 2010년 이후 대졸자가 갈 수 있는 '번듯한 일자리'가 중간 정도 숙련이 필요한 사무직을 중심으로 감소한 것이 문제의 원인이다. 여기에 더해 탈산업화로 인한 제조업 일자리의 감소도 '번듯한 일자리'의 감소를 가속화시켰다.

그렇다고 연구개발 직군이나 고부가가치 서비스업 등에서 일자리가 늘어나고 있지도 않다. '이공계 붐'은 대기업에 재직하는 고소득 일자리가 제한된 가운데, 그나마 '유지'는 하고 있는 직종에 안착하기 위한 몸부림에 가깝다.

결국 지금의 20대는 '번듯한 일자리'가 줄어드는 가운데 '성안'에 들어가기 위한 경쟁을 이전 세대보다 더 치열하게 벌여야 하는 처지가 됐다. 그 경쟁 과정에서 성별, 계층별, 학력별, 거주지역별로 누가 더 '기회'를 많이 잃는지 그리고 누가 '선방'하는지에서 그들의 운명은 갈린다. 중산층 또는 중상위층 지위를 확보하기 위해서는 이제 '명문대' 졸업장을 요구하는 고급 사무직 또는 전문 기술직 일자리를 얻어야 한다.

90년대생의 세계에서 부모 세대가 대졸 사무직으로 중산층 지위를 확보하지 못한 경우, 자녀 세대인 그들이 명문대 졸업장을 받기란 낙타가 바늘구멍에 들어가는 수준으로 어려워졌다. 예전처럼 지방 국립대를 졸업해서 지방에 위치한 대기업에 취직해 중산층 대열에 합류하거나 또는 자동차·조선·석유화학·

전자 산업 대기업 생산직으로 서울의 대졸 화이트칼라 부럽지 않은 고소득을 얻는 삶의 기회는 오늘날 20대에게는 거의 존재하지 않는 것이나 마찬가지다. 이제 근본적으로 불평등한 90년대생의 생활세계를 살펴볼 차례다.

3장

가려진 20대:
지방과 고졸

"공부 잘하면 치인트, 못하면 복학왕"

　네이버에 연재 중인 웹툰 「복학왕」은 지방 소재 대학을 둘러싼 다양한 이야기를 가감 없이 묘사한 작품으로 잘 알려져 있다.
　작가의 필명(기안84)을 딴 기안대는 소위 '지잡대(지방대를 비하하는 표현)'로서 신입생 오리엔테이션이 배경이 되는 1~4화를 중심으로 그 현실적인 모습이 적나라하게 펼쳐진다. 날마다 벌어지는 술자리, 학점에는 조금도 관심이 없는 채로 게임에만 열중하는 고학년 학생들, '마케팅'의 영어 철자를 틀릴 정도로 실력 없는 교수, 모교로 짜장면 배달을 온 대선배와 그를 맞으며 신입생들을 상대로 군기를 잡는 고학년생의 우스꽝스러운 모습 등이 그것이다. 이를 보며 최종렬 계명대 교수가 "지난 10년 이상 지방대에서 겪었던 수많은 일들이 파노라마처럼 펼쳐지기 시작한다"[1]고 말했을 정도로 이 웹툰은 지방대의 모습을 사실적으로 그려냈다는 평가를 받곤 한다.

웹툰에 대한 독자들의 반응은 4화에 달린 베스트댓글(추천수가 가장 많은 댓글)인 "공부 잘하면 치인트(치즈인더트랩), 못하면 복학왕"[2]에 압축된다. 즉 '공부'를 못했으니 자기계발이나 취업에 뒷전인 학생들만 모여 있는 '지잡대'에 갔다는 것이다. 그리고 그것은 해당 화에서 '과 잠바'를 손에 받아든 신입생이 떠올린 '대기업, 중소기업, 인력사무소, 패스트푸드점에서 모두 채용을 거부당하는 미래'와 연결되는 이야기이기도 하다. 「복학왕」의 세계가 명문대를 배경으로 집안 형편이 썩 좋지 않은 여자 주인공과 다른 남자 주인공 두 명의 삼각관계를 다룬 또 다른 네이버 웹툰 「치즈인더트랩(치인트)」의 세계와 갈리는 건 결국 성적의 문제다. "본격 학업 장려 웹툰, 니들 공부 안 하면 저렇게 된다"류의 댓글(주인공 우기명의 가난한 노년을 다룬 71화 '흙수저' 편)이 거의 모든 연재분의 베스트댓글이다.

「복학왕」이라는 작품이 사회적으로 받아들여지는 방식은 결국 주인공의 하류 인생이 공부를 못해 지잡대에 간 결과라는 인식에 가깝다. 주인공은 남자 얼짱 경연 대회, 인터넷 의류 쇼핑몰 등으로 성공을 노리지만 번번이 실패하고 결국 밀린 학자금 대출을 갚기 위해 김치 공장 생산직으로 취직하기까지 한다. 이러한 이야기 전개는 실패한 20대 남성을 주인공으로 한 피카레

스크 소설(악당소설)이라 부를 만하다. 그는 자기계발에 몰두하는 다른 20대와는 동떨어진 삶을 살아감으로써, 점점 나락으로 떨어진다.

'지방대생과 고졸자'라는 주변부

지방대 출신과 고졸 이하는 오늘날 청년 담론에서 거론되지 않는 존재들이다. 이들이 거론되지 않는 이유는 앞서 「복학왕」에 대한 반응에서 잘 드러난다. 그들은 '공부를 못해서' 좋은 대학에 가지 못했고, 따라서 노동시장에서 갖는 열등한 지위는 당연하다는 것이다. 그들이 일자리를 구하지 못하는 건 '품성'이 나쁘고 '노력'이 부족한 결과다. 이러한 사고에 대항하는 담론은 '간판만 보고 뽑는 세태 때문에 능력 있는 지방대생들이 차별받고 있다' 정도가 전부다.

지방대 내부의 사람들은 지방대생이 20대 청년들의 치열한 공부 경쟁에서 이탈하는 이유를 두고, 그들이 '예정된 패배'를 맞이하는 방식이라고 말한다. 양승훈 경남대 교수는 그들에 대해 "공무원 시험도 도전은 해보지만 집중력 있게 돌파하기는 어렵다. 토익을 치르라고 권해도 해봐야 안 된다는 생각에 고득점을 올릴 만큼 집중하지 못한다. 결국 지인을 통해 지역 사회에서 구할 수 있는 열악한 일자리를 찾게 된다"[3]고 설명한다. 그들의 행동은 원인이면서 동시에 패배의 경험에서 체득한 습속의 결과인 셈이다.

여기서 지방대에 다니는 학생들의 계층 격차 문제를 살펴볼 필요가 있다. 유지영 남서울대 교수가 지난 2011년 충청도 소재 N대와 서울 소재 K대 학생을 상대로 설문조사한 바에 따르면(〈표 3-1〉 참조), N대생 부모의 연평균 소득은 4,795만 원이었던 반면 K대생 부모의 소득은 7,085만 원에 달했다.[4] 또 아버지 최종 학력이 대졸 이상인 비율이 N대는 35.9퍼센트(32.0퍼센트+3.9퍼센트), K대는 66.3퍼센트(51.5퍼센트+14.8퍼센트)였고, 어머니 학력이 대졸 이상인 학생 비율은 N대는 20.1퍼센트(18.7퍼센트+1.4퍼센트), K대는 40.6퍼센트(33.9퍼센트+6.7퍼센트)였다. N대생의 아버지 직업으로 가장 많았던 것이 생산기술직(20.5퍼센트)과 소규모 자영업

표 3-1 서울 소재 대학생과 지방대생의 계층 격차   (%)

		충청 N대	서울 K대			충청 N대	서울 K대
가계 평균 소득 (만 원)		4,795	7,085	아버지 학력 비율	초졸	5.6	1.7
					중졸	6.1	3.8
아버지 직업 비율	소규모 자영업	19.6	16.5		고졸	51.0	27.0
	경영자	5.5	12.6		대졸	32.0	51.5
	사무직	18.2	22.9		대학원	3.9	14.8
	생산기술직	20.5	11.3		기타	1.4	1.7
	관리직	6.6	9.1	어머니 학력 비율	초졸	4.7	1.3
	미취업	2.6	3.9		중졸	8.4	4.6
	기타	13.5	29.0		고졸	65.6	52.3
					대졸	18.7	33.9
					대학원	1.4	6.7
					기타	0.8	0.3

자료: 유지영(2016).

(19.6퍼센트)이었던 반면, K대생의 아버지들은 사무직(22.9퍼센트)과 경영자(12.6퍼센트)가 많았고 소규모 자영업은 16.5퍼센트였다. 서울 소재 대학과 지방 소재 대학의 격차는 학생의 계층 격차에 기인한 것이기도 한 셈이다.

대학에 진학하지 않은 고졸자 비율도 계층에 따라 다르다. 한국청소년정책연구원이 2017년 7월 실시한 '청년 사회·경제 실태조사'에 따르면 1988~1998년생 중 대학 미진학 비율은 부모 학력이 전문대 이상일 경우 9.9퍼센트였는데, 부모가 고졸이면 31.0퍼센트로 3배 이상 뛰었다.[5] 또 부모가 고졸 미만일 경우 44.1퍼센트에 달했다. 이 보고서는 가족의 소득 수준을 따로 조사하지는 않았다. 하지만 60년대생이 대부분인 부모 세대 학력이 사회경제적 지위에 깊은 연관을 맺고 있다는 점을 감안하면, 고졸자의 문제는 중간 아래 계층의 문제인 셈이다.

지방대와 고졸 청년을 마냥 없는 사람처럼 취급할 수 없는 가장 큰 이유는 그들의 숫자다. 통계청에 따르면 2018년 현재 만 20~24세 가운데 절반(50.3퍼센트)은 서울·인천·경기 바깥의 '지방'에 산다.[6] 일자리를 찾아 수도권으로 이주하는 인구 때문에 숫자가 줄긴 하지만 만 25~29세에서도 '지방' 거주 비율은 45.6퍼센트에 이른다.

고교 졸업생 가운데 대학교 진학이나 취업을 하지 않고 '무직자 및 미상'으로 파악되는 인원은 2011년 졸업자(1992년생, 2019년 현재 27세) 중 13만 6,000명까지 늘었고, 이후 12만~13만 명대를 유지한다. 2011년 졸업자 이후 이들의 비중은 전체 고교 졸업자의 20퍼센트에 이른다. 즉, 현재 20대 5명 중 1명 정도가 진학도 취업도 하지 못한 채 노동시장 주변부에 위치하면서 불안정 노동과 니트족(직장에 다니지도 않고 교육을 받지도 않는 이들·Not in Education, Employment or Training) 사이에 있는 것이다.

지방대생과 고졸자들은 20대 집단 내에서 '주변부'를 형성한다. 서울 소재 명문대라는 '중심부', 서울과 수도권의 4년제 및 지방 거점 국립대라는 '반주변부'에 밀려 사회로부터 소외된 변방이다. 그리고 지방의 20대가 지리적인 주변부에 그치지 않고 졸업을 전후해 사회 계층의 위계에서 주변부가 된다면, 일반계 고졸 20대는 '대학도 가지 못한' 실패자로 간주되며 투명인간과 같은 취급을 받는다.

지방의 현실, 질 좋은 일자리가 없다

지방 일자리 문제의 핵심은 '질 좋은 일자리'가 많지 않다는 것이다. 그나마 질 좋은 일자리가 있더라도 서울에서 괜찮은 대학을 나온 사람들이 차지하고 만다. 지방의 20대는 이런 점에서 이중으로 격차를 경험하는 셈이다.

홍장표 소득주도성장특별위원회 위원장이 부경대 교수 시절인 지난 2017년 문영만 부경대 교수와 함께 발표한 논문에 따르면 수도권과 지방의 임금격차는 대졸자 일자리에서 발생한다.[7] 〈표 3-2〉에서 볼 수 있듯이 2014년 현재 대졸자가 수도권 직장에 다니면 월 265만 원을 받는데, 지방 직장에 다니면 월 236만 원밖에 받지 못한다. 월 29만 원이니 연봉으로는 350만 원가량 차이가 나는 것이다. 대졸자 간의 이러한 임금격차는 2009년 월 21만 원에서 계속 확대되는 추세다.

그런데 전문대졸과 고졸 취업자의 경우에는 지방 직장이 더 급여가 높다. 전문대졸은 수도권에서 평균 월 216만 원을, 지방에서는 월 230만 원을 받는다. 고졸 이하도 수도권 월 208만 원, 비수도권 월 219만 원으로 지방 직장이 급여가 더 높다. 고졸 이하와 전문대졸 취업자의 경우 2011년까지만 해도 수도권 취업자의 임금이 월 2~8만 원 높았는데, 2012년 이후 역전되는 모습을 보였다.

표 3-2 수도권과 비수도권의 청년층 학력별 임금 추이 (월 만 원)

학력	지역	2009년	2010년	2011년	2012년	2013년	2014년
대졸 이상	수도권	206	222	235	249	259	265
	비수도권	185	193	212	217	226	236
	격차	21	29	23	32	33	29
전문대졸	수도권	170	183	195	208	206	216
	비수도권	166	175	189	218	211	230
	격차	4	8	6	−10	−5	−14
고졸 이하	수도권	164	177	191	195	203	208
	비수도권	161	175	184	196	208	219
	격차	3	2	7	−1	−5	−11

주: 격차 = 수도권-비수도권.
자료: 문영만·홍장표(2017).

논문의 저자들은 보다 세부적으로 지방 권역별 임금격차와 함께 이 격차가 시간이 흐르며 확대 또는 축소되는지의 여부를 따져봤다. 연령, 성별, 학력, 취업한 회사의 규모 및 산업, 정규직 유무 등이 모두 같다고 했을 때 영남 지역에서 만들어진 일자리는 수도권에서 만들어진 일자리보다 임금이 7.5퍼센트 낮았다. 호남 지역은 10.7퍼센트까지 차이가 났고 게다가 시간이 갈수록 수도권과 임금격차가 벌어지기까지 했다. 제조업을 기반으로 한 산업시설이 대규모로 존재하는 영남 지역과 그런 것이 전무한 호남 지역의 차이를 여실히 보여주는 셈이다. 충청·강원 지역은 수도권과 임금 차이가 없었는데, 저자들은 충청 지역에 제조업체가 집중적으로 생겨나면서 발생한 결과로 해석하였다. 대졸자 평균 임금은 영남이 월 245만 원으로 수도권의 92.5퍼센트, 충청은 월 234만 원으로 수도권의 88.3퍼센트, 호남이 월 216만 원으로 수도권의 81.5퍼센트였다. 앞서 살핀 분석 결과에서 전문대졸과 고졸 취업자의 임금은 지방이 수도권보다 더 높았다는 것과 연결 지어 생각해본다면, 이 같은 임금격차는 지방에 대졸자들이 갈 만한 대기업 정규직 일자리가 적기 때문이라할 수 있다. 또 비슷한 산업이나 직종의 일자리를 비교하였을 때지방 일자리의 평균적인 질이 수도권보다 나쁘다는 것을 의미하는 것이기도 하다.

지방에서 일자리를 얻는 데 성공하는 청년의 비율은 하락 추세다. 만 15~29세의 고용률(전체 인구 가운데 취업자의 비율)을 보면

2002년 대비 2016년에 영남은 4.4퍼센트포인트(43.7퍼센트→39.3퍼센트), 호남은 4.2퍼센트포인트(38.8퍼센트→34.6퍼센트) 각각 하락했다. 다만 충청은 0.8퍼센트포인트(43.0퍼센트→43.8퍼센트) 올랐다. 같은 기간 수도권 청년 고용률은 2.7퍼센트포인트(47.4퍼센트→44.7퍼센트) 내려갔다. 영호남의 청년 고용 악화폭이 수도권보다 더 크다는 얘기다.

지방 고용률이 낮은 가장 큰 이유는 괜찮은 일자리가 부족한 탓이다. 김진희 씨가 2018년 중앙대 석사학위 논문으로 제출한 「지역별 청년 체감실업의 규모와 특성」은 이를 잘 보여준다. 해당 논문은 2008~2015년에 시도별 체감실업률(실업률에 근로시간이 긴 제대로 된 일자리를 못 구해 단시간 일자리를 잡은 불완전취업자나 구직을 포기한 실망실업자를 포함해 계산한 실업률)에 영향을 미치는 요인을 분석했다. 그 결과 제조업 비중이 낮을수록, 서비스업 비중이 높을수록, 상용직 비중이 낮을수록 체감실업률이 높다는 결과가 나왔다. 지역에 양질의 일자리가 있고, 제조업이 활성화되어 있으면 실업률이나 고용률 등 양적 지표도 개선된다는 이야기다.

그나마 지방에서 창출되는 괜찮은 일자리 가운데 다수는 서울 지역 대학 졸업생들의 차지다. 한국고용정보원이 2017년 발간한 보고서에 따르면 수도권 대학을 졸업하고 지방에서 취업할 경우 받는 급여는 월 253만 6,000원(취업 후 1년 6개월 뒤 기준)으로, 지방 대학을 졸업하고 지방에서 취업할 경우의 평균 급여인 208만 원보다 45만 6,000원 더 많았다.[8] 이는 수도권 대학을 졸업하고 수도권에 취업하는 경우의 평균 급여인 월 234만 6,000원보다도 높다. 대기업(종사자 수 300인 이상) 취업 비율도 수도권 대학 졸업자는 수도권에서 일자리를 찾으면 32.4퍼센트였던 것이, 지방 취업을 선택하면 44.9퍼센트로 뛴다. 반면 지방 대학을 졸업하고 지방에서 취업한 사람 가운데 21.9퍼센트만이 대기업에서 일한다. 수도권 대학 졸업-지방 취업의 대략 절반에 불과하다.

이는 수도권 대학을 졸업한 학생들이 대기업의 지방 소재 공장이나 연구소 등으로 내려가고, 또 지방 이전 공기업 일자리를 차지한 결과다. 결국 '질 좋은 일자리'가 지방에 있어도 가장 좋은 몫은 서울 명문대 졸업생의 차지인 것이다. 노동시장에서 서울 소재 명문대와 지방대의 위계질서는 엄격하게 유지된다는 의미이기도 하다.

이러한 상황은 지방에서 대학을 나올 경우 초임 기준 월 300만 원 이상 일자리를 잡을 수 있는 확률이 극히 낮다는 것을 의미한다. 지방대학에 간다는 것 자체가 이미 '울타리 바깥'으로 밀렸다는 징표인 셈이다.

취업시장의 '시골'이 된 지방

탈산업화 또는 산업 고도화가 가장 큰 타격을 가한 곳은 지방 일자리다. 이유는 두 가지다.

첫째, 지방은 제조업 의존도가 높다. 2017년 현재 지역내총생산GRDP에서 제조업이 차지하는 비중(당해년 산출액 기준)은 영남 지역이 55.3퍼센트, 호남이 49.8퍼센트, 충청이 59.2퍼센트에 달한다. 지방에서는 건설업이 중요하다고 하지만 그 비중은 6퍼센트 정도에 불과하다. 자체적으로 고용을 창출하고 고급 관리직을 수급하는 지방 기업도 대부분 제조업종이다. 통계청 기업활동조사에 따르면 2016년 현재 자본금 3억 원, 종사자 수 50인 이상인 비수도권 기업은 총 5,070개인데, 그 가운데 63.2퍼센트인 3,205개가 제조업종에 속해 있다. 제조업에서 고용이 늘지 않으면 지역 고용이 늘기 어려운 구조인 것이다.

둘째, 서울에 본사를 둔 서비스업이나 제조업 관리직 일자리의 지방 출신에 대한 수요가 감소하고 있다. 이들은 대개 지방에 지점이나 지사를 두고 서비스를 제공해왔는데, 사무자동화가 진전되고 판매·영업에서 인터넷의 비중이 커지면서 일자리 수요가 빠르게 줄어들고 있다. 대표적인 업종이 은행이다. 전국 시중은행 지점 수는 2008년 5,636개에서 2018년 4,771개로 감소했다.[9] 은행들이 본점 인력을 늘리지는 않으니, 결국 기존 인력을 구조조정하고 신규 채용 규모를 축소하게 된다. 이른바 '지방 거점 국립대'를 졸업하고 시중은행에 입사하는 수가 줄어들 수밖에 없는 이유다.

그와 동시에 서울로 고소득 직종이 모이는 경향은 가속화되었다. 조선업의 경우 삼성중공업이 2014년 12월에 경기도 성남시 판교에 R&D 센터를 열고 본사를 이전한 데 이어, 대우조선해양도 2018년 12월 경기도 시흥시에 R&D 센터를 설립했다. 현대중공업도 대우조선해양을 인수하면서 중간지주회사(실제 사업을 벌이는 기업을 지배하는 일종의 투자회사)인 한국조선해양을 서울에 설립하는 문제로, 일자리가 빠져나간다고 반발하는 노조와 갈등을 빚고 있다. 현대중공업은 2021년 판교에 대규모 R&D 센터를 열 계획이다. 전자산업의 경우 삼성전자, LG전자 등은 이미 2009년 경북 구미의 연구소 인력을 수원, 평택, 서울 양재동 등으로 이전시켰다.

기업이 지방에서 서울로 R&D 센터를 옮기는 이유는 엔지니어들이 제품 개발이나 양산 과정에서 공장과 협업할 필요가 줄어들었기 때문이다. 또 인력 확보를 위해서는 고급 연구 인력을 배출하고, 그들이 모여 사는 수도권에 터를 잡아야 한다. 전통적인 제조업도 '제4차 산업혁명', '제조업의 디지털화' 등으로 이야기되는 지식산업화에 발맞춰 기업 입지를 재조정할 필요가 생긴 것이다. 대우조선해양 관계자는 "시흥 R&D 센터에 최신 수조 시설 등을 설치하면서 대학에서의 채용 관련 문의가 늘었다"고 한 언론 인터뷰에 말했다.[10]

결국 탈산업화 또는 탈제조업화의 흐름 속에서 지방에서 '질 좋은 일자리'를 얻기란 점점 어려워지고 있다. 취업시장에서 지방은 말 그대로 '시골'이 되어가고 있다. 따라서 지방대를 졸업한다 하더라도 질 좋은 일자리를 구하기 위해서는 결국 서울에서 전국 단위의 경쟁을 벌여야 한다. 수도권에서 지리적으로 분리된 지역 거주민이 그 경쟁에 참여하는 일은 시작부터 평등하지 않은 조건인 것이다.

세명대학교 저널리즘스쿨이 발행하는 인터넷 매체 「단비뉴스」는 지방 소재 대학을 졸업한 구직 청년의 어려움에 대해 "구직 청년에겐 서울 사는 것도 '스펙'"이라고 지적했다.[11] 요즘 취업에 필요한 기업체 인턴, 공모전 준비, 취업 스터디 기회 등이 전부 서울에 몰려 있기 때문이다. 모두 질 좋은 일자리를 갖기 위해 필수적으로 거쳐야 하는 경험으로 간주되는 것들이다.

세명대학교 저널리즘스쿨이 2019년 3월 25일부터 4월 24일까지 인터넷 취업 준비 카페 '스펙업'에 게시된 스터디 모임 모집글을 지역별로 분석한 결과, 364개 공고 가운데 서울이 67.0퍼센트(244개)로 가장 많았고, 그다음이 인천과 경기도로 19.7퍼센트(71개)였다.[12] 이렇듯 수도권 전체 비중은 86.7퍼센트에 달한다. 인턴도 서울에 몰려 있긴 마찬가지다. 같은 기간 삼성물산, SK그룹, 한국도로공사, 한국조폐공사, 한국가스안전공사 등 민간 대기업과 공기업을 포함한 626개 회사의 인턴 모집 공고를 분석한 결과, 서울이 60.8퍼센트(421개), 인천 및 경기가 15.7퍼센트(109개)였다. 수도권 전체 비중이 76.5퍼센트에 달한 것이다. 결국 스펙을 쌓기 위해서는 서울에 있는 대학에 다녀야 한다는 의미나 다름없다.

탈산업화 쓰나미는 시작됐다

그렇다면 탈산업화로 인한 지방 일자리 소멸은 어떻게 진행되고 있는가? 제조업 취업자가 많고 상대적으로 양질의 일자리가 대규모로 창출되는 경상남도의 사례를 통해 이를 살펴보자.

2015년부터 2019년까지 경상남도 20대 고용보험 가입자 추이(6월 기준)를 보면 제조업 취업자가 급격히 줄어들고 있다. 경상남도의 제조업 취업자는 2015년 5만 2,900명, 2016년 5만 6,400명까지 늘었다가 감소하기 시작해 2019년 4만 명까지 떨어졌다. 20대는 신규 채용이 많고 기업이 구조조정을 강행할 때 가장 마지막 고려 대상이 된다는 점을 감안하면, 제조업 위축에 따른 구조조정을 20대 취업자 감소의 원인으로 지목하기는 어렵다. 오히려 20대를 대상으로 한 신규 채용이 애초에 그만큼 없기 때문이라고 보는 게 적절할 것이다.

반면 가입자가 늘어나는 산업은 도소매업과 숙박음식점업이었다. 도소매업은 2015년 6,000명에서 2019년 6,700명으로 700명 늘었고, 숙박음식점업은 같은 기간 3,600명에서 5,800명으로 2,200명 정도 증가했다. 특히 2017~2019년 3년간 1,000명 이상 가입자가 늘어난 산업은 대분류 기준으로 이 둘밖에 없다. 상대적으로 저임금, 비정규직 비중이 높은 서비스업에서만 고용이 증가하는 셈이다. 두 업종은 일자리안정자금 등 고용보험 가입자 확대 정책의 영향을 상당히 받는다는 것을 감안하면 실제 고용 증가폭은 가입자 증가보다 작을 수 있다.

흥미로운 것은 문재인 정부의 출범에도 20대를 위한 공공 일자리는 늘지 않았다는 점이다. 문재인 정부는 공공부문에서 81만 개의 일자리를 창출하겠다는 공약을 내세운 바 있다. 그런 데 경남 지역에서 2017년과 2019년을 비교했을 때 20대의 공공 행정 일자리는 1,400개에서 1,800개로 400개, 보건 및 사회복지 일자리는 1만 7,800개에서 1만 7,900개로 100개 각각 늘어난 게 전부다. 이는 정부의 공공부문 고용창출 정책이 실제로 20대에 도움이 되지 못한다는 것을 시사한다. 실제로 공공부문 일자리 는 20대가 원하는 '괜찮은 일자리'보다는 보육 교사, 간병인 등 40~50대 여성이 주로 지망하는 서비스업종의 일자리가 대다수 를 차지한다.

고졸은 우리 사회의 투명인간

그나마 지방대 학생들은 취업이 어렵고 차별에 설움을 겪는 다는 식으로 언론 기사가 종종 나오고, 선거가 가까워지면 정치 적 관심도 받는다. 지역구 유권자들에게 자녀의 취업은 중요한 문제이기 때문이다. 그에 비해 고졸은 투명인간 취급이다. 그나 마 특성화 고등학교는 사정이 낫다. 일반계 고등학교를 졸업하고 대학에 진학하지 않은 이들은 그저 '공부를 못해서' 대학에 못

간 이들로 간주되고 아무런 관심도 받지 못한다.

앞서 몇 차례 논의했듯이 고등학교 졸업자 가운데 미취업자는 연 10만 명이 넘게 '배출'된다. 이 미취업자 중 특성화고 졸업자는 연 2만 명이 되지 않는다.[13] 8만 명 이상은 일반계고를 졸업한 미취업자라는 의미다. 이들은 별다른 직업 교육도 못 받고, 기술이나 경력을 쌓을 일자리도 갖지 못한 상태다.

2019년 8월 한국청소년정책연구원이 발간한 보고서에 따르면 만 20~24세 청년(300만 명) 가운데 14.3퍼센트인 41만 2,000명은 학교에 다니지도 않고, 직업도 없었다.[14] 이들 중 구직활동 경험이 없는 비율은 71.8퍼센트에 달했다. 고등학교 중퇴 이하 청년 6만 명 가운데 무업無業 상태인 이들은 2만 8,000명으로 47.0퍼센트에 달했다. 그나마 취업한 고졸도 저임금과 불안정한 노동 환경에 시달린다. 한국직업능력개발원이 경제활동인구조사에서 2010년 이후 학교를 졸업한 만 29세 이하 취업자만 뽑아내 분석한 바에 따르면, 2017년 현재 고졸 취업자는 월 152만 6,000원을 받는데 전문대졸 취업자는 월 183만 6,000원, 대졸 취업자는 월 221만 900원을 각각 받는다. 고졸 취업자는 최저임금(2017년 기준 월 135만 2,320원)보다 월 17만 원가량 더 받는 수준의 일자리를 가지는 게 '평균'이라는 것이다. 또 대졸자보다 임금은 31.2퍼센트 더 낮다.[15]

고졸 청년들은 다수가 중소기업에 취업한다. 앞선 보고서에서 2017년 현재 종사자 수 30인 미만 기업에 취업한 비율은 고졸이 71.3퍼센트에 달한다. 특히 서비스직(90.8퍼센트), 판매직(90.1퍼센트) 종사자는 대부분이 종사자 수 30인 미만 소기업에 다니는 것으로 나타났다. 대졸 취업자의 중소기업 재직자 비율은 48.7퍼센트다. 종사자 수 300인 이상 대기업 취업에 성공한 고졸 취업자의 비율은 5.7퍼센트에 불과했다. 이는 대졸자(17.1퍼센트)의 3분의 1 수준이다.

고졸 취업자의 상용직 비중은 50.5퍼센트에 불과하다. 고졸 취업자 중에는 근로계약 기간이 1년이 넘어 퇴직금을 받을 수 있는 취업자가 절반밖에 되지 않는다는 의미다. 임시직은 37.3퍼센트, 일용직도 6.6퍼센트에 달했다. 대졸 취업자는 상용직 비중이 78.8퍼센트다. 질 낮은 몇몇 일자리를 전전하는 게 고졸 취업자 대부분의 삶인 것이다.

미래가 없는 고졸 취업자

고등학교를 졸업하고 취업한 이들의 다수는 '미래'가 보이지 않는다는 데 절망한다. 「서울신문」은 2019년 7월 기사에서 특성화고를 졸업하고 간호조무사로 일하는 이 모 씨가 학교 재학 당시 현장실습을 했던 경험을 전한다.[16] 그는 "영세업체에서 일하기 시작하면 계속 이런 곳만 전전한다는 걸 깨달았다"면서 "경력을 쌓아 조금 더 좋은 곳으로 옮기겠다는 꿈은 애초 실현되기 어려운 것이었으며, 영세업체의 경력은 아무 곳에서도 인정해주지 않아 회사를 수십 번 옮겨도 경력직이 아니라 신입 대우를 받을 뿐"이라고 말했다. 이 기사에서 다른 특성화고 졸업생 김 모(21세) 씨도 "대학을 포기하고 남들보다 먼저 경험을 쌓겠다는 생각으로 특성화고를 졸업했지만, 보람보다는 인생에서 너무 많은 걸 잃어버렸다는 후회가 더 크다"고 말했다.

김성남 한국직업능력개발원 마이스터센터장이 2005~2015년에 고등학교 졸업 후 바로 취업한 이들의 직업 경로를 조사한 결과는 고졸 취업자에게 대기업으로의 이직이나 급여 상승 같은 '직업 사다리Job Ladder'는 그다지 존재하지 않음을 보여준다.[17] 남성의 경우 정규직 일자리를 갖고 있는 것으로 파악되는 34.7퍼센트의 평균 소득은 월 192만 3,000원이었다. 조사 대상 가운데 39.8퍼센트는 정규직 취업 이후 조사에 응하지 않았는데, 정규직 일자리를 계속 가지고 있는 것으로 파악되는 유형과 비슷할 것으로 추정된다. 이들을 합치면 총 74.5퍼센트 정도다. 이들의 일자리가 속한 산업은 '제조업·건설업·광업'이 4분의 3(73.2퍼센트) 정도를 차지해 가장 많았고 그다음은 '사업·개인·공공서비스업'과 '도소매 음식 숙박업' 등이었다.

고졸 제조업 취업자의 일자리 여건을 자세히 보여주는 연구로는 창원대 박사과정에 재학 중인 진형익 씨가 2018년 창원시 공단에서 일하는 만 19~34세 노동자 129명을 설문조사한 결과[18]가 있다. 이에 따르면 응답자 가운데 83퍼센트의 급여가 월

250만 원 미만이었고, 75퍼센트가 종사자 수 100명 미만인 중소기업에서 일했다. 김성남 센터장의 논문에서 드러나는 고졸 제조업 취업자 가운데 대다수는 전형적인 '2차 노동시장' 종사자인 셈이다.

정규직 일자리를 안정적으로 잡지 못하면 근로 여건은 더 나빴다. 김성남 센터장의 연구에 따르면 9.7퍼센트는 2년간 공백기를 가진 뒤 정규직과 비정규직을 오갔고, 소득은 월 165만 7,000만 원에 불과했다. 6.8퍼센트는 아예 실업 상태였다. 10명 중 한 명(9.1퍼센트) 정도는 자영업 창업에 나섰다.

남자는 그나마 사정이 낫다. 김 센터장의 논문에 따르면 2005~2015년 고등학교를 졸업한 여성의 경우 정규직 일자리를 갖고 있는 사람의 비율은 67.8퍼센트에 불과했다.[19] 급여는 설문 조사에 응한 사람을 기준으로 월 172만 3,000원이었다. 19.8퍼센트는 어느 기간 동안 근무한 뒤 일자리를 잃은 '정규직 후 경력단절형'으로 분류됐다. 그리고 4.9퍼센트는 취업한 지 얼마 지나지 않아 미취업 상태가 된 뒤 계속 일자리가 없었다. 고등학교를 졸업하고 취직한 여성 4명 가운데 한 명(24.7퍼센트)은 결국 미취업 상태가 된다는 얘기다. 7.6퍼센트의 여성은 대학에 진학했다.

더욱이 2013~2014년을 기점으로 고졸 청년들의 일자리 상황은 급격히 악화되고 있다. 매년 6월 현재 만 19세 이하 고용보험 가입자 수는 2010년 4만 5,300명에서 2013년 8만 4,100명으로 해마다 7,800~1만 5,400명씩 늘었다. 그런데 2014년(8

만 4,500명) 가입자 수 증가폭이 전년 대비 2,600명으로 꺾인 뒤, 연 5,000명을 밑돌고 있다. 2018년(9만 2,100명)에는 아예 전년 대비 2,900명 줄어들기까지 했다. 2019년에도 전년 대비 증가폭은 1,500명에 지나지 않는다.

특히 제조업에서 취업자가 집중적으로 줄었다. 고용보험 가입자 기준으로 2011년(2만 4,600명)만 해도 전년 대비 5,000명, 2012년에는 2,900명이 늘었는데 2014년이 되면서 전년 대비 1,100명 감소했다.[20] 2019년(2만 7,200명) 취업자 감소폭은 3,100명에 달한다. 2019년 가장 많이 늘어난 산업은 숙박음식점업으로 5,200명가량이다. 음식점, 주점, 호텔 등에서만 고졸 취업자가 늘어나고 있다는 의미다.

근로빈곤 상태에 놓인 청년들

지방대생과 고졸자는 근로빈곤층(일은 하지만 소득이 워낙 낮아 가난한 상황에서 벗어날 수 없는 사람)의 주공급원이다.

박근혜 정부 시절인 2015년 대통령 직속 청년위원회의 의뢰로 한국보건사회연구원이 발표한 보고서[21]에 따르면 만 19~34세의 청년 근로빈곤층 비율[22]은 2009년 4.9퍼센트에서 2013년 5.9퍼센트로 소폭 높아졌다. 그런데 이 기간 동안 바로 위 연령대(만 35~55세)인 중장년층의 근로빈곤층 비율은 8.4퍼센트에서

7.7퍼센트로 낮아졌다(〈그림 3-1〉 참조). 상대적으로 청년층의 빈곤 문제만 더 악화된 것이다. 보고서는 "청년 세대의 경우 소득과 노동시장 조건이 개선되는 모습이 오랜 기간 나타나고 있지 않다"며 "일종의 '빈곤 역전' 현상이 나타나고 있는 것"이라고 서술했다.

청년들 중에 계속해서 근로빈곤 상태에 놓여 있는 이들도 상당수였다. 보고서는 2007년부터 2013년까지 7년간 한 사람이 근로빈곤에 놓인 횟수를 측정했다. 7년간 2~3회 정도 근로빈곤을 경험한 비율이 38.6퍼센트로 가장 높았고, 4회 이상 경험한 비율도 32.3퍼센트에 달했다. 중장년층은 2~3회 경험한 사람이 26.4퍼센트, 4회 이상 경험한 사람이 39.3퍼센트였다. 근로빈곤을 2회 이상 경험한 사람의 비율을 보면 청년(70.9퍼센트)이 중장

그림 3-1 만 19~34세 청년의 근로빈곤층 비율

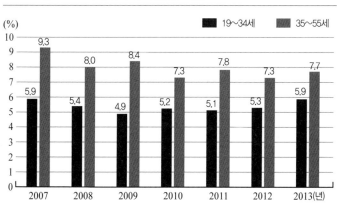

자료: 김문길 등(2015).

년(65.7퍼센트)보다 5.2퍼센트포인트 높다. "그만큼 청년들의 빈곤 탈출율이 낮다는 의미"라고 보고서는 지적했다. 최종 보고서에는 빠졌지만 이 보고서의 초안에는 청년 중에서 불안정 고용으로 언제든 빈곤선 아래로 추락할 수 있는 '근로빈곤 위기계층'을 따로 계산한 지면이 있었다. 2013년 기준 근로빈곤 위기계층 비율은 전체 청년의 47.4퍼센트에 달했다.

2013년 현재 고졸 이하의 근로빈곤율은 8.7퍼센트에 달했다. 대졸 이상은 5.2퍼센트였다. 연령별로는 만 19~25세가 8.5퍼센트로 26~34세(4.8퍼센트)보다 높았다.

이 보고서는 월 소득 160만 원 이하인 청년 14명을 대상으로 심층 면접 조사도 실시했다. 14명 가운데 서울 4년제 대학을 졸업한 이는 3명에 불과했다. 중졸 또는 고졸 학력을 가진 사람은 6명에 달했다. 또 2명은 지방대, 2명은 전문대에 다녔다.

이들 조사 대상자의 대다수는 서비스업에 종사했다. 회사의 규모도 크지 않고 영세했다. 상시 종업원 규모 100인 이상 기업에서 일하는 사람은 제빵사 한 명에 불과했다. 이들의 근로 형태는 단순 노동, 아르바이트, 계약직 근로 등으로 안정적이지 않았다. 또 근로시간도 길어 삶의 질이 낮을 뿐만 아니라 더 나은 일자리를 찾기 위한 준비도 제대로 하지 못했다. 보고서는 "한 번 열악한 일자리에 발을 들여놓으면 좋은 일자리로 이행하기 어려운 '회전문 함정'이 존재한다"고 지적했다.

이 보고서에는 서울에서 한 여행사 사무보조로 일하는 지방 소재 4년제 대학 출신의 25세 여성 A 씨의 사례가 소개된다. 월 소득이 106만 원인 그는 "저는 극한 상황이라 월 150만 원이라도 나쁘지 않다고 생각하는데, 만약에 토익 점수가 있으면 월 180만 원만 넘었으면 좋겠어요. 200만 원 넘는 건 안 바라요"라고 말한다. "근로 조건은 주 5일이면 돼요. 주말만은 제발 쉬었으면 좋겠어요. 계약직도 괜찮아요. 1년 동안 일을 하면서 배울 수 있는 게 정말 많거든요"라는 게 A 씨의 소박한 희망이다.

A 씨는 당장 일자리를 찾아야 한다는 생각에 지금의 일자리를 잡았다. 부모를 포함한 가족 4명이 30m²(9.1평) 정도 면적의 다가구주택에서 사는데, 독립은 언감생심이다. 당연히 결혼 등의 미래에 대해서도 생각해본 적이 없다. 세습 사회에서 밑바닥을 깔고 있는 20대들의 꽤 전형적인 모습이다.

4장

세습 중산층의
등장

20대의 불평등은 30대와 어떻게 다른가

앞서 여러 차례 살펴본 20대 노동시장의 특징은 다음과 같다. 고소득과 안정된 지위를 보장하는 '번듯한 일자리'는 점점 줄어드는 반면, 일자리를 구하는 사람들은 더욱더 많아졌다. 그리고 '10퍼센트의 울타리'에 들어가기 위해서는 학력이라는 출입증이 필요하다. 서울의 명문대, 의치대, 소수의 지방 소재 공대에 입학하지 않으면 월 급여 300만 원 이상의 일자리를 갖기가 과거보다 훨씬 어려워진 것이다.

문제는 90년대생에게 이 '좋은 대학'이라는 지위가 이전보다 훨씬 불평등하게 분배된다는 점이다. 그 지위를 얻느냐 마느냐는 부모의 경제력뿐만 아니라 사회적 지위(또는 직업)와 학력에도 크게 영향을 받는다. 경제적 불평등을 넘어서서 사회적, 문화적 불평등까지 결합된 '복합적인 불평등'이 오늘날 20대가 경험하는 불평등의 실체인 것이다.

지난 2~3년간의 여러 연구들은 10년 전과 비교해 부모의 사회경제적 지위가 자녀의 노동시장 지위에 미치는 영향력이 급증했다는 것을 보여준다. 그중 부모의 사회경제적 지위에 따른 서울 소재 대학 진학 비율을 계산한 김영미 연세대 교수(사회학)의 2016년 연구가 대표적이다.[1] 이 연구는 당시 20대(1987~1996년생·현재 23~32세)와 30대(1977~1986년생·현재 33~42세)를 비교했다.

〈그림 4-1〉은 부모의 사회경제적 지위가 자식의 대학 진학에 미치는 영향을 보여준다. 김영미 교수가 썼던 방식을 그대로 차용하되, 대상을 서울 4년제 대학으로 좁혔다. 부모의 사회경제적 배경이 자녀에 미치는 영향을 다루는 대부분의 연구들과 같이 자녀가 만 15세일 때 부모의 학력(무학부터 대학원졸까지)과 직업(관리직, 전문직부터 단순노무직, 무직까지)을 가지고 점수를 냈다.[2] 가령 외벌이 가구의 부모가 대졸 또는 초대졸이고 사무직에 종사하면 50점을 넘고, 서비스직이나 판매직이고 초대졸 또는 고졸이면 40점대, 블루칼라이고 초대졸 또는 고졸일 경우 20~30점대, 반숙련 조립원 또는 단순노무직인 경우 10점대를 나타낸다.

〈그림 4-1〉의 첫 번째 그래프를 보면 30대보다 20대를 나타내는 선의 기울기가 더 가파르다. 즉 20대의 서울 4년제 대학 진학 비율은 30대의 그것에 비해 부모의 사회경제적 지위가 올라

그림 4-1 부모의 사회경제적 지위가 대학 진학에 미치는 영향

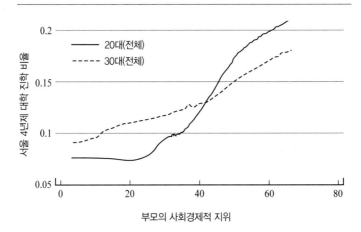

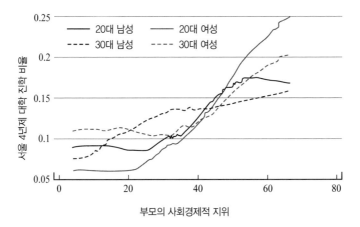

주: 김영미 교수의 연구와 달리 대상을 서울 4년제 대학으로 좁히고 남녀를 분리하여 비
교하였다.
자료: 동그라미재단, 「한국사회 기회불평등조사」, 2016년.

갈 때 더 많이 올라갔다. 이는 30대만 해도 개천의 가재, 붕어, 개구리들에게 어느 정도는 열려 있던 서울 4년제 대학 진학 기회가, 20대에게는 거의 사라졌다는 사실을 의미한다. 부모가 고졸-블루칼라일 경우 자녀의 서울 4년제 대학 입학 확률은 30대에 비해 20대에게서 극히 낮아졌다. 초대졸-판매직이어도 사정은 별반 다르지 않다. 서울 4년제 입학 비율에서 20대와 30대가 만나는 지점은 40점대 초중반이다. 즉 외벌이 가정을 기준으로 아버지가 고졸-사무직이나 초대졸-서비스직일 경우나 20대와 30대의 서울 4년제 입학 비율이 엇비슷하다는 것이다. 아버지의 직업이 사무직 또는 전문직이고 대졸일 경우 20대 자녀의 서울 4년제 입학 비율은 급격히 올라간다. 20대에게 '아버지 뭐 하시노'만 물어봐도 서울 4년제 대학에 다니는지 아닌지 대강 짐작할 수 있는 상황이 된 셈이다.

〈그림 4-1〉의 두 번째 그래프에서와 같이 남성과 여성을 나눠보면 20대는 양쪽 모두 부모 세대의 사회경제적 지위와 자녀 세대의 서울 4년제 대학 진학 비율의 상관관계가 30대보다 강해졌지만, 구체적인 양상은 조금 다르다. 20대 남성은 아버지가 대졸-사무직일 때 입학 확률이 높아지긴 했지만, 큰 폭은 아니다. 오히려 부모가 판매직이나 육체노동자일 때 자녀의 서울 4년제 입학 비율이 낮아진 점이 특징이다.

여성은 30대에서도 부모의 사회경제적 지위가 서울 4년제 진학에 큰 영향을 미쳤지만, 20대에서는 그 정도가 증폭됐다. 우선 30대 여성은 중간 이하 계층에서는 서울 4년제 대학 진학 비율이 지위에 상관없이 엇비슷했는데, 20대 여성은 하위 계층의 경우 서울 4년제 대학 진학이 거의 불가능해지는 상황이 됐다. 반면 부모의 사회경제적 배경이 좋으면, 서울 4년제 대학에 진학하는 비율이 급격히 올라간다. 앞서 논의한 서울 4년제 대학에서 여성의 비율 증가는 대졸-사무직 부모의 딸들에게만 열린 기회인 셈이다.

소득 측면의 계층 고착화를 보더라도 90년대생이 경험하는 불평등은 80년대생보다 더 크다. 〈그림 4-2〉는 이경희 한국노동연구원 연구위원 등이 2016년 발간한 보고서[3]에서 자녀 연령 만 14세 시점에서 부모가 해당 연령대 소득 상위 20퍼센트에 속

그림 4-2 출생 세대별 부모의 고소득이 자녀의 고소득에 미칠 영향력

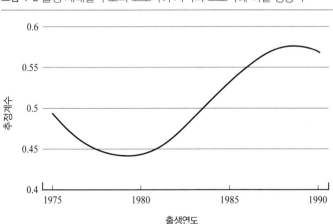

주: 추정계수 값은 부모와 자녀 모두 동일 연령대 소득 상위 20%에 속할 가능성을 의미
　　(로지스틱회귀 계수라 실제 확률과 차이가 있음).
자료: 이경희, 민인식(2016).

했을 때, 자녀가 취업한 뒤 해당 연령대 중 소득 상위 20퍼센트에 속할 확률을 자녀 연령대별로 그린 것이다. 단 세로축의 값은 확률을 의미하는 것이 아니라 부모의 고소득이 자녀의 고소득에 미칠 영향력으로 보면 된다.

이 그래프의 가장 큰 특징은 1980년생부터는 부모 소득이 상위 20퍼센트에 속할 경우 자녀 소득도 상위 20퍼센트에 속하게 되는 비율이 급격히 상승한 것이다. 1975년생에서 1980년생까지는 완만하게 부모 소득의 영향력이 감소하다가, 이후 1987~1988년생까지 가파르게 상승한다.

노동연구원의 이 보고서는 부모의 소득 구간을 20퍼센트 단위별로 쪼개어서 부모의 소득이 자녀의 소득에 미치는 영향을 구간별로도 분석했다. 그 결과 중간층인 소득 상위 21~80퍼센트(소득을 5분위로 쪼갰을 때 2~4분위)에서는 영향력 계수가 0.169~0.250에 불과했는데, 상위 20퍼센트에서 영향력 계수가 0.412로 급증했다. 상위 20퍼센트에서는 소득이 대물림되는 현상이 심하지만, 그 아래 중간층에서는 부모의 소득과 자녀의 소득 간에 상관관계가 약하다는 의미다. 계층의 장벽이 소득 상위 20퍼센트와 나머지 80퍼센트 사이에 둘러쳐 있다는 것을 시사한다.

이 같은 결과는 앞서 김영미 교수의 연구와도 궤를 같이한다. 김영미 교수는 부모의 사회경제적 지위가 자녀의 서울 소재 대학 입학에 미치는 영향과 함께 월평균 소득에 미치는 영향도 분석했다. 그 결과 20대는 성별, 나이, 학력, 정규직 여부 등이 모두 같다 하더라도 부모의 사회경제적 지위에 따라 소득에서 차이를 보였다. 부모의 사회경제적 지위 점수 10점당 소득은 2퍼센트씩 차이가 났다.

다시 작동하는 '명문고' 시스템

이러한 상황에서 소수의 고등학교가 명문대 입학을 독식하는 '명문고 시스템'이 되살아났다. 이유는 크게 두 가지다. 먼저 외국어고, 과학고 등 기존의 특목고에 영재고, 자율형 사립고 등이 가세했다. 또한 일반계 고등학교에서도 중상위층 거주 지역에서 명문대 입학 비율이 올라갔다.

서울대 합격자의 출신 고등학교 분포에서 이렇듯 명문고의 부활은 여실히 드러난다. 〈그림 4-3〉은 2005년과 2015년의 고등학교별 서울대 합격자 수 분포를 비교한 것이다. 각각 해당 연도 서울대 합격자 수에서 차지하는 비율을 기준으로, 합격자 수가 많은 고등학교에서부터 줄어드는 순으로 쭉 나열해 그래프를 그린 뒤 비교했다. 연세대, 고려대 등 다른 대학까지 포함하면 좀 더 정교한 비교가 가능할 테지만, 현재 이른바 명문대 합격자의 출신 고등학교를 연도별로 집계할 수 있는 곳은 서울대뿐이다.

이 그림에서 가장 눈에 띄는 점은 그래프 왼쪽에서 2005년을 나타내는 점선에 비해 2015년을 나타내는 실선이 상방 이동한 것이다. 이는 서울대 합격자가 소수 고등학교에 몰려 있는 현상이 심화되었다는 사실을 보여준다. 서울대 합격자를 10명 이상 배출한 학교는 2005년 65개교, 2015년 64개교로 거의 같다. 그런데 이들 학교가 차지하는 비중은 2005년 33.2퍼센트에서 2015년 44.9퍼센트로 11.7퍼센트포인트 늘어났다. 사실상 절반 가까운 학생들이 64개 고교 출신이라는 이야기다.

거꾸로 이전에 3~9명 정도 서울대 합격자를 배출하던 지역의 그럭저럭 괜찮은 학교의 수는 급격히 줄어든다. 합격자 6~9명인 고교는 2005년 119개교에서 2015년 60개교로 절반 이하로 줄었다. 이들 학교가 전체 합격자에서 차지하는 비중 역시 25.7퍼센트에서 13.7퍼센트로 감소한다. 합격자 3~5명인 고교

그림 4-3 서울대 합격자 수가 많은 100대 고교의 점유율 비교

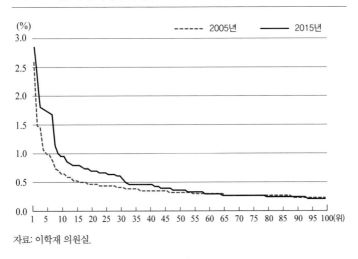

자료: 이학재 의원실.

는 같은 기간 237개교에서 187개교로 감소했다. 이들 학교의 합격자 점유율은 26.1퍼센트에서 20.9퍼센트로 줄어들었다.

그나마 늘어나는 건 서울대 합격자가 1~2명인 고교다. 2005년 366개교에서 2015년 527개교로 늘어났다. 3~9명 배출하던 고교 수가 356개교에서 247개교로 109개 줄어든 데다가, 이전보다 서울대 합격자를 배출한 학교 수가 51개교 정도 늘어났기 때문이다.

이러한 결과는 다른 측정 방법으로도 확인할 수 있다. '서울대 합격자 집중도'를 구해보기 위해 독과점 기업의 시장 지배력을 측정하는 허핀달-허쉬만 지수$_{HHI}$[4]와 비슷하게 고교별 서울대 합격자 비율에 제곱을 한 값을 더해보았다. 그 결과 집중도는 2005년 34.6에서 2015년 54.9로 47퍼센트 높아졌다. 서울대는 수도권과 지방의 교육 격차를 감안해 지역균형선발전형을 2005년에 도입했고, 저소득층을 대상으로 한 기회균형선발전형도 2008년에 만들었다. 그럼에도 사실상 소수 '명문고'가 그 안에서 차지하는 비중이 커졌다. 중간층에 해당하는 학교가 없어지고 지역균형선발 등에 힘입어 1~2명 정도 '배출'하는 데 의의를 둔 고교만 대폭 늘어났다. 지방과 저소득층에 대한 '배려'가 존재하는 가운데 명문고 시스템이 공고하게 자리잡은 것이다.

한편 특목고를 제외한 일반계고에서 '부촌'과 '빈촌'의 명문대 진학 비율은 확연하게 갈린다. 「중앙일보」가 지난 2012년 입시 전문업체 하늘교육과 함께 서울 시내 일반계 고등학교 133

곳을 조사한 결과에 따르면 강남구 소재 고교에서는 졸업생 100명당 15명이 서울대, 연세대, 고려대에 진학했다.[5] 서초구 소재 고교의 'SKY(서울대·고려대·연세대)' 진학률도 11.1퍼센트에 달했다. 중동고(21.6퍼센트), 휘문고(19.0퍼센트) 등 강남의 대표 명문고에서는 졸업생 5명 중 한 명꼴로 세 대학교 합격자가 나왔다. 하지만 SKY 진학률 최하위 자치구에서는 100명당 한 명만 3개

그림 4-4 SKY 진학률과 중식 지원받는 학생 비율 관계

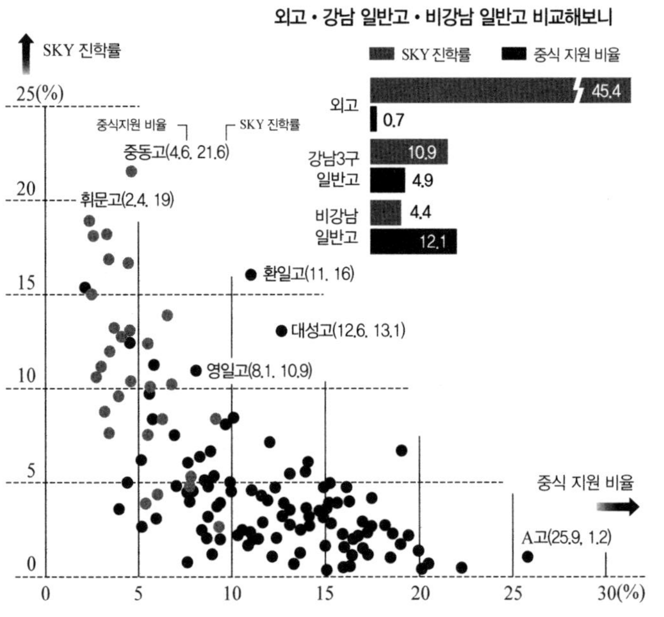

주: 서울 일반고 133곳의 SKY 진학률과 중식 지원 비율을 점으로 나타냈다. X축은 중식 지원 비율, Y축은 SKY 진학률이다. 회색 점(강남, 서초, 송파구 소재 학교)과 검정색 점(비강남 학교) 그룹은 기울기가 음인 직선의 형태가 뚜렷하다. 즉, 중식 지원을 받는 학생 비율이 높을수록 해당 학교의 명문대 진학률은 떨어진다. 강남 3구의 학교(회색 점)는 비강남 학교보다 왼쪽 위편에 몰려 있다.
자료: 「중앙일보」 2012년 5월 10일.

명문대에 진학했다. SKY 진학률 최저 자치구와 최고 자치구의 격차는 2010년 9배, 2011년 10.4배, 2012년 18.5배로 급격히 벌어졌다.

「중앙일보」와 하늘교육은 가정형편이 어려워 교육청이나 지방자치단체로부터 중식 지원을 받는 학생 비율과 SKY 진학률을 함께 비교했다. 그 결과 〈그림 4-4〉에서 볼 수 있는 것처럼 중식 지원 학생 비율이 높아질수록 SKY 진학률이 급격히 내려갔다. 둘 사이는 뚜렷한 음陰의 상관관계가 있었다. 또 강남구, 서초구, 송파구 등 강남 3구에 위치한 고등학교(그래프의 회색 점)는 중식 지원 비율이 낮고 SKY 진학률이 높은 그룹에 몰려 있었고, 다른 자치구 소재 고등학교(검정색 점)는 중식 지원 비율이 높고 SKY 진학률은 낮은 그룹에 몰려 있었다.

"중산층 자녀의 '인생'을 설계합니다"

공교육 쪽에서 명문고가 부활했다면, 사교육 쪽에서는 서울 대치동을 위시한 학원가의 발전이 눈에 띈다. 서울 대치동, 목동, 중계동 은행사거리 등 한국의 사교육 특구는 인적자본 투자를 위한 일종의 복합 산업단지다. 풍부한 수요가 존재하는 곳에 인력, 자본, 정보 등이 집중되고 다양한 '혁신'이 시도된다. 기업가 정신으로 무장한 이들은 정부의 중등교육 정책이나 입시제도 변화에 대응하는 한편 다른 사교육 기업들과의 경쟁에서 살아남기 위해 노력한다. 자신의 능력과 운에 따라 많게는 수백억 원의 자산을 모을 수 있어 인재들의 유입도 활발하다. 혁신적인 기업, 우수한 노동력, 방대한 수요가 한데 모여 있으니 집적 효과가 발생할 수밖에 없다.

여러 차례 언론 기사로 알려졌다시피 사교육 산업은 80년대 학번 운동권들의 호구지책으로 출발했다. 그리고 그들이 오늘날의 대치동을 만들었다. 시작은 1992년 서울 시내 중고교 재학생의 학원 수강 허용과 1993년 대학수학능력시험 실시였다. 「신동아」 2018년 10월호의 '사교육 철옹성 대치동' 기사는 수능이 "기존의 암기식 학력고사와 달리 학생의 사고력, 논리력, 비판 능력 등을 평가 대상으로 삼"으면서 "대학 시절 고전과 사회과학 서적을 읽으며 체계적으로 학습하고 토론과 세미나를 반복한 운동권 출신에게 최적화된 입시 시스템"이 만들어졌다고 서술한다.[6]

대치동이 한국 교육산업의 실리콘밸리 같은 입지를 확고히 한 결정적 계기는 2000년대 초에 이루어진 '쉬운 수능'과 '논술 강화'였다. 서울대, 고려대, 연세대 등 상위권 대학이 그나마 변별력 있는 논술 비중을 늘리면서 전직 운동권 출신들이 대학교 재학 당시 '세미나(사회과학 서적을 같이 읽고 토론하면서 의식화하는 학습 과정)'하듯 학생들을 가르치는 논술학원이 급격히 세를 불려나갔다. 대학의 수시 전형 확대도 중요한 역할을 했다. 대치동 논술

학원계의 터줏대감으로 불렸던 장민성 씨의 유레카논술학원처럼 프랜차이즈를 내며 기업화를 시도한 곳이 생겨나던 것도 이 시점이다. 손주은, 이범, 고故 조진만 씨 등이 2000년에 세운 메가스터디는 스타 강사와 인터넷 동영상 강의의 확산에 힘입어 2000년대 초중반 급성장한다.

이러한 시기를 거치며 대치동이 만든 혁신은 학생 개개인에 대한 컨설팅까지 가능한 정도의 맞춤형 사교육과 이를 뒷받침하는 전문화된 학원 시스템이다. 대치동 학원의 출발은 다품종 소량 생산이었다. 이범 씨는 지난 2013년 한 언론 인터뷰에서 "1990년대 초반 입시학원보다 규모가 작은 보습학원 및 속셈학원이 인가되기 시작하면서, 강남 일대에는 비교적 높은 수강료를 받는 중소 학원들이 등장하기 시작했다"고 말했다.[7] 소규모 학원은 학생들에 대한 관리 능력을 마케팅 포인트로 삼았다. 논술, 구술 등 학생들의 일반적인 교양과 지적 능력을 요구하는 전형 비중이 커지면서 그 수요도 늘었다. 게다가 수시 모집 확대 등으로 중고등학교 전반에 걸친 '관리'가 필요해졌다.

현재 대치동, 목동에서 학원 강사는 단순히 공부를 가르치는 사람이 아니다. 학생의 생활 전반을 관리하고, 생활 자체가 입시에 최적화되도록 돕는 코치다. 서울 목동에 사는 한 고등학생의 일과를 소개한 「중앙일보」의 기사는 오전 6시에 휴대전화 문자 메시지로 '모닝콜'을 해주는 대형 입시학원 국어강사의 사례로 시작한다.[8] 이 강사는 "오전 8시 40분에 시작하는 대학수학능력

시험 국어영역을 제대로 치르려면 6시에 일어나는 습관을 길러야 한다"며 매일 아침 학생들을 문자로 깨운다고 말했다. 이미 지난 2009년 현직 고교 교사 신분으로 강남 일대 학원에서 특목고 입시 특강과 컨설팅을 해주었다는 의혹을 받고 학교를 그만둔 오 모 씨는 10개월 뒤인 2010년 7월 자신의 이름을 딴 입시 컨설팅 학원을 차려 '떼돈'을 벌었다. 오 씨를 소개한 「동아일보」 기사에 따르면 그는 학생 한 명당 1년에 100만 원을 받고 컨설팅을 한다.[9] "국제중 및 자사고 입시 컨설팅, 특목고 선택 및 입학원서 첨삭, 팀 수업 결성 및 교사 파견 컨설팅, 유학 컨설팅, 취학 전 아동 및 초중고교생을 대상으로 한 교육 로드맵 작성, 각종 경시대회 준비, 토플 고득점 전략 클리닉, 학생 및 학부모 그룹 강연, 학원 개원 및 이전 컨설팅…" 등으로 분야도 다양하다. 사실 가장 핵심은 "특목고나 대학 입시 상담 뒤 학생에게 적합한 학원과 과외 강사를 연결해주는 것"이다. 2018년 큰 인기를 끈 TV 드라마 「스카이캐슬」에 나오는 입시 컨설팅은 다소 과장된 측면이 있지만 현실 그 자체라는 평가를 받는다. 이만기 유웨이중앙교육평가 연구소장은 "(드라마 내용처럼) 모든 걸 다 해주진 않지만, 성적 관리해주고 동아리 활동을 짜주는 등 상당 부분 설계를 해준다"고 말한다.[10]

2010년을 전후로 대치동의 사교육 특구는 더는 전직 80년대 학번 운동권에 의존하지 않는 '자체적인 재생산' 형태를 완성하기 시작했다. 이를 잘 보여주는 게 현재 대치동에서 성업 중인 L논술·구술학원이다. L학원을 세운 이는 대치동 일대에서 자녀 교육 잘 시키고 사교육 인맥과 정보가 많기로 유명한 이른바 '돼지엄마'다. 2004년 장녀를 서울대 법대에 합격시킨 뒤 이듬해인 2005년 딸을 가르쳤던 유명 강사들을 모아 직접 학원을 차렸다.[11] 그리고 그 장녀는 유명 로펌에 입사했다.

L논술학원 설립자가 '영업'과 '컨설팅'의 전문가라면 강의라는 '콘텐츠'로 학원을 반석 위로 올려놓은 이는 90년대 중후반 학번인 K 씨다. K 씨는 대학 재학 당시 학생운동을 하지는 않았고, 오히려 학계를 이끌어갈 기대주에 가까웠다. 이 학원은 지망 학교별, 전형별로 각각 10~12명 정도 소수 정예로 분반을 나눠 관리하는데, K 씨 등 스타 강사가 강의를 하고 서울대 대학원생들을 '조교'로 채용해 구술 면접 준비, 토론 수업, 논술 첨삭 등을 맡기는 방식으로 운영됐다. 지난 2018년 금융감독원 직원이 겸직 금직 규정을 어기고 강사 생활을 하다 적발된 곳이 이 학원이다. 이 직원은 금감원 입사 전부터 오랫동안 L학원에서 일해왔다. 그리고 여기서 강사 활동을 했던 이들이 P학원, A학원 등 자신의 논술학원을 차려 독립해 나갔는데, L학원과 함께 '1군'으로 분류된다.

인터넷 강의(인강)를 중심으로 한 '1타 강사(수강생과 매출 1위인 최고 인기 강사)'는 1970~1980년대생으로 물갈이되었다. 2019년 현재 대치동에서 가장 수강생이 많은 강사로 꼽히는 메가스터디 수학 강사 현우진 씨는 1988년생으로, 미국 스탠퍼드 대학교

수학과를 졸업했다. 2011년 대치동에서 학원 강사 생활을 시작
해 2015년 메가스터디로 이적했으니, 23세부터 학원 강사 경력
을 쌓은 셈이다. 그의 인스타그램 팔로워 수는 2019년 10월 현
재 10만 3,000명에 달하며, 키 190cm에 달하는 늘씬한 키에 세
련된 외모를 갖춰 '인강계의 아이돌'이라는 이야기까지 듣는다.
대치동 1타 강사의 세대 교체를 다룬 2019년 2월 9일 자 「한국
경제」 기사에 따르면 국어 1타 강사로 꼽히는 김동욱(메가스터디)
과 영어 영역 1위 이명학(대성마이맥)은 1975년생이다.[12] 이투스를
과탐(과학탐구) 명가로 만든 배기범(물리), 박상현(화학), 오지훈
(지구과학), 백호(생명과학)는 1973~1979년생이다. 메가스터디 영
어 영역 1위 조정식(1982년생), 사회탐구 1위 이지영(1982년생), 국
어 영역 유대종(1986년생) 등은 1980년대생이다.

　　대치동 학원가에 자녀를 맡기는 부모의 목표는 '내 아이 의
사 만들기'다. 2000년대 중반 학원 강사를 그만두고 교육평론가
로 전업한 이범 씨는 대치동 인근의 주민들에 대해 "대학교수나
법조인, 의사 등 전문직이 많다"며 "이들은 자신들의 성공 도식
을 자녀에게 그대로 이식하려 한다"고 설명한다. 이 씨는 이들
'강남 학부모'는 "사회경제적 지위를 물려주는 방법이 공부밖에
없다고 믿는다"며 "IMF 사태 이후 고용 불안정이 심해지면서, 대
치동 전문직 부모들은 자녀가 자신들의 지위를 물려받는 길은
의사 같은 전문직밖에 없다는 확고한 신념을 갖게 됐다"고 지적
했다. 2013년 12월 「시사저널」 기사는 다음과 같이 최영석 송파

청산수학원 원장의 발언을 인용했다. "(IMF 위기는) 믿을 건 자신뿐이라는 풍조를 만들어냈다. 조직이 자신을 더는 보호해주지 않는다는 자명한 사실을 너무나 아픈 방식으로 깨닫게 된 것이다. 그리고 이는 자녀 교육에서 목숨을 건 '대학 진학열'과 '전문직 선호'라는 현상으로 나타났다."[13]

서울 강남 일대 중산층의 이러한 모습은 지방의 중하위층과 대비를 이룬다. 지방 중하위층의 삶의 모습은 2000년 이전과 그리 큰 차이가 없다. 지금은 세종특별자치시에 편입된 충청남도 조치원의 '김밥천국' 아들로 조치원고등학교를 나온 서울대생 임명묵 씨는 "전문직, 대기업 종사자, 대도시 공무원 부모 밑에서 자란 1990년대생들은 외고, 과학고, 영재고, 자사고, 국제고 등 수많은 특목고나 8학군 명문고 진학에 조기 유학 기회까지 잡을 수 있었다. 그렇지 못한 1990년대생들이 받은 사교육은 '단과학원', '보습학원', '공부방' 정도였고 그마저도 아니면 PC방이나 만화방에서 시간을 보냈다"[14]고 말했다. 임씨는 "내가 그리고 내 주변 친구들이 그렇게 살았다"며 "서울대에 들어가고 나서야 내가 살던 지역(조치원)의 부모들이 60년대생-80년대 학번 부모들에 비해 자녀 교육에 신경 쓸 만한 자원, 정보, 의지를 갖추지 못했고 결과는 당연히 자녀들의 학업성취도 차이로 나타날 수밖에 없었음을 뼈저리게 느꼈다"고 털어놓았다.

중학교 때부터 드러나는 격차

'부모의 사회경제적 지위→자녀의 대학 진학→전문직 또는 괜찮은 일자리'로 이어지는 교육을 통한 계층 세습과 그 과정에서 나타나는 격차는 자녀가 중학교에 다닐 때 이미 모습을 드러낸다.

1996년생이 중학교 3학년이던 2011년 전국 단위로 실시된 '국가수준 학업성취도 평가' 결과를 서울과 경기도 소재 학교별로 따져보았다(〈표 4-1〉 참조). 해당 시험은 학교별로 '보통 이상', '기초 학력', '기초 학력 미만' 학생의 비율을 공개한다. 과목은 국어, 수학, 영어다. 서울에서는 374개 학교, 경기도에서는 572개 학교가 시험을 치렀다. 보통 이상 비율을 기준으로 3과목 평균 비율을 살폈다.

보통 이상 학력인 학생 비율이 90퍼센트가 넘는 학교는 서울에 총 25개교가 있었다. 비율로는 6.7퍼센트다. 그 비율이 가장 높았던 학교는 국제중인 대원중(99.6퍼센트)과 영훈국제중(98.5퍼센트)이었다. 그리고 나머지 23개교는 중상위층이 많이 거주하는 지역이 휩쓸었다. 지역별로 보면 강남구 8곳, 서초구 5곳, 송파구 4곳 등 이른바 '강남 3구'가 17곳에 달했다. 영훈국제중을 제외하면 강북에 있는 학교는 노원구의 교육 특구인 중계동 은행사거리 바로 옆에 있는 을지중 한 곳뿐이었다. 양천구에서는 목동 소재 학교 3곳, 광진구에서는 광장동 소재 학교 2곳이 이

표 4-1 '보통 이상' 학력이 90퍼센트 이상인 중학교

서울			경기도		
학교	위치	'보통 이상' 비율(%)	학교	위치	'보통 이상' 비율(%)
대원중학교	광진구	99.6	청심국제중학교	가평군	99.0
영훈국제중학교	강북구	98.5	이매중학교	성남시	95.2
대청중학교	강남구	97.4	영일중학교	수원시	93.6
대왕중학교	강남구	95.3	영덕중학교	수원시	92.7
원촌중학교	서초구	95.1	용인대덕중학교	용인시	92.6
월촌중학교	양천구	94.4	수내중학교	성남시	92.5
대명중학교	강남구	93.8	신백현중학교	성남시	92.3
신동중학교	서초구	93.8	서현중학교	성남시	92.2
압구정중학교	강남구	93.3	낙원중학교	성남시	91.6
역삼중학교	강남구	93.0	내정중학교	성남시	91.4
을지중학교	노원구	92.8	궁내중학교	군포시	91.1
경원중학교	서초구	92.4	이현중학교	용인시	91.0
신목중학교	양천구	92.4	대안여자중학교	안양시	90.6
잠실중학교	송파구	92.3			
광남중학교	광진구	92.3			
서운중학교	서초구	92.3			
오륜중학교	송파구	91.9			
진선여자중학교	강남구	91.5			
단대부중	강남구	91.5			
신천중학교	송파구	91.2			
목운중학교	양천구	91.1			
휘문중학교	강남구	91.1			
잠신중학교	송파구	91.0			
반포중학교	서초구	90.9			
양진중학교	광진구	90.7			

주: 1996년생이 중학교 3학년이던 2011년 전국학업성취도 평가 결과 기준.
자료: 교육과학기술부, 「조선일보」·하늘교육 집계.

름을 올렸다. 2곳 모두 중산층이 집중적으로 거주하는 곳이다.

경기도에서 보통 이상 학력인 학생 비율이 90퍼센트가 넘는 학교는 총 13곳으로 전체 경기도 소재 학교의 5.4퍼센트에 불과했다. 학교의 지리적 분포는 서울과 비슷한 양상이다. 성남시 분당구 일대에 절반에 가까운 6곳이 있었다. 이 학교들은 용인시 수지동 2곳, 수원시 영통동 2곳, 안양시 호계동 1곳, 군포시 산본동 1곳 등 경기도에서 서울에 출퇴근하는 중산층이 사는 대규모 아파트 단지에 몰려 있었다. 예외가 있다면 삼성전자 직원들이 많이 사는 영통동 정도다. 유일한 군(郡) 지역 소재 학교는 국제중인 청심국제중이었다.

시군구 단위별로 보통 이상 학력을 갖춘 학생 비율을 비교해도 중산층 집중 거주 지역과 그렇지 않은 지역의 차이가 크게 났다. 〈그림 4-5〉는 25개 자치구별 평균치(학교별 평균의 단순산술평균 기준)를 비교하여 보여주는데, 서초구는 86.3퍼센트, 강남구는 86.2퍼센트의 학생이 보통 이상 학력이었다. 그 뒤로는 송파구(76.8퍼센트), 노원구(76.2퍼센트), 양천구(74.6퍼센트) 순이었다. 보통 이상 학력 학생 비율이 가장 적은 자치구는 금천구(56.0퍼센트)와 중구(59.9퍼센트)였다. 서울시 중학교 전체의 보통 이상 학력 비율 평균치는 71.5퍼센트였다. 서초구와 강남구는 평균 대비 15퍼센트포인트 정도 더 많았고, 금천구와 중구는 거꾸로 15퍼센트포인트 정도 더 적었다.

경기도에서 서울 중산층 거주 지역만큼 학생들의 학력이 좋

그림 4-5 서울 자치구별 '보통' 이상 학력 보유자 비율

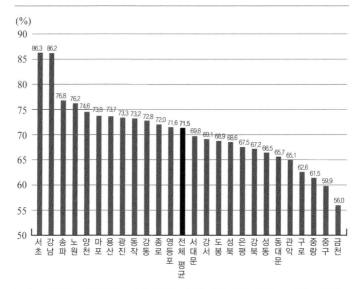

주: 2011년 중학교 학업성취도 평가 결과에서 국어·영어·수학 평균으로 각 구 소재 학교
별 비율을 산술평균함.
자료: 교육과학기술부, 「조선일보」·하늘교육 집계.

은 곳은 과천시(81.9퍼센트), 성남시(75.7퍼센트), 군포시(73.3퍼센트)
정도다. 동두천시(54.7퍼센트), 포천시(56.1퍼센트), 이천시(56.7퍼센
트), 양주시(57.5퍼센트), 평택시(58.0퍼센트), 여주군(59.1퍼센트), 연천
군(59.5퍼센트), 오산시(59.6퍼센트) 등은 보통 이상 학력의 학생이
60퍼센트가 채 되지 않는다. 경기도의 평균은 67.1퍼센트. 그나
마 서울 통근자가 많은 베드타운 도시 때문에 수치가 높게 나온
것이지, '진짜 경기도'의 학력은 그보다 훨씬 낮다고 보아야 할
것이다. 그리고 그것은 지리적인 격차가 아니라 계층 또는 계급
에 따른 격차다.

학생 개개인의 성적을 따져봐도 중학교 성적에서 부모의 소득과 학력은 큰 영향을 미친다. 주병기 서울대 교수는 2018년에 낸 연구보고서[15]에서 2005년 중학교 1학년인 학생 6,908명이 중학교 3학년이 될 때까지 국어, 수학, 영어 과목 성적 결과를 수집한 한국교육종단연구KELS 자료를 이용해 부모의 월평균 소득이나 아버지의 학력 등이 학생 성적에 미치는 영향을 분석했다. 그러니까 93년생의 중학교 재학 당시 학업 성취에 미치는 영향을 확인할 수 있는 셈이다.

주 교수는 논문에서 아버지 학력을 중학교 이하(저학력), 고등학교 졸업 혹은 재학(중학력), 2~3년제 대학 재학 이상(고학력)으로 나누고, 가구소득은 월 140만 원 미만(저소득), 월 140만~350만 원(중소득), 350만 원 초과(고소득)로 나누었다. 그리고 부모의 학력 집단별, 소득 집단별로 자녀의 국어, 수학, 영어 성적 분포를 각각 그래프로 나타냈는데, 〈그림 4-6〉을 보면 한눈에도 학력-소득에 따른 격차가 확연하다.

가장 고학력-고소득 집단과 저학력-저소득 집단의 차이가 나는 과목은 수학이었다. 고학력-고소득 집단은 자녀의 수학 성적이 90점대에서 가장 많았고, 성적별로 비슷한 분포였다. 그런데 저학력-저소득, 중학력-중소득 집단은 30점 전후 성적을 받은 자녀 비율이 봉우리처럼 우뚝 섰다. 그리고 그 이상 점수를 맞은 자녀 비율은 급격히 내려가는 양상이었다. 다시 말해 수학 성적을 60점 이상을 받는 중학생의 경우 고학력-고소득 부모의

그림 4-6 환경별 중학교 국영수 평균 성적의 확률 분포

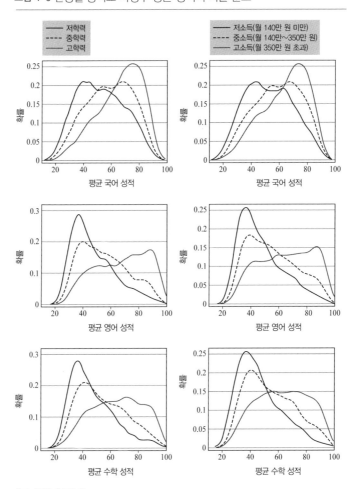

자료: 주병기(2018).

비율이 아주 높은 반면, 저학력-저소득 또는 중학력-중소득 집단의 비율은 아주 낮다.

영어의 경우 저학력-저소득, 중학력-중소득 집단 자녀의 성적 분포는 수학과 비슷했는데, 저학력-저소득 집단은 좀 더 낮은 점수 쪽으로 이동하고, 접시를 뒤집어 놓은 모양의 분포였다. 그나마 세 집단의 격차가 작은 과목은 국어였는데, 이 또한 고학력-고소득 집단에서 70점대 후반 정도 점수를 정점으로 몰려 있고 나머지는 그보다 성적이 낮다.

주병기 교수는 또 가장 열악한 환경에 있는 학생이 최상위 학력을 기록할 확률을 계산한 뒤 1에서 차감해 '개천용지수'[16]를 만들어 분석했다. 개천용지수는 부모의 학력이나 소득이 자녀의 성과와 관련이 많을수록(즉 불평등할수록) 높은 값을 갖는데, 그 결과 영어의 기회불평등도가 가장 컸고 수학은 영어에 비해 약간 작은 정도였다. 국어는 다른 두 과목에 비해 기회불평등도가 확연히 작았다. 또 아버지의 학력에 따른 기회불평등이 가구 월평균 소득에 따른 기회불평등보다 큰 것으로 나타났다.

영어 과목의 경우 아버지 학력 기준으로는 0.739, 부모 월평균 소득 기준으로는 0.723이었다. 이는 계층 간 기회 불평등이 없었을 경우 최하위 환경 집단(저학력 또는 저소득 집단)에서 최상위 성적을 받아야 할 사람이 100명이라면 아버지 학력 기준으로는 73.9명, 부모 소득 기준으로는 72.3명이 최상위권 진입에 실패한다는 것을 의미한다.

수학 과목 개천용지수는 아버지 학력 기준으로는 0.710이었고, 부모 소득 기준으로는 0.673이었다. 수학 과목에서 최하위 환경 집단에서 최상위 성적을 받아야 할 사람이 100명이라면, 아버지 학력 기준으로는 71.0명, 부모 소득 기준으로는 67.3명이 최상위권 진입을 못 한다는 의미다. 수학 과목에서는 아버지 학력의 영향력이 더 컸다. 국어 과목의 개천용지수는 아버지 학력 기준 0.568, 부모 소득 기준 0.512였다.

2011학년도 대학수학능력시험의 외국어 영역 개천용지수는 아버지 학력 기준 0.631, 부모 소득 기준 0.478이었다. 일견 기회 불평등도는 중학교보다 덜한 것처럼 보인다. 이에 대해 주병기 교수는 대학 진학을 포기하고 수능을 보지 않은 사람들이 걸러진 결과라고 설명한다. 저학력-저소득 가정의 학생들이 취업을 택하거나 아니면 학교를 벗어나 수능을 보지 않는 비율이 높을 뿐만 아니라 저학력-저소득 가정의 응답률이 다른 집단보다 낮다는 것이다. 또 고등학교로 올라가면 상대적으로 아버지의 학력이 미치는 영향력이 커지고, 부모 소득이 미치는 영향력은 줄어든다는 것을 의미한다. 수능 외국어 영역 결과는 최하위 환경 집단에서 최상위 성적을 받아야 할 사람이 100명이라면, 아버지 학력 기준으로는 63.1명, 부모 소득 기준으로는 47.8명이 최상위권 진입을 못 한다는 뜻이기 때문이다.

이러한 결과를 놓고 보면 자녀가 중학생일 때부터 학업 성취에 부모의 사회경제적 배경이 큰 영향을 미치는 것은 분명하다.

주병기 교수는 "(중학교 시험 결과가) 수능성적자료에서보다 기회불평등이 더 뚜렷하게 나타나고 있다"고 지적한다. 그는 "개천용지수의 경우 영어, 수학에서 모두 0.7 이상의 값을 갖는 것으로 나타나서 수능자료의 개천용지수값보다 더 높다"고 덧붙였다.

노오오오오력도 계층 따라 간다

'공부는 엉덩이로 한다'는 말은 학업 성취 수준을 좌우하는 것이 개인의 노력과 그 노력을 뒷받침하는 성실성이라는 속설을 집약한 표현이다. 이른바 명문대에 입학한 중산층 자녀들은 본인이 얼마만큼 노력했는지를 강조하곤 한다. 특권 세습이 이슈가 될 때마다 해당 가족의 자녀가 얼마나 성실하게 노력했는지 강조하면서 '특권을 물려받은 게 아니다'라고 주장하는 이들도 있다.[17]

그런데 서울대 박사과정의 오성재 씨가 주병기 교수 등과 함께 쓴 2016년 논문은 자녀의 노력 수준과 아버지의 학력이 밀접하게 연관되어 있음을 보여준다.[18] 이 논문은 2005년과 2011년 대입 수능을 치른 고등학교 3학년생의 자기학습 시간과 아버지의 학력, 부모의 월평균 소득 간의 관계를 분석했다. 그 결과 아버지 학력이 높을수록, 그리고 부모 소득이 많을수록 자녀의 자기학습 시간이 늘어나는 경향이 뚜렷하게 관찰되었다. 이에 대해 오성재 씨는 "환경이 좋을수록 (자녀가) 일정 시간 이상 혼자 공부할 확률이 더 높다. 좋은 환경의 학생들이 사교육에 더 많은 시간을 사용함에도 불구하고 혼자 공부한 시간도 더 많다"고 서술했다. 다시 말해 노력 수준도 계층에 따라 뚜렷하게 나뉜다는 것이다.

IQ(지능지수) 같은 인지적 능력cognitive skill뿐만 아니라 성실성, 성취동기, 감정 제어 능력, 사회성, 커뮤니케이션 능력 등 비인지적 능력non-cognitive skill이 학업 성취에 미치는 영향이 크다는 사실도 중요하다. 2010년 노벨 경제학상 수상자인 제임스 헤크만James Heckman 시카고 대학교 교수 등은 이 비인지적 능력과 비인지적 능력이 길러지는 아동기 양육 환경의 중요성을 강조해왔다.[19] 한국에서도 비인지적 능력이 계층에 따라 불평등하게 배분되고 있다는 연구들이 나오고 있다.

이자형 부산교육정책연구소 선임연구위원이 2011년 발표한 연구는 2010년 당시 고등학교 3학년 학생들을 대상으로 비인지적 능력에 영향을 미치는 요인을 분석했다.[20] 비인지적 능력은 성실성, 성취동기, 자존감 등을 묻는 16개 설문 문항으로 측정했다. 그 결과 직간접적 영향력을 모두 감안했을 경우 아버지의 학력과 직업, 월평균 가구 소득으로 구성된 가정 배경(계수값 0.588)이 가장 큰 영향을 미치는 것으로 나타났다. 그다음으로는 수상 실적, 동아리 활동 시간, 동아리 수, 독서 선호도 등으로 구성된 교과외 활동(0.538)과 부모와의 활동, 부모와의 관계, 부모와의 대화 시간 등으로 구성된 가정의 사회자본(0.531)이 뒤를 이었다. 교과외 활동은 이른바 '스펙'을 만들기 위해 중요하게 고려되는 것들로, 2000년대 중반 이후 대학 입시에서 사회 계층에 따른 기회 격차가 크다는 지적이 있던 항목이다. 결국 성실성, 성취 동기, 자존감 등 '품성'이라고 이야기되는 비인지적 능력 격차가 부모의 계층에 따라 발생함을 보여주는 것이다.

흔히 이야기하는 '집안 좋은 애들이 공부도 잘하고 성격도 좋다'는 속설은 정말로 참이다. 양육 환경이 좋은, 즉 부모가 경제력이 있고 학력이나 직업 등 사회적 지위도 뒷받침되는 계층의 가정에서 자라난 자녀는 인지적 능력뿐만 아니라 비인지적 능력도 다른 계층의 자녀들보다 더 뛰어나다. 그리고 비인지적 능력이 뒷받침되기 때문에 대치동 학원가 등을 통한 교육 투자는 결실을 맺는다. 노력은 실력이 아니다. 계층이다.

56년생 최순실의 자녀 vs. 65년생 조국의 자녀

부모의 경제력이 교육 불평등을 낳는다는 주장은 진실의 일부만을 이야기하는 것이다. 부모의 학력, 직업, 사회적 네트워크 격차는 경제력의 격차와 함께 움직인다. 경제자본, 인적자본, 사회자본이 결합된 '복합 불평등'의 심화가 교육을 통한 불평등 확대를 낳는다.

가령 부모 세대에서 경제력만 불평등하게 분배되어 있다고 가정해보자. 즉 부모의 학력이나 직업이 경제력과 밀접한 상관관계를 맺고 있지 않다면 자녀 세대에서 교육을 통한 계층 이동 가능성은 지금보다 높을 것이다. 인적자본이나 사회자본이 많은 부모는 자녀의 비인지적 능력을 길러줄 수 있을 것이고, 또 인적 네트워크를 통해서 사교육 정보를 취득하고, 입시 전략을 설계하며, 동아리·인턴·봉사활동 같은 다양한 비교과 활동 기회를 제공해줄 수 있을 것이기 때문이다.

오늘날 20대가 맞닥뜨린 불평등이 이전과는 다른 주된 이유는 이들의 부모 세대(50대-60년대생)에서 이전 세대(60대-50년대생)보다 훨씬 더 긴밀하게 경제자본, 인적자본, 사회자본의 결합이 이루어졌기 때문이다. 90년대생의 부모인 60년대생은 한국에서 처음으로 대규모 대졸 화이트칼라 또는 대졸 중산층이 만들어진 세대다.

이 세대에서부터 학력, 직업에서 오는 사회적 지위, 경제적 성과의 연관 관계가 중요해지고, '울타리 안'과 '울타리 밖'의 경계가 명확해졌다. 경제 구조가 고도화되면서 전문 지식을 활용한 직업을 얻거나, 고부가가치 제품을 생산하는 대기업에서 일하는 집단이 대거 생겨났다. 그리고 노동소득을 통해 중상위층 지위를 얻기 위해서는 해당 직종에 종사해야만 했다. 또 학교와 직장이라는 '조직체'에서 만난 이들끼리 네트워크를 형성하게 됐다. 소득-학력-네트워크가 밀접하게 맞물리기 시작한 것이다. 그리고 이 세대의 다중격차가 이들의 자녀 세대에서부터 그 대로 이어지기 시작했다.

30대가 직면한 불평등은 1956년생 최순실의 자녀가 그 비교 대상이었다면, 20대가 직면한 불평등은 1965년생 조국의 자녀 가 그 비교 대상이다. 최순실이 아버지가 물려준 재산으로 서울 강남에 빌딩을 가진 '못 배운 졸부'라면 조국은 부산의 향토 건 설업체 집안의 장남으로 서울대 법대 학력과 서울대 교수, 80년 대 운동권 인맥 등 인적자본과 사회자본을 두루 가진 '교양 있 고 깨우친 중상위층'이다.

김희삼 광주과학기술원 교수는 2017년 발표한 논문에서 "경 제자본, 인적자본, 사회자본이 상당히 동조성을 갖고 있는 것으 로 나타난다"며 "부유층 부모의 경제자본이 자녀의 인적자본에 대한 투자와 연결되고 있으며, 경제자본과 인적자본을 활용한 사회적 연결망 획득이 또다시 경제자본의 축적에 유리한 영향 을 주는 구조가 형성되고 있다"고 설명했다.[21] 김 교수는 "사회 계급 간에 일종의 다중격차가 발생하면서 사회 이동성을 가로 막고 있다"고 덧붙였다.

한국 사회의 이 같은 모습은 영국 출신 이민자로 브루킹스 연구소 연구원으로 재직 중인 리처드 리브스Richard Reeves가 『20 VS 80의 사회』(원제는 '꿈 독점자Dream Hoarders'이다)[22]에서 이야기한 미국의 모습과 궤를 같이한다. 리브스는 "세대 간 중상위층 계급 재생산의 핵심 수단은 교육"이라고 말하며 "대학 및 대학원 교육이 특히 불평등 제조기inequality machine 역할을 하고 있다"고 썼다. 리브스는 "계급 상속inheriting class"의 수단으로 중상위층이 지방자치단체를 움직여 하위 계층 이주를 막는 배타적 주거지 확보exclusionary zoning 관행, 중상위층 자녀들에게 유리한 대학 입시 제도, 인턴십 등 취업 준비 과정에서 인맥 같은 비공식적 관행이 중요하게 작용하는 것 등을 들었다.

　결국 한국에서 90년대생들은 전문직이나 대기업 일자리를 가진 부모가 확보한 경제력과 사회적 네트워크, 문화자본을 바탕으로 명문대 졸업장과 괜찮은 일자리를 독식하는 '세습 중산층의 자녀 세대'를 처음으로 경험하는 집단이라 할 수 있다. 바로 이것이 오늘날 20대가 경험하는 불평등이 이전 세대가 경험한 불평등과 질적으로 다른 이유다.

5장

'정상가족'이라는 특권

결혼과 부동산에 나타난 계층 격차

38세 동갑내기 K 씨와 L 씨의 삶은 한국 사회의 계층 격차가 가족 형성과 자산 축적이라는 생애주기 양대 과제에 얼마나 결정적으로 작용하는지 잘 보여준다.

서울 소재 명문대를 졸업한 K 씨는 대기업 계열사에서 과장으로 일한다. 6년 전 같은 회사 동료와 결혼했고, 배우자는 현재 외국계 기업으로 자리를 옮겼다. 두 사람 모두 대학 재학 당시 교환학생, 어학연수 등으로 외국에 1년 정도 체류한 경험이 있다. 이들은 결혼 전 K 씨가 부모님의 조언으로 분양받은 서울 강북 지역 30평대 아파트에서 함께 거주한다. 2011~2012년만 해도 K 씨는 거액의 대출을 갚는 게 적잖이 부담이 됐고, 아파트 가격도 오르지 않아 고민이 많았다. 그런데 2013년부터 서울 아파트 가격이 이른바 신축 아파트(건축 연수가 몇 년 지나지 않은 아파트)를 중심으로 가파르게 오르면서 지금은 '일단 기다려보라는 부모님 조언을 들어서 다행'이라는 생각으로 바뀌었다. 요즘 두 사람의 고민은 살고 있는 집을 매도하고 마포, 용산, 성동 일대에서 새 집을 살지 여부다.

이와 대비되는 사례는 광주의 한 사립대를 졸업하고 충남의 중소기업에 근무하는 L 씨다.

L 씨는 공무원 시험을 준비하다 연거푸 낙방하고, 8년 전 고향에서 멀리 떨어진 공단에 위치한 중소기업에 취직했다. 늦게라도 일자리를 얻었지만, 수입이 별로 늘지 않는 데다 연고도 없는 곳에서 객지 생활을 하려니 친구도 만나지 못한다. 결혼도 언감생심이다. 꼬박꼬박 돈을 모으고는 있지만, 몇 년 전 광주 아파트 가격도 껑충 뛰면서 이제 집 살 기회도 놓친 것 같다는 생각이 든다. 그는 다시 공무원 시험을 봐서 9급 공무원이라도 됐으면 지금보다 더 살기 좋았을 거라는 후회를 가끔 한다.

20대의 계층 간 격차를 논하는 책에서 30대 이야기를 꺼내는 이유는 무엇일까? 지금 20대가 경험하는 격차는 단순히 대학 졸업장, 일자리 종류, 소득의 문제가 아니라 가족 형성과 자산 축적이라는, '취업 이후의 삶'을 판가름하는 사안에 결정적인 영향을 미치는 문제이기 때문이다. 30대 중후반이 직면하는 저 격차는 지금의 20대가 30대가 되었을 때는 더욱더 벌어질 가능성이 크다.

20~30대 초반의 양대 과제는 취업과 가족의 형성이다. 또 취업 이후에는 노년에 대비해 자산을 모아야 한다. 그 과정에서 주택을 마련하는 건 자산 축적뿐만 아니라 이후의 경제적 의사 결정에도 큰 영향을 미친다. 그런데 이제 과거와 같은 '중산층 핵가족' 모델에 맞춰서 취업, 결혼, 출산, 자산 축적 등의 생애주기가 작동하기 위해서는 '번듯한 일자리'와 '부모의 지원'이 필수적이다.

앞서 논의한 노동시장의 심각한 분단 현상과 1차 노동시장 진입 과정에서 나타나는 격차 고정 현상은 20대 후반~30대 초반의 생애주기 이행 과정에서도 복합 불평등이 나타남을 의미한다. 오늘날의 20대들은 남성과 여성이 만나 결혼하고, 1~2명의 자녀를 낳아 양육하고, 주택 소유주가 되는 '정상가족'을 구성할 수 있을지 여부가 본인의 능력이 아니라 '출신 계층'에 달렸다는 걸 인지하고 있다. 그렇기에 가족 형성은 그들에게 있어 미래의 문제가 아니라 현재 시점에서 예민하게 반응할 수밖에 없는 사안이다. 가족을 어떻게 꾸릴 것인지는 향후 인생을 결정하는 중요한 요인이기 때문에, 소비 형태·저축·취업과 진학 결정 등 현재의 의사결정에 크고 작은 영향을 미친다. 취업 후 가족을 어떻게 형성할지에 관한 생각, 가족을 구성할 수 없는 객관적 상황(즉 경제적 취약성)에서 나타내는 반응 등은 20대의 사회의식과 행동을 이해하는 데 중요하다.

정상가족 형성 과정에서 부모의 지원이 절대적이라는 점은, '독립적 20대'라는 개념이 더는 불가능하다는 걸 시사한다. 특히 중산층에게 '가족주의'는 정상가족의 재생산을 위해 필수적인 존재다. 자신의 정상가족을 구성할 수 없는 취약한 경제적 위치에 있는 이들에게 현재의 가족(주로 부모)이 제공하는 자원은 그 무엇보다도 소중하다. 따라서 누군가의 표현대로 오늘날의 20대는 "가족을 만들 수도, 가족을 떠날 수도 없는"[1] 개인이다. 그들은 가족을 만들어야 하는 사회적 압력에 직면해 있으며, 그 과정에서 현재의 가족과 미래의 가족 모두를 의식해야 한다. 그리고 스스로의 가족을 만들려고 시도하든 그 시도를 단념하든 언제건 현재의 가족에 경제적으로 의지해야 한다. 이는 '자유롭고 독립된' 개인을 전제로 하는 현재 20대 담론의 주된 접근방식[2]과 달리, 재생산을 위한 보급기지 또는 기본적인 사회적 안전망의 제공처로서 그들에게 가족의 존재가 중요하다는 것을 뜻한다.

특히 중산층에서는 동류혼(같은 계층끼리 결혼하는 행위)이 많아졌는데, 이는 결혼이 가족 단위의 계급 재생산에서 핵심적인 역할을 맡고 있음을 의미한다. 그 결과 4인 단위 핵가족을 꾸리는 것 자체가 '울타리' 안에 있는 중산층의 특권적 행위가 되고 있다.

남성 5명 중 한 명은 '노총각'으로
40대를 맞이한다

결혼을 안 하는 사람들이 크게 늘고 있다. 통계청 인구주택
총조사에 따르면 2015년 현재 만 35~39세 남성 가운데 33퍼센
트는 미혼이다. 여성의 경우 만 30~34세 중 37.5퍼센트가 미혼
이다. 통상 결혼으로의 '이행'이 끝난 시기로 간주되는, 즉 결혼
할 확률이 극히 낮다고 보는 만 39세 이상에서도 미혼 비율이
높다. 만 40~44세의 성별 미혼율을 보면 남성은 22.5퍼센트, 여
성은 11.3퍼센트에 달한다. 남성 5명 가운데 한 명은 미혼으로
지내는 셈이다.

특히 2000년대 이후 미혼율이 가파르게 상승하고 있다. 〈그
림 5-1〉에서 볼 수 있듯이 2000년까지만 해도 40~44세 남성 미
혼율은 4.9퍼센트에 불과했는데, 15년 만에 22.5퍼센트가 되었
다. 35~39세 미혼율도 2000년 10.6퍼센트에서 2015년 33퍼센
트로 증가했다. 2000년에는 40대 초반을 미혼으로 지내는 남성
이 20명 가운데 한 명에 불과할 정도로 희귀했었는데, 2015년
에는 5명 가운데 한 명꼴로 어렵지 않게 찾아볼 수 있게 되었다.
여성은 25~29세 미혼율이 2000년 40.1퍼센트에서 2015년 77.3
퍼센트로 증가하면서, 20대 후반을 결혼하지 않고 보내는 게
'표준'이 되었다. 또 30~34세 미혼율은 10.7퍼센트에서 37.5퍼
센트로, 35~39세 미혼율은 4.3퍼센트에서 19.2퍼센트로 증가했

그림 5-1 우리나라의 연령별 미혼율 변화(1995~2015년)

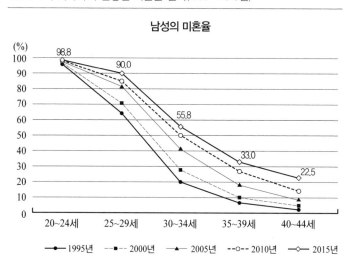

남성의 미혼율

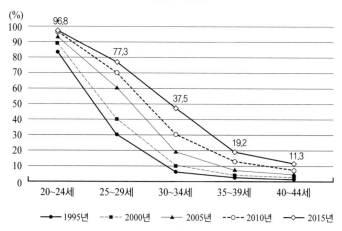

여성의 미혼율

자료: 통계청 인구주택총조사.

다. 35~39세 여성 5명 가운데 한 명은 미혼이라는 의미다.

　통계청 조사에서의 미혼은 이혼·사별 등으로 혼자 살게 된 것인지 아니면 아예 결혼을 한 번도 하지 않은 것인지 구분하지 않기 때문에, 한 번도 결혼하지 않은 사람의 비율을 '노동패널' 자료를 이용하여 계산해보았다.[3] 그 결과 만 39세까지 한 번도 결혼을 하지 않은 남성은 전체의 20.3퍼센트에 달했다. 앞서 통계청 조사의 연령대별 미혼 비율과 비교해 2015년 기준 만 35~39세 평균(남성 33퍼센트)보다는 12.7퍼센트포인트 낮고, 40~44세 평균(남성 22.5퍼센트)보다는 소폭 낮다. 예전 같으면 만혼晩婚으로 간주되었을 35~39세 시기의 결혼이 이제 보편적인 현상이 되었고, 통계청 자료에 집계된 미혼자들 가운데 대다수가 '한 번도 결혼하지 못한' 집단이라는 것을 의미한다. 만 39세까지 한 번도 결혼을 하지 않은 여성은 5.8퍼센트로, 통계청 자료(40~44세 평균 기준 11.3퍼센트)와 상당한 차이가 난다.

　두 자료 모두 오늘날 남성의 5분의 1은 결혼을 하지 못한다는 것을 보여준다. 여성의 경우에도 미혼을 선택하는 이들이 증가하고 있다. 이 정도로 대규모 집단이 결혼을 하지 못하고, 가족을 구성하지 못하는 것은 단지 운이나 개인의 취향 등의 문제가 아니라 광범위한 구조적 문제가 있음을 시사한다.

미혼을 강제당하는 하층 남성

남성과 여성이 미혼을 선택하는 동기는 서로 다르다. 남성의 경우 결혼은 직업과 소득의 영향을 강하게 받는다. 결론을 미리 말하면 '번듯한 일자리'를 잡지 못하고 소득이 낮은 남성의 경우 결혼으로 '이행'하지 못할 확률이 대단히 높다. 남성이 결혼을 할 수 있는지의 여부는 경제력에 좌우되기 때문에, 미혼은 사회적으로 열등한 지위에 있음을 시사하는 일종의 낙인처럼 작용한다.

이를 간단히 보여주는 방법 가운데 하나는 직종별 평균 소득과 결혼율을 비교하는 것이다. 직종과 소득, 소득과 결혼율이 각각 밀접하게 연관되어 있기 때문이다. 2015년도 노동패널 원시자료에서 만 30~39세 남성(총 1,231명)만 분리한 뒤, 이들의 직종별 월평균 소득과 결혼 이행 비율(결혼율)을 계산해보았다. 그 결과 〈그림 5-2〉에서 보는 것처럼 소득과 결혼율 간에 뚜렷한 양(+)의 상관관계가 관찰되었다. 즉 직종의 평균 임금이 높을수록, 혼인율도 올라갔다. 유일한 예외로 월 600만 원이 넘는 소득에도 불구하고 (결혼을 한 적이 없는) 결혼한 사람 비율이 70퍼센트에 못 미치는 의료·진료 전문가(즉 의사)가 있었다.

이 같은 소득과 결혼율의 관계는 일본에서도 동일하게 확인된다. 2015년 일본 총무성이 발표한 자료에 따르면 남성의 경우 소득이 높을수록 결혼율이 높은 상관관계가 강하게 나타났다.

그림 5-2 만 30~39세 남성의 직종별 월평균 소득과 결혼율

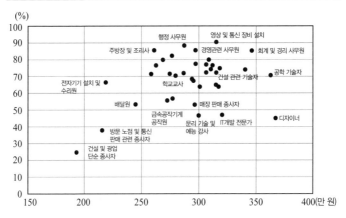

주: 소득이 600만 원이 넘고 결혼율이 70퍼센트에 못 미치는 의료·진료 전문가는 그림에
　표시하지 않았다.
자료: 노동패널 2015년도 조사.

그리고 만 35~44세 남성 취업자를 대상으로 연소득별 미혼 비
율을 분석하였더니 연소득 100만~200만 엔인 사람은 57.2퍼센
트, 100만 엔 이하인 사람은 59.6퍼센트가 평생 결혼을 못 하는
것으로 나타났다.

　그렇다면 소득을 포함하여 어떤 요인들이 30대 남성과 여성
의 결혼에 영향을 미치는가? 이를 파악하기 위하여 다시 한 번
노동패널 자료에서 연령, 소득, 정규직 여부, 대기업 근무 여부,
학력(최종 학력), 사회적 계층 지위(응답자가 생각하는 자신의 사회적 계
층 지위를 6단계로 응답) 등과 결혼과의 관계를 따져보았다.[4] 정규직
여부·대기업 근무 여부·학력·사회적 계층 지위 등은 현재 소득에
영향을 미치는 요인이면서 동시에 미래에 어느 정도 소득을 거

둘 수 있을지 가늠하는 일종의 신호 역할을 한다.

우선 예상대로 남성의 결혼에는 소득의 영향력이 강했는데, 나이가 같을 경우 월 소득이 100만 원 차이 나면 결혼 비율은 약 10퍼센트포인트 높아졌다.[5] 또한 정규직 여부는 18퍼센트포인트만큼 차이를 만들어냈다.[6] 가령 만 35세에 월 250만 원을 받는 비정규직 남성과 월 350만 원을 받는 정규직 남성을 비교하면 정규직 남성의 결혼율이 28퍼센트포인트 더 높다는 것이다. 소득이 높을수록 그리고 정규직으로 일하는 등 직업적 안정성이 확보될수록 결혼을 하는 비율이 높아지고, '40대 노총각'으로 남게 될 가능성은 낮아진다는 의미다.

이 분석에서 소득에 강한 영향을 주는 대기업 근무 여부와 학력은 결혼에 영향을 미치지 않는 것으로 나타났다. 이에 대한 가장 개연성 있는 설명은 대기업 근무 여부, 최종 학력 등이 결혼에 미치는 영향력이 소득에 흡수됐다는 것이다. 대기업 근무 여부나 대졸 또는 고졸 여부가 소득에 직결되기 때문에, 소득이 영향력을 미치는 변수처럼 나타나는 것이다. 정규직 여부는 고용 안정성이 떨어질 경우, 현재 벌이가 좋더라도 미래 소득이 낮아질 위험이 높다는 것과 연결될 것이다. 다른 한편으로 대기업에 근무하거나 대졸이라 할지라도 소득이 낮으면 결혼을 하기 어렵다고 볼 수 있다. 사회적 계층 지위가 결혼에 영향을 미치지 못하는 이유도 남성의 결혼에 소득이 미치는 영향력이 압도적이기 때문이라 할 수 있을 것이다.

반면 여성의 결혼에 소득과 정규직 여부는 영향을 미치지 못했다. 여성에게 있어서 '경제력'은 결혼으로의 이행에 별다른 영향을 미치지 않은 것처럼 보였다. 여성의 결혼에 오히려 중요한 요인은 사회적 계층 지위와 대기업 근무 여부였다. 사회적 계층 지위는 총 6단계가 있는데, 1단계가 내려갈 때 결혼 비율은 7.5퍼센트포인트 내려갔다. 여성이 대기업에 근무할 경우에는 결혼 비율이 9.4퍼센트포인트만큼 올라갔다.[7] 소득의 경우 모든 변수를 고려했을 때 월 소득이 100만 원 올라가면 결혼 비율은 0.16퍼센트만큼 떨어졌다. 이렇게 음의 상관관계가 나타나는 것은 소득이 높을수록 결혼을 못 할 확률이 높아진다기보다, 소득이 결혼에 영향을 크게 미치지 못한다고 해석하는 게 타당할 것이다.[8] 결국 여성의 결혼 이행에는 소득보다 '신분'이 문제인 셈이다.

결혼 이행 요인 분석에서 많이 사용하는 로지스틱회귀모형을 사용해 분석한 결과도 차이가 없었다. 30대 남성의 경우 소득이 큰 영향을 미치는 것으로 나타났고, 정규직 여부도 결정적이었다. 30대 여성은 사회 계층과 대기업 재직 여부가 결혼과 상관관계가 있는 것으로 나타났다. 연령대를 낮추어서 만 25~34세 여성을 대상으로 한 결과도 결혼에 영향을 미치는 것은 사회적 계층 지위와 대기업 재직 여부였다.

이른바 '경제력'에는 소득뿐만 아니라 자산도 포함된다. 자산은 과거에 벌어들인 소득이 쌓인 것으로 미래에 소비로 돌릴 수 있는 재원이다. 다른 한편으로는 부모로부터 어느 정도 상속이나 증여를 받을 수 있는지 보여주는 지표이기도 하다. 이미 확보한 자산이 많을 경우 무리하게 저축을 할 필요도 낮아진다. 현재와 미래의 소득 및 소비 수준에 영향을 미치는 까닭이다. 자산 중에서도 가장 대표적인 '집'을 남성이 소유할 경우 결혼 이행 확률이 급격히 올라간다는 건 그런 의미에서 자연스러운 결과일 것이다.

주휘정 한국직업능력개발원 부연구위원은 2018년 발표한 논문에서 남성과 여성의 결혼에 경제적 요인이 미치는 영향을 분석했다.[9] 그 결과 남성이 집을 소유할 경우 결혼할 확률이 7.2배 높았다. 이 분석 결과는 남성의 자산 보유 규모가 결혼에 큰 영향을 미친다는 것을 의미한다. 결혼하기 전 주택을 소유하고 있다면 대부분 부모의 조력을 받았을 가능성이 높다는 '상식'을 고려할 경우, 부모의 재산 수준도 남성의 결혼에 영향을 미친다고 볼 수 있다. 또 이 연구에 따르면 정규직 남성은 비정규직 남성보다 결혼할 확률이 4.6배 높게 나타났다. 정규직 여부가 결혼에 영향을 미치는 원인은 고용 안정성이 미래의 소득 수준을 예상하는 데 영향을 미치기 때문이다.

여성, '완벽한 결혼' vs. '비혼도 괜찮아'

남성의 결혼 이행에 소득, 자산 등 경제적 지위가 결정적인 영향을 미친다면, 여성의 결혼 이행 양상은 그들의 출신 계층에 따라 나뉜다. 이재경 이화여대 교수 등은 2015년 발표한 논문에서 20~30대 비혼 여성 22명을 심층 면접하고 "고학력 여성은 '완벽한 결혼'을 위해 혼인을 지연"하고 "저학력 여성은 결혼에 대해 적극적이지 않다"고 분석했다.[10] 그리고 학력과 계층은 대체로 일치했다.

다시 말해 중산층이나 중상위층 출신 여성들은 자신의 계층 지위를 그대로 유지할 수 있는 남자를 찾고, 중간 이하 계층 출신 여성들은 "결혼을 해도 경제적으로 지금의 삶보다 나아지기 어렵다는 점에서 결혼에 대해 적극적인 태도를 보이지 않는" 양상이었다는 것이다. 여성들은 결혼을 하면 출산 및 육아 부담뿐만 아니라 그로 인해 경력에 차질을 빚고 사회적 관계가 단절되는 등 상당한 비용을 지불해야 한다고 인지하고 있었다. 특히 고학력 여성이 가사와 육아 분담에 더 민감했다. 그로 인한 대응은 충분한 경제력을 갖춘 남성을 만날 수 있느냐에 따라 다르다. 고학력 여성은 배우자감에 대한 기준을 높이는 것으로 대응한다면, 저학력 여성은 그런 남성을 만나기 힘든 상황에서 결혼을 포기해버린다.

이 논문에서 인터뷰에 응한 여성들은 고학력인지 저학력인지에 따라 가족과 맺고 있는 관계가 달랐다. 고학력 여성의 경우 심층 면접FGI 과정에서 질문자가 먼저 묻지 않았는데도 가족과 부모에 대한 이야기를 꺼냈다. 그들은 "경제적으로나 정서적으로나 '안정적인' 가정에서 자랐기 때문에 부모에 대한 기본적인 믿음이 존재하는 것이기도 하지만, 부모의 경제적 자원은 곧 부모에 대한 정서적 의존으로 연결"되는 모습을 보였다. 또한 중산층 여성들은 "결혼은 개인 대 개인의 만남이 아니기 때문에 시부모의 경제력이나 사회적 배경을 중시하는 모습"을 보였다. 또 부모가 반대하는 결혼, 즉 계층적 하강혼을 하지 않겠다는 입장이었다.

논문에서 한 응답자는 "엄마 아빠 로망이 이제 딸과 사위와 함께 라운딩 나가는 것"이라면서 "여러 가지를 내포하는 로망인 듯한데, 사회적 지위와 경제력도 어느 정도 갖추어야 하고 화목한 가정도 꾸려야 한다는 걸 함축"한다고 말한다. 또 다른 응답자의 표현처럼 "결혼은 집안의 M&A(인수 · 합병)"이고 "남편의 아버지의 경제력과 그 두 부모의 경제력이 합쳐져서 애(자녀)가 만들어"지는 것이기 때문에 이들에게 결혼은 개인적인 문제가 아니었다.

반면 저학력 여성들은 거의 대부분 부모에게 의존하지 않고 주체적인 모습이었다. 또 다수가 결혼에 시큰둥했다. 이재경 교수는 이들이 "부모에서 본인 세대로까지 이어진 경제적 불안정이 결혼 이후에도 지속될 것에 대해 우려하고 있지만 부모의 경제적 도움 없는 독립적인 삶을 계획한다"고 설명한다. 저학력 여성들은 "'독립', '성인' 등에 대한 언급을 상대적으로 많이 했는데, 여기서 독립은 부모로부터 경제적, 심리적 독립"을 의미한다. 따라서 결혼은 가족과 분리된 자신이 주체적으로 결정하는 것이고, 또 그와 동시에 완전한 독립을 쟁취하는 수단이 된다.

저학력 여성이 결혼에 적극적이지 않게 되는 이유는 여성 입장에서 굳이 큰돈을 들여가며 할 필요가 없기 때문이다. 결혼이라는 '가족 구성'에 부모가 지원해주지 못하는 형편이기 때문에, 그들에게 결혼은 선택이 된다. 논문은 아예 어머니가 결혼을 권하지 않는 사례도 소개한다. "엄마가 결혼하면서 고생한 게 많다 보니까 내 딸은 고생 안 했으면 좋겠다. 네가 골드미스가 되면 결혼 안 하고, 너 혼자 인생 즐기면서 살 수 있다"고 말한다는 것이다. 가족에 매인 결혼을 당연한 것처럼 간주하는 고학력 중산층 여성과 대비되는 모습이다.

중산층 여성과 나머지 계층 여성의 결혼에 대한 태도 차이는 권오재 씨의 2017년 서울대 석사학위 논문에서도 명확히 드러난다.[11] 권 씨는 1999~2015년 만 18~40세 남녀의 결혼에 영향을 미치는 요인을 분석했다. 여성은 고졸 이하 배우자(저학력 집단)와 결혼할 경우와 대졸 이상 배우자(고학력 집단)와 결혼할 경우 각각 영향을 미치는 요인이 달랐다. 대졸 이상 배우자와 결혼할 경우 자신의 부모의 자산이 많을수록 결혼할 확률이 높아졌다. 하지만 고졸 이하 배우자와 결혼할 경우 부모 자산은 결혼할 확률에 영향을 미치지 못했다. 거꾸로 여성의 근로소득은 대졸 이상 배우자와 결혼할 경우 영향을 미치지 못하고, 고졸 이상 배우자와 결혼할 때 유의미한 관계가 있었다. 권 씨는 "여성 자녀가 고학력 남성과 결혼하는 데 부모 자산이 활용됨으로써, 가족 단위에서 지위의 재생산이 이루어지는 것"이라고 설명했다.

권 씨의 논문에 따르면, 남성의 경우 배우자의 학력에 관계없이 부모의 자산이 많을수록 결혼할 확률이 높아졌다. 앞서 소개한 주휘정 부연구위원의 논문과 궤를 같이하는 분석 결과다. 권 씨는 "부모의 자산은 남성 자녀의 결혼 이행을 촉진하며, 자녀의 사회경제적 지위에 비견하는 만큼 영향력을 갖는다"고 설명했다.

부동산 = 세대 + 계층

한국에서 부동산은 세대와 계층(또는 계급)이 교차하는 이슈다. 특히 서울과 서울의 통근권인 경기도 일부 신도시의 주택 가격에서는 세대와 계층 문제가 모두 드러난다.

부동산 문제가 세대 문제인 이유는 부동산의 가치는 토지와 토지 위에 세운 주택·상가 등의 미래가치에 의해 결정되기 때문이다. 특히 토지가 중요한데, 주택 등 구조물은 낡아지면 헐고 새로 지을 수 있지만 토지는 인위적으로 늘릴 수 없다. 일자리, 교통, 교육 여건, 입지 조건이 좋은 곳의 주택 가격은 현재와 미래에 그 주택과 주택에 딸린 토지(아파트의 경우 대지지분이라고 표현한다)의 사용가치가 우수하다고 판단되기 때문에 높아진다.

여기서 미래의 사용가치가 현재의 매매 가격에 포함된다는 사실이 중요하다. 주택의 가격은 1~2년간 그 주택을 사용하면서 얻는 가치를 기준으로 하는 게 아니라 5년, 10년 또는 20년 뒤 집을 헐고 재건축을 할 때 예상되는 가치를 기준으로 하기 때문이다. 미래 특정 시점의 사용가치를 해당 기간까지의 할인율로 나누면 현재가치가 되는데, 이를 모두 더한 게 부동산의 가치다. 이처럼 지주의 부는 현재 토지나 주택을 임대해주는 과정에서 발생하는 게 아니라, 미래의 임차인에게 빌려줄 권리 때문에 발생하는 것이다. 그리고 지주가 돈을 버는 것은 자본이나 노동과 달리 목 좋은 곳의 토지가 한정되어 있기 때문이다.

경제가 발전하면 도로, 지하철 등 교통망의 접근성이 좋지 않고 다른 사회기반시설SOC도 없는 황량한 땅, 특히 서울이나 대도시의 땅들이 개발되면서 사용가치가 올라간다. 이 땅 위에 짓는 주택의 가치도 땅의 가치만큼 올라가게 된다. 지금의 50대 이상 장노년층이 주택이나 토지 등으로 돈을 번 것은 빠른 경제성장과 도시화에 힘입은 바가 크다.

그렇다면 경제성장률이 낮아지면 어떻게 되는가. 성장률이 낮아지면 그만큼 새 일자리가 창출되지 않기 때문에, 주택에 대한 수요가 줄고 따라서 사용가치가 하락하게 된다. 조선업 등을 중심으로 부산·경남 지역 제조업이 큰 폭으로 위축된 2018년 6월 기준 아파트 가격이 전국에서 가장 많이 떨어진 곳이 경남 창원 성산구(-15.6퍼센트·2015년 12월 대비), 경남 거제시(-14.8퍼센트),

경북 포항시(-11.5퍼센트) 등이었다는 게 대표적인 사례다.[12]

하지만 사용가치가 상대적으로 줄지 않거나, 아니면 커지는 곳의 가격은 상승하게 된다. 미래가치를 현재가치로 바꿀 때 사용하는 이자율(할인율)이 경제성장률 하락폭만큼 내려가기 때문이다. 해당 지역의 사용가치가 성장률만큼 내려가지 않는다면, 집값은 오르게 된다. 기본적인 재무관리 이론은 현재가치 = {사용가치(경제성장률의 함수)/이자율}의 합으로 본다. 사용가치는 그리 하락하지 않는데 이자율은 내려가면 현재가치는 오를 수밖에 없는 것이다.

경제성장률이 하락하는데 서울의 부동산 가격이 오르는 현상을 이러한 시각으로 풀이하자면 다음과 같다. 먼저 서울과 그 근방에서 창출되는 일자리는 줄지 않는다. 오히려 산업 고도화와 탈제조업화의 영향으로 일자리는 더 몰리고 있다. 반면 이자율은 경제성장률 하락 등의 영향으로 가파르게 낮아졌다. 최근 서울의 주택 가격이 상승한 것은 이 두 가지 요인이 작용한 것으로 볼 수 있다.[13] 이 경우 서울에 이미 주택을 가지고 있던 이들은 고스란히 가격 상승의 수혜를 받고, 노동시장에 진입해 돈을 벌어 주택을 사야 하는 이들은 예전보다 더 높은 값을 기존 주택 보유자에게 지불해야 한다. 세대 간 갈등이 발생하지 않을 수 없다.

계층 문제는 두 가지 차원으로 발생한다. 첫째, 기존에 부동산 자산을 가진 부모에게서 상속을 받는 계층의 자녀와 물려받을 자산이 없는 계층의 자녀 간의 격차 문제다. 상속 자산의 비중이 커지고 자산 형성에서 근로소득의 기여도가 줄어들면서 중산층 지위는 세습에 가까운 것이 된다. 예전보다 확률이 많이 낮아지긴 했지만 개천에서 노력해 이른바 명문대에 입학하고, 대기업에 입사해 높은 임금을 받는 사람이 존재할 수 있다. 하지만 그들도 이 자산 격차를 메우기는 어렵다. 임금을 좌우하는 경제성장률보다 실질금리 하락 등에 따른 자산 가격 상승률이 더 높기 때문이다.

둘째, 중상위층의 거주 지역과 그 이하 계층의 거주 지역 간의 주택 가격 격차다. 계층 간 위계가 지리적 위계로 나타나는 것이다. 한국감정원 집계에 따르면 2019년 9월 기준으로 서울 강남구와 서초구에서 딱 중간 정도 되는 아파트 가격(매매가격 기준 중위값)은 각각 15억 2,000만 원과 14억 3,000만 원이다. 마포구와 성동구는 각각 8억 5,000만 원과 8억 4,000만 원으로 그 아래 지위를 차지한다. 서울의 아파트 매매 가격의 중간값은 7억 7,600만 원. 그나마 각각 4억 원인 도봉구, 금천구 같은 지역이 있기 때문에 내려간 것이다. 경기도의 아파트 매매가격 중간값은 3억 3,000만 원이다. 이전처럼 허름한 전셋집에서 시작해 도봉구·관악구 등에서 첫 아파트를 사고 이후 동작구·광진구 등을 거쳐 강남 3구에 입성하는 '개천에서 용 난' 40대 중후반 이상 대기업 회사원 가족의 이주기는 더는 재현이 불가능하다.

21세기 한국은 중세 유럽 도시에서 도시의 성 안에 거주하는 사람이 '부르주아지'라고 불리던 것처럼 서울 안 자가 보유자와 그렇지 않은 사람들로 나뉘게 됐다. 또 서울 안 자가 보유자도 '강남 3구(강남·서초·송파)'냐, '마용성(마포·용산·성동)'이냐, 아니면 영등포·동대문 등의 뉴타운 아파트 거주자냐 등으로 세분화된 위계를 갖는다. 이렇게 지리적으로 계층별 거주지가 분화된 사회에서, 중산층 거주 지역이 배타적인 '그들만의 리그'가 되어가는 건 자연스러운 결과일 것이다.

세습 신분이 된 '서울 거주-2주택 보유 중산층'

주택 가격이 문제라고 하는 것은 따지고 보면 서울의 주택 가격 문제다. 서울과 서울의 베드타운인 경기도 몇몇 도시의 주택 가격이 가파르게 오르기 때문이다. 이는 단순하게 서울에서 근로소득을 가지고 주택을 사기가 어려워졌다는 문제만을 의미하지 않는다. 세대 간 불평등이 그만큼 강화되었고, 부모가 자산을 보유한 이들과 그렇지 않은 이들의 불평등이 심화되어 사실상 계층 간 불평등 형태로 나타나고 있는 것이다. 서울이 비싸면 나가서 살면 되지 않느냐고 할 수 있지만, 그것은 결국 '성 밖' 거주민의 삶을 살아야 한다는 것을 의미한다.

아파트 가격의 추이를 보더라도 지금의 주택 가격 문제가 서울 그리고 서울에서도 중산층이 집중적으로 거주하는 지역의 문제라는 게 잘 드러난다. 그리고 이 문제가 발생하기 시작한 것은 2002~2007년이다.

〈그림 5-3〉에서처럼 KB국민은행이 매월 집계해 발표하는 주택가격동향에서 1986년의 아파트 매매지수를 100으로 놓고 추이를 살펴보면, 2001년까지 전국 아파트 가격과 서울의 아파트 가격은 거의 같은 수준으로 움직였다. 2001년 매매가격 지수는 전국 206.8, 서울 강남 지역 228.3, 6개 광역시 215.6이었다. 그런데 2002년부터 2007년까지 서울 강남의 가격만 가파르게 상승한다. 2007년 현재 서울 강남은 562.2였던 반면 각각 서울 강북은 310.6, 6개 광역시는 322.3, 전국 평균은 362.6이었다. 아파트 매매가격은 2008년 금융위기 이후 2012년까지 정체되어 있다가, 2013년부터 다시 상승을 시작한다. 2019년 현

그림 5-3 전국 아파트 가격지수 추이

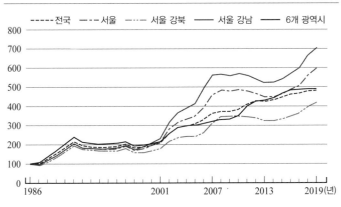

자료: KB주택가격동향 아파트 매매지수, 1986=100 기준.

재 서울 강남 지역 아파트 가격 대비 전국 아파트 가격은 68.5 퍼센트인데 2007년 64.5퍼센트보다 약간 높은 수준이다. 결국 2002~2007년에 만들어진 서울 강남 3구를 정점으로 한 아파트 가격의 지역 간 위계 구조가 2019년에도 거의 그대로 유지되고 있는 것이다. 다만 2010년대 초중반 대규모 아파트 단지가 들어선 '마용성' 등 신흥 중산층 거주 지역의 가격은 강남 3구 못지 않게 상승했다.

이렇게 서울의 아파트 가격이 오른 이유는 소득 상위 10퍼센트의 소득이 2000년대 중반에 가파르게 늘어났기 때문이다. 뒤에서 다시 논의하겠지만 한국의 수출 대기업은 IMF 외환위기 이후 반도체, 디스플레이, 자동차, 화학, 정유 등 중간재를 생산하는 장치산업이나 고가 내구재 산업을 중심으로 급속히 성장했다. 한국 기업의 고도화와 중국 경제의 수출 지향형 성장에 따른 중간재 수요 급증 등이 요인이었다. 그 결과 수출 대기업에 다니는 화이트칼라의 임금이 큰 폭으로 상승한다.

서울 강남 지역과 강북 지역의 아파트 매매가격 지수(KB국민은행 지수 기준)를 가계동향조사 소득 부문의 소득 분위별 평균 소득으로 나눈 일종의 '가격-소득 비율PIR, Price Income Ratio' 지수 추이를 살폈을 때, 상위 10퍼센트의 가격-소득 비율은 다른 소득 계층보다 낮은 것으로 나타난다. 소득 상위 10퍼센트의 소득이 다른 계층보다 가파르게 늘어나면서, 서울의 아파트를 살 '여력'을 더 가지게 되었다는 이야기다. 2003년의 PIR 지수를 각각 100

이라고 했을 때 호황이 한창이던 2006년 서울 강남 지역 아파트에서 소득 상위 10퍼센트 소득의 PIR 지수는 123.6이었는데, 소득 상위 80퍼센트의 PIR 지수는 126.5이었다. 2007년에는 소득 상위 10퍼센트는 134.4, 소득 상위 80퍼센트는 140.3으로 벌어진다. 글로벌 경기침체 이후 PIR 지수 차이는 좁혀지다가, 2019년 또다시 소득 상위 10퍼센트 143.1, 상위 80퍼센트 149.7로 벌어진다.

주택시장의 '주력군'은 2주택자다. 통계청의 2017년 기준 주택소유통계에 따르면 전국의 다주택자는 주택 소유자의 15.5퍼센트인데 2주택은 12.1퍼센트, 3주택 2.0퍼센트, 4주택 0.5퍼센트, 5주택 이상 0.8퍼센트다. 2016년과 비교해 2주택은 0.4퍼센트포인트, 3주택은 0.2퍼센트포인트 각각 늘고 4주택 이상은 변함이 없다. KEB하나은행과 하나대투증권이 자사 프라이빗뱅킹 서비스를 이용하는 고객 922명을 상대로 2018년 10~12월 실시한 설문조사에 따르면 투자 목적 부동산으로 갖고 있는 주택은 1.85채였다.[14] 중소형 아파트가 57.5퍼센트로 가장 많았고, 그다음은 대형 아파트(36.7퍼센트), 오피스텔(27.5퍼센트) 순이었다. 이들의 평균 자산이 133억 4,000만 원이고 연평균 소득이 4억 5,000만 원이라는 것을 감안하면, 통상 중상위층의 투자 목적 주택 보유는 1채 정도로 보는 게 적절할 것이다.

〈그림 5-4〉에는 2016년을 기준으로 소득 1퍼센트별 부동산 순자산 분포가 제시되어 있다. 이를 보면 담보대출과 전세보

그림 5-4 소득 1퍼센트별 부동산 순자산 분포

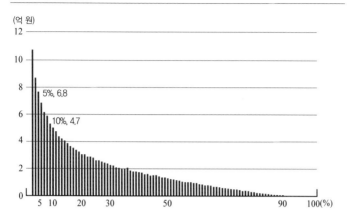

자료: 재정패널 2016년도 조사.

증금 등을 제외한 순자산을 기준으로 부동산 관련 자산이 4억 7,000만 원 이상이면 상위 10퍼센트 가구에 들어간다. 6억 8,000만 원이면 상위 5퍼센트다.[15] 보통 통계조사가 최상위 계층의 자산 및 소득을 제대로 파악하지 못한다는 것을 감안하더라도 상위 5퍼센트 또는 상위 10퍼센트의 경계값을 어림짐작할 수 있다. 상위 10퍼센트의 평균 부동산 순자산은 7억 8,000만 원이다. 상위 10~20퍼센트의 평균 부동산 순자산은 3억 6,000만 원이다. 서울이나 수도권에서 2주택자면 상위 10퍼센트 안에 들어간다는 것을 시사한다.

서울 지역 부동산 가격 상승의 수혜를 입는 것도 상위 10퍼센트다. 재정패널 2016년 자료를 이용해, 2018년 7월까지 가격 상승이 있었을 때 자산가치 변화를 시뮬레이션하면 상위 10퍼센트의 부동산 순자산은 7억 8,000만 원에서 8억 2,000만 원으로 4.6퍼센트 늘어난다. 상위 11~20퍼센트의 부동산 순자산은 3억 6,000만 원에서 3억 7,000만 원으로 2.9퍼센트 증가한다. 하지만 나머지 80퍼센트의 부동산 순자산 증가는 평균 1.7퍼센트에 그치는 것으로 나타났다.

부동산 자산의 불평등이 문제가 되는 지점은 두 가지다. 먼저 부동산 자산의 수익률이 지속적으로 경제성장률을 초과했을 때 발생하는 불평등 확대 가능성이다. 토마 피케티가 『21세기 자본』에서 주장한 '자본수익률이 소득성장률을 지속적으로 앞지르고 있어 불평등이 커질 수밖에 없다'는 가설이 한국에서도 들어맞는다면, 서울 아파트를 중심으로 한 자산 배분 불평등은 좁혀질 수 없다. 노동소득이 자산소득보다 빠르게 증가해야 자산 격차가 좁혀지기 때문이다.

한국에서 자본수익률과 소득성장률의 추이를 이론의 여지 없이 잘 분석한 연구는 아직 나오지 않았다. 가구별 자산 보유에 대한 파악이 제대로 이루어지지 못한 게 주요 원인이다. 하지만 오스카르 호르다Òscar Jordà 미국 샌프란시스코 연방준비은행 FRB 미·거시연구팀장 겸 UC 데이비스 대학교 교수 등이 2019년 발표한 '모든 것의 수익률: 1870~2015년' 등 선진국을 대상으로 한 연구는 피케티의 주장을 지지한다.[16] 호르다 교수 등이 미국, 일본, 영국, 독일 등 16개 선진국의 주요 투자 자산 수익률을 1870년부터 2015년까지 135년 동안 비교 분석한 결과, 부동산 평균 수익률(7.05퍼센트)이 주식 평균 수익률(6.89퍼센트)을 소폭 앞서며 가장 높았다. 수익률의 변동성 측면에서 봤을 때도 부동산이 주식보다 더 안정적인 것으로 나타났다. 수익률의 표준편차(각각의 값들이 평균에서 벗어나는 정도를 제곱해 합산한 것)를 비교하면 부동산(9.98)이 주식(21.94)의 절반 이하였다. 연구팀은 부동산, 주식, 만기 10년 안팎의 장기 국채, 단기 국채 등 4종의 자산의 평균 수익률을 추산한 뒤 이를 평균 GDP 성장률과 비교했는데, 자산 수익률이 GDP 성장률을 계속 앞질렀다는 결과를 냈다.

두 번째는 부동산 자산이 상속되면서 20~30대의 불평등을 키운다는 것이다. 마강래 중앙대 교수는 2013년 발표한 논문에서 1999~2008년 노동패널 조사 대상이었던 가족 중에 자녀가 결혼 후 분가했을 때 주거 형태에 영향을 미치는 요인을 분석했다.[17] 그 결과 부모가 주택을 소유했을 경우, 자녀가 주택을 소유하는 비율을 대폭 끌어올리는 것으로 나타났다. 부모의 근로소득, 교육받은 기간 등은 영향을 미치지 못했다. 마 교수는 "주택 자산에서 세대 간 전이가 발생한다는 것을 시사한다"며 "부모의 사회경제적 자산이 크게 전이되어 자녀들에게 선발의 이익을 만들어, 후발 세대 간의 사회경제적 격차를 심화시킬 수 있는 여지를 지닌다"고 서술했다. 불행하게도 부모 세대의 격차가 전이되는 현상은 2010년대 들어 더욱더 심해지고 있다.

6장

세습 중산층의
기원

60년대생은 무엇이 다른가

지금까지는 90년대생들이 노동시장 진입 과정에서 어떤 격차를 경험하는지 그리고 교육이라는 '불평등 제조기'가 어떻게 부모의 사회경제적 지위 격차를 '능력의 격차'로 바꾸어놓는지를 살폈다.

이제 부모 세대, 즉 60년대생의 사회경제적 격차가 이전 세대와 비교해 어떤 점에서 양적·질적으로 차이가 나기에 자녀 세대의 격차가 이전보다 더 심해졌는지를 살필 차례다. 70년대생이나 80년대생의 부모 세대인 40년대생이나 50년대생에게도 격차는 존재했다. 사교육을 통해 경제력을 학벌로 바꾸려고 한 교육 열풍, 부동산 '투기' 광풍과 자산 격차 확대는 70~80년대생의 부모 세대인 40~50년대생 사이에서도 이미 횡행하던 행위들이다.

60년대생이 40~50년대생과 차이가 나는 건 거칠게 말해 노동시장에서의 경험이 달랐기 때문이다. 크게 네 가지 측면에서 60년대생은 이전 세대와 다르다. 먼저 1982년의 대학 졸업정원제 도입을 기점으로 대졸자가 급증하였다. 두 번째는 1980년대 후반~1990년대 초중반 3저 호황 탓에 수출 대기업에서 이들 대졸자에 대한 수요가 급증했고, IMF 외환위기에서 생존한 수출 대기업이 2000년대 들어 급성장하면서 이들 몫의 소득이 늘어났다. 세 번째는 2000년대 산업 고도화 국면에서 IT·금융 등 새롭게 성장한 산업에서 핵심적인 지위를 차지할 기회를 대졸 학력에 대기업에서 10년 정도 일해 풍부한 경험과 기술을 갖고 있던 80년대 학번-60년대생이 가질 수 있었다. 마지막으로 이렇게 늘어난 소득은 그대로 자산 시장, 특히 부동산 시장으로 흘러 들어 가면서 서울 요지에 주택 1~2채를 가진 '중산층'과 나머지 계층의 격차가 벌어지게 되었다.

50년대생만 해도 대졸-고소득자의 숫자가 상대적으로 적었고, 고도성장에 힘입어 '학벌'이 밀리더라도 어느 정도 경제력을 축적할 가능성이 있었다. 하지만 60년대생의 경우 고소득의 전제 조건은 학력, 정확히 말해 '명문대 출신'이라는 학벌이 되었고 명문대-고소득 화이트칼라의 대군이 형성됐다. 그리고 산업구조가 바뀌면서 대기업이라는 조직 바깥에서 중소 규모 기업을 창업해 고소득을 거둘 기회도 정보와 네트워크를 가진 명문대 출신에게 주로 열렸다. 대규모 도시 거주 화이트칼라 중산층이 나타나면서 계층 간 격차는 '경제력'뿐만 아니라 '경제력-사회적 네트워크-문화자본' 등 복합적인 격차로 나타났다. 그리고 그대로 자녀 세대인 90년대생으로 전이되기 시작했다.

이런 측면에서 '586'이란 단어는 단순히 세대를 가리키는 게 아니라 80년대 '학번'인 60년대생으로 대기업 화이트칼라로 일하는, 세습 중산층의 첫 세대를 가리키는 계급적 지위를 의미한다.

두 60년대생 이야기

최근 586이 사회 문제의 근원처럼 거론되면서 60년대생의 생애에 대한 여러 일화가 회자되고 있다. 그 가운데 「한국경제」가 소개한 1964년생-서울 사립대 83학번-대기업 부장 A 씨[1]와 앞 장에서 인용한 임명묵 씨가 소개한 1966년생-야간고등학교 졸업-세종시(옛 조치원)에서 김밥천국을 운영하는 여성 B 씨[2]의 사례는 장기근속 중인 대기업에 경제적 기반을 둔 중산층 80년대 학번-60년대생과 중하층 노동자와 자영업자를 왔다 갔다 하는 불안정한 노동 지위에 있는 '학번 없는' 60년대생의 격차를 잘 보여준다. 그 격차는 단순한 소득 수준의 격차가 아니라 자산 축적 수준, 사회적 네트워크, 문화적 역량과 경험 등 총체적인 수준의 격차다.

현재 한 대기업에서 부장으로 일하는 A 씨는 1964년생으로, 경상남도 울주군(현 울산광역시)이 고향이다. 아버지는 작은 양복점을 했는데, 1960~1970년대 읍내에서 작은 양복점을 했다면 그럭저럭 먹고사는 계층에는 속한다고 보아야 할 것이다. 그는 1983년 서울의 연세대나 고려대는 아닌 한 사립대에 입학해 1990년 대기업에 입사했다. 「한국경제」는 당시에 대해서 "몸집 불리기에 나선 기업들이 앞다투어 대졸 인재를 찾다 보니 사실상 취업준비생이 우위에 있는 시장"이었다고 설명한다.

그의 직장 경력은 순탄했다. 먼저 1990년대 초중반에는 급여가 많이 올랐다. 1995년 정도에는 어느새 2배가 됐다. 저유가, 저금리, 저달러의 '3저 호황'에 기업들이 공격적으로 덩치를 키우던 시기였던 터라 대졸 인재를 그대로 잡아두기 위해서도 임금을 많이 주어야 했다. 그는 1997년 IMF 외환위기의 파고도 빗겨갔다. 당시 A 씨는 갓 과장을 단 상태였는데, 구조조정 대상은 그보다 고참인 부장이나 차장급에 집중되었기 때문이다. 2000~2001년 기업 여건이 나아지자 그들은 구조조정으로 공석이 된 부장·차장의 자리를 꿰찼다.

IMF는 그에게 또 다른 기회도 가져다주었다. 1989~1990년 주택 가격이 가파르게 오르자 노태우 정부는 경기도 분당, 일산에 신도시를 건설하면서 주택 200만 호를 일거에 공급했다. 1997년까지 서울의 주택 가격은 거의 제자리걸음이었다. 게다가 1998~1999년은 외환위기로 '급매'로 나온 매물이 쌓이면서 가격이 떨어졌다. 1980년대 후반~1990년대 초반 대기업에서 사회생활을 시작한 A 씨의 선후배들은 그동안 저축한 자금을 가지고 아파트를 구매했다. A 씨도 1998년 분당의 32평 아파트를 대출을 끼고 1억 원에 매입했다. 분당의 대표 아파트 단지 가운데 하나인 서현동 시범단지 삼성·한신아파트(전용면적 84m²)는 1992년 10월 1억 3,250만 원(최고가 기준)에서 1997년 10월 2억 4,000만 원까지 올랐다가, 1998년 10월 1억 8,500만 원으로 떨어졌다. 그리고 2002년 3억 6,500만 원, 2006년 7억 2,500만 원으로 급격하게 올랐다. 외환위기 직후의 4배 수준이다. A 씨의 아파트도 비슷하게 올랐다.

A 씨의 딸은 2018년 서울에 있는 대학에 들어갔다. 딸의 '인 서울'을 위해서 그가 대치동 학원에 갖다 바친 돈만 수천만 원이다. 그래도 서울의 4년제 대학 진학을 성공시켰으니 나름 성공한 투자인 셈이다.

이와 비교해 조치원에서 김밥천국을 운영하는 B 씨의 삶은 꽤 신산辛酸하다. A 씨의 평탄한 삶에 비하면 굴곡지고 부침이 심하다.

B 씨는 1966년 충북 괴산군의 보따리장수 딸로 태어났다. B 씨의 어머니는 첫 남편을 일찍 잃고 재혼했는데, 재혼한 남편이 생활 능력이 없어 엿 장사, 양말 장사, 나물 장사 등 닥치는 대로 물건을 팔아 자녀들을 먹여 살렸다. 국민학교에서 전교 1등을

놓치지 않던 B 씨는 가난한 집안 형편 속에서 운 좋게 중학교에 진학해 장학금을 받으며 다녔다. 하지만 집에서 학비를 대줄 수 있는 건 거기까지였다. 그래서 식모살이와 여러 공장 등을 전전하면서 낮에 일하고, 밤에 야간고등학교에 다니는 생활을 하게 됐다. 어렵사리 고등학교를 졸업한 뒤에는 인천과 청주의 전자 부품 공장에 나갔다.

A 씨가 대기업 샐러리맨으로서 사회생활을 갓 시작하던 1991년, B 씨는 인천 부평의 대우자동차 노동자인 남편과 결혼했다. B 씨의 남편은 1996년 충북 음성에서 냉동 피자용 소스 생산 공장을 '창업'한다. 그리고 IMF 외환위기의 직격탄을 맞고 2000년 파산했다. 그리고 2003년 충남 조치원역 앞에 분식집 김밥천국을 인수하기 전까지 B 씨와 B 씨의 남편은 닭장 배달, 델몬트 주스 대리점, 주점 투다리 운영 등 닥치는 대로 일을 했다. 3,000만 원 빚을 내서 시작한 김밥천국은 주 7일 붙어서 일을 하는 B 씨의 근면성에, 역 앞이라는 입지까지 겹쳐 그럭저럭 운영되는 수준까지 올랐다. 꽤 고생을 하긴 했지만, 40대 중반부터는 안정적인 수입이 있는 자영업자의 삶을 살 수 있었다.

B 씨의 형제 중 한 명은 머슴살이, 농사, 석회 공장을 전전하다가 객사했고, 또 다른 한 명은 국민학교만 졸업하고 바로 미싱 공장에서 일했다. A 씨가 대학에서 만난 '운동권' 친구들이 1980년대 민주화와 조국 통일을 위해 투쟁할 때, B 씨의 고향 농촌 마을 친구들은 공돌이 또는 공순이라는 이름으로 불리면서 생

계와 집안 부양을 위해 노동을 했다. 1990년대 고도성장기에 A 씨와 B 씨는 함께 성장의 과실을 나눠 가졌지만, 1997년 IMF 외환위기로 B 씨의 삶은 나락으로 떨어졌다. 그리고 2000년대 들어 회사 상급자의 구조조정으로 생긴 빈자리를 메우며 오랫동안 높은 연봉을 받던 A 씨의 삶과 장시간 노동이 뒤따르는 영세 자영업자로 살면서 그간 손실을 메우는 데 전력하던 B 씨의 삶은 다시 갈리게 됐다. 분당과 조치원의 주택 가격도 A 씨와 B 씨의 삶의 간격만큼 격차가 벌어지기 시작했다. 그나마 B 씨의 아들은 지역균형발전전형으로 서울대에 진학하여, 자녀 교육에서의 '스코어'는 벌어지지 않았지만 B 씨 친구들의 자녀들은 대학에 가지 못했거나 아니면 지방의 평범한 대학에 진학한 뒤 번듯한 일자리를 구하지 못해 애를 먹고 있다.

A 씨와 B 씨의 차이는 결국 1980년대에 '대학 진학이 가능했느냐'에 따라 결정적으로 갈렸다. 당시에도 대학 진학을 지원할 수 있는지는 그들 부모의 경제력, 즉 계층이 결정하는 문제였다. 하지만 그들 부모의 세대에서 있었던 차이에 비해 A 씨와 B 씨의 생애의 격차는 컸고, 소득이나 자산 등 경제력뿐만 아니라 사회적 지위, 네트워크, 문화적 경험 등에서도 다른 세계에 사는 것과 마찬가지가 됐다. 바로 직전 세대인 1950년대생과 달리 1960년대생의 노동 생애에서는 명문대를 나와 대기업에서 일하거나 전문직종에 종사하는 집단에 속하지 않을 경우, '역전'의 기회는 그다지 많지 않았다.

물론 현대자동차, 유공(현 SK이노베이션) 등에서 정규직 노동자로 취업한 이들은 대기업 화이트칼라 못지않은 소득을 거둘 수 있었지만, 그 같은 행운을 잡을 수 있던 이들은 그리 많지 않았다. 고용노동부[3]에 따르면 2008년[4] 현재 종사자 수 300인 이상이며 노조가 있는 회사에 다니는 노동자는 83만 명[5]으로 전체 노동자의 5.2퍼센트에 불과하다. 이 가운데 노조의 협상력을 바탕으로 고임금을 받는다고 지적되는 블루칼라 '귀족 노동자'의 규모는 더 작을 것이다.

1960년대생부터 본격화된 다중격차의 경험은 그들의 자녀 세대인 1990년대생에게 그대로 승계됐다. 한국 사회의 계층 구조가 형성되는 과정에서 1960년대생이 중요한 이유는 그들이 겪은 이전 세대와는 다른 계층 간 격차의 질적인 차이에 있다.

대기업의 성장과 테크노크라트형 인력의 등장

1960년대생이 맞이한 '기회'는 1970년대 중후반 중화학공업화와 그에 따른 경제 구조의 고도화에서 시작됐다. 중화학공업화로 대규모 기업이 나타났는데, 이들은 이전과 비교할 수 없을 정도로 규모가 커지고 복잡해진 생산 공정을 관리하고 각 공정 간 조율을 할 필요가 있었다. 기술적으로 복잡해졌기 때문에 엔지니어를 충원해야 했고, 자본 조달 및 자금 운용에서도 현대적 재무지식을 가진 인력이 필요했다. 외국의 수입상에 납품하면 그만이던 가발, 의류 같은 경공업 제품과 달리 중화학공업의 제품을 판매하기 위해서는 자체적인 판매망을 만들고 가치사슬value chain 안에 있는 다른 기업들과 생산·중간재 수급·기술개발 등에서 다각도의 관계를 구축해야 했다. 이에 따라 4년제 대학을 졸업한 전문·기술직이나 관리직 수요가 늘어났고, 이 자리들은 1980년을 전후해 대학에 입학하고, 1980년대 중후반 졸업한 인력들로 채워졌다.

흔히 이 세대의 높은 대학 진학률에만 주목해 '대졸자가 늘었기 때문에 그만큼 계층화가 된 것'이라는 주장이 있는데, 이는 노동시장이 기업 등 민간의 노동수요에 의한 일종의 '파생시장'이라는 점을 간과하고 있다. 기업이 대졸자를 높은 임금을 주고 채용하고 연공급 등 회사에 오래 다니도록 유도하는 급여 체계를 구축한 것은, 그만큼 대졸자에 대한 기업의 수요가 늘었기 때문이다. 기업의 수요 팽창 없이 공급만 늘어났을 경우 80년대 학번들도 심각한 취업난을 겪었을 것이다. 그리고 한국 정부는 1961~1987년까지 인력 수급 계획을 바탕으로 대학교 정원을 통제해왔다. 대졸자의 급증은 1988년 대학 정원 자율화와 1996년 대학 설립을 위해 갖춰야 할 요건을 충족하면 허가를 내주는 준칙주의 도입의 영향이다. 이전까지 대학 졸업 정원은 인적 자원 공급을 위한 국가의 장기 계획에 따라 통제되고 있었다. 1982년 '졸업정원제'로 대표되는 대졸자 증가는 수요 측의 '니즈'를 고려하지 않을 수 없었던 것에 따른 결과다.

1970년대 초중반만 해도 대졸자의 상당수는 갈 곳이 없었다. 또 '번듯한 일자리'라 할 만한 곳도 한정적이었다. 1975년 문교부 통계에 따르면 그해 대학을 졸업한 3만 3,600명 가운데 진학자와 전공 분야 취업자는 53퍼센트인 1만 7,700명, 비전공 취업자는 12퍼센트인 4,100명으로 취업과 진학(대학원 등)까지 포함한 비율이 65퍼센트에 불과했다.[6] 1973년 「매일경제」는 '밝아진 화이트칼라의 생활전선: 55.4퍼센트의 취업률'이라는 제목의 기사에서 그해 2월 졸업한 대졸자들의 취업 현황을 자체 조사한 결과 8,008명 가운데 4,443명이 "취직의 관문을 통과"했다고 전한다.[7] 기사는 1972년 취업률 49.5퍼센트보다 5.9퍼센트포인트 높아진 55.4퍼센트의 취업률을 거론하며 "수출 산업체 및 민간 기업의 사세 확장"을 원인으로 제시한다. 상경계의 경우 취업자는 950명이었는데 국영 기업체 72명, 민간기업 494명, 금융기관 255명 등이었다. 인문계는 391명 가운데 민간기업 217명으로, 교사도 107명이나 됐다. 이공계는 499명 가운데 민간기업이 347명으로 가장 많았고, 그다음이 89명을 차지한 공무원이었다.

1978~1980년 불황이 끝난 뒤 1981년부터 대졸자 취업시장은 기업들의 인력 확보 경쟁이 치열해지는 '취업자 우위 시장'이된다. 1981년 「매일경제」에 따르면 "대기업들이 우수한 대학졸업자를 확보하기 위해 치열한 경쟁을 벌이면서 중역이 모교를 찾아가 자사 PR 행사를 갖고" 또 "가정으로 홍보책자를 우송하

는 등 인재 확보 경쟁"을 벌이기 시작했다.[8] 신입사원 채용 시기를 앞당기는가 하면, 필기시험 대신 서류 전형과 면접만으로 절차를 간소화하는 회사도 나타났다. 심지어 지금의 인턴과 비슷하게 기업에서 일을 할 수 있도록 대학생 아르바이트 제도를 도입하는 경쟁도 벌어졌다. "방학 중에만 일자리를 주는 일시적인 것이 아니라 사원 채용의 전 단계"[9]로 일종의 '예비 대졸자 입도 선매立稻先買'를 하겠다는 게 기업이 대학생 아르바이트 제도 도입에 나선 이유였다.

이른바 '재벌'이라 불리는 대기업 집단의 신입사원 공채 계획이 언론을 통해 집계, 보도되기 시작한 것도 이때부터다. 1981년 삼성은 1,000명, 현대는 1,500명, 대우는 1,000명, 럭키(현 LG 및 GS)는 800명, 쌍용은 400명 정도를 뽑겠다는 목표치를 밝혔다. 학과 사무실에 취업 추천서가 굴러다니고, 서울 4년제나 지방 소재 국립대 정도를 나온 이들이 서류만 성실히 내면 대기업에 입사할 수 있었던 시절은 1981년부터나 문이 열렸던 셈이다.

〈표 6-1〉에는 한국노동연구원이 지난 1990년 발간한 '중장기 노동력 수급 전망'에 실린 직종별 취업자 수가 정리되어 있다.[10] 이에 따르면 과학기술자·회계 및 법무 종사자·의료 종사자·언론인 등이 속한 '전문·기술직' 직종의 종사자는 1973년 28만 명에서 1980년 55만 명, 1989년 120만 명으로 급격히 늘어났다. 행정·관리직은 1973년 5만 명에서 1980년 18만 명, 1989

년 25만 명으로 각각 늘어났고, 사무직은 1973년 67만 명에서 1980년 127만 명, 1989년 218만 명으로 늘어났다.

이렇게 1970년대 후반부터 급격히 늘어난 '테크노크라트'형 인력은 기존 고졸 학력 재직자를 재교육하는 방식으로는 충원할 수 없었다. 결국 새로운 지식과 기술을 습득하고 기업에 입사한 이들이 그 자리를 차지했다. 1970년 14.6만 명이던 4년제 대학생 수는 1975~1985년 사이에 폭증(1975년 20.9만 명→1980년 40.4만 명→1985년 93.2만 명)하는데,[11] 이때 대학에 입학한 이들에게 기회가 주어진 셈이다. 특히 대학 규모와 테크노크라트에 대한 수요가 폭증하던 1980년대에 대학에 입학한 1960년대생은 이전 세대보다 훨씬 더 많은 기회를 얻을 수 있었다.

80년대 학번-60년대생이 산업구조 고도화와 그에 따른 전문·기술·관리직 수요 증가로 이득을 보았음을 잘 보여주는 자료 가운데 하나는 근로소득 상위 20퍼센트 중 경력 3년 이하 근

표 6-1 직종별 취업자 추이   (만 명)

	합계	전문·기술직	행정·관리직	사무직	판매직	서비스직	농림어업직	생산직
1973년	1,114	28.2	5.3	67.3	134.5	76.9	558.5	243.0
1975년	1,183	34.6	7.1	74.2	152.7	84.2	545.2	285.1
1980년	1,368	54.9	18.3	126.8	198.4	107.8	464.8	397.4
1985년	1,497	87.2	21.8	172.9	231.3	162.2	368.6	453.0
1989년	1,752	120.5	24.8	218.0	256.8	188.3	338.7	604.5

자료: 노동연구원(1990).

로자의 비중 추이다. 고영선 KDI 선임연구위원이 고용노동부의
'임금구조기본통계조사'를 분석한 결과를 〈표 6-2〉에 정리하였
는데, 1980년만 해도 근로소득 상위 20퍼센트 중 경력 3년 이하
인 사람의 비중은 30.7퍼센트에 달했다.[12] 그런데 1990년에는
이 비중이 12.2퍼센트, 2000년에는 5.0퍼센트로 급격히 낮아진
다. 1970년대 후반 학번에서 1980년대 초중반 학번이 소득 상
위 20퍼센트가 될 수 있는 직종에 집중적으로 채용되고, 자리를
채웠다는 의미다. 특히 소득 상위 20퍼센트 집단 내에서 전문·
기술·관리직종에 속한 사람만 놓고 보면 경력 3년 이하 비율이
1980년 28.9퍼센트에서 1990년 9.7퍼센트로 급락한다. 그나마
사무직에서는 경력 3년 이하 비율이 1980년 40.2퍼센트, 1990년
26.6퍼센트로 높은 편이다. 물론 이것이 이후 세대의 '임금'이 낮

표 6-2 소득 상위 20퍼센트 근로자 중 3년 미만 경력자 비중 (%)

연도		1980년	1990년	2000년	2010년	2016년
전체		30.7	12.2	5.0	7.2	7.0
직업별	전문·기술·관리직	28.9	9.7	5.4	10.1	9.2
	사무직	40.2	26.6	5.9	5.4	5.3
	서비스, 판매직	24.2	13.7	4.0	7.6	7.8
	기능·조립직	25.5	8.4	2.4	2.0	3.5
	단순 노무직	20.7	6.0	2.9	3.3	5.6
산업	경공업	24.3	10.0	6.5	6.2	5.7
	중공업/ 화학	32.4	12.0	3.2	6.0	6.9
	건설업/ 광업 등	30.9	8.4	3.6	5.1	8.2
	서비스, 판매직	31.8	13.7	5.9	8.1	7.1

자료: Koh(2018).

아졌음을 의미하지는 않는다. 그보다는 고소득 직업에서 수요가 급증하던 시기 '첫 차'에 올라타서 조직의 급격한 성장에 발맞춰 자신도 빠르게 승진할 수 있었던 이들의 존재를 시사한다.

'승리의 역사'가 함께하는 60년대생의 근로 생애

80년대 학번-60년대생이 노동시장에 진입한 뒤, 근로자 또는 자영업자 등으로 경제 활동을 해온 생애 과정은 한국의 주요 대기업의 성장 과정과 궤를 같이한다. 앞서 서술했지만 80년대 학번-60년대생은 중화학공업화와 그에 따른 본격적인 대기업의 성장 및 고도화 과정에서 기회를 잡았고, 직업을 가진 뒤에는 개별 대기업의 부침과 운명을 같이한 것이다. 그리고 1997년 IMF 외환위기와 뒤이은 전자, IT, 자동차, 화학, 조선, 기계 등 대기업들의 성장은 당시 30대 중후반이었던 이들에게 가장 큰 기회를 가져다주었다.

이런 측면에서 80년대 학번의 근로 생애를 엿볼 수 있는 기초 사료 가운데 하나는 삼성전자가 지난 2010년에 펴낸 『삼성전자 40년: 도전과 창조의 역사』다.[13] 삼성전자는 자사의 발전 과정을 크게 여섯 개의 시기로 나누었다. 먼저 삼성이 전자산업에 뛰어든 뒤 가전제품 시장에 주력하던 1969~1987년이다. 이 시기에 TV 등 가전제품 매출이 증가했고, 그에 힘입어 반도체

시장에서 제품을 내놓기 시작했다. 2기는 1987년~1992년으로, 삼성반도체를 합병한 뒤 반도체 사업을 본격화했고 무선통신기기 사업에도 진출했다. 3기는 '신경영'을 표방하며 양적 성장에서 질적 혁신으로 무게 중심을 옮기던 1993~1997년이다. 1기가 전자산업에 뛰어들어 일본과의 기술 제휴를 통해 '추격형 성장'을 이루어가던 시기라면, 2기는 1987년 6월 혁명과 뒤이은 노동자 대투쟁 이후 크게 늘어난 중산층의 구매력을 바탕으로 '종합 디지털 회사로 변모'하던 시기, 3기는 1990년대 '3저 호황' 등을 등에 업고 제품 고도화와 공격적인 투자에 나서던 시기다. 이 시기에 "마누라와 자식만 빼고 다 바꾸라"는 '신경영' 선언이 나왔고, 해외 PC(개인용 컴퓨터) 업체 AST를 인수했으며, (그룹 차원의 사업 확대인) 자동차 사업에 뛰어들었다.

1998년 외환위기 이후 삼성전자의 경영은 품질, 디자인 등 제품 단위의 개선이 아니라 경영 방식의 혁신에 무게 중심을 둔다. 강도 높은 구조조정을 추진하여 AST 공장을 폐쇄하고 자동차 사업을 매각하였다. 미국 GE(제너럴일렉트릭)의 품질 혁신 방법론을 차용한 6시그마 운동이나 ERP(전사적자원관리) 도입을 통한 경영 효율화 등이 추진됐다. 삼성전자는 이 시기에 대해 "전 프로세스에 대한 경영혁신으로 제품의 질을 향상시켜 고부가가치 제품으로 승부하는 '제값 받기' 전략"을 추진했다고 서술한다. 1990년대의 혁신과 투자가 과잉투자로 이어져 IMF 외환위기 당시 톡톡한 수업료를 치렀지만, 당시 경험을 토대로 이전보다 훨씬 더 고부가가치 제품에서 점유율을 높이고 해외 경쟁사 대비 기술적 우위를 지켜갈 수 있었다. 연봉제와 'PS'라 불리는 종업원 이익배분제도 2000년에 도입됐다. 1998~2001년의 4기다.

구조조정과 체질개선을 끝내고 2002~2004년(5기)에 접어들면 이제 삼성전자는 "국가 경제를 주도하는 기업으로 부상"하게 된다. 2004년 상반기 삼성전자가 한국 전체 수출에서 차지하는 비중은 16.5퍼센트로 늘어난다. 2004년 매출은 57조 6,000억 원으로 그해 한국 GDP의 7.4퍼센트를 차지했다. 10대 그룹 매출의 5분의 1을 삼성전자 한 개 회사가 점유하던 시기이기도 하다. 이렇게 성장한 삼성전자의 임직원들도 성과를 나누었음은 물론이다. 당시 노무현 정부에 삼성이 미치는 영향력이 크다는 비판이 인 것도 이 시기다.

80년대 학번-60년대생이 노동시장에 진입한 1980년대 후반 이후 대졸자 임금은 가파르게 올랐다. 〈표 6-3〉에는 반정호 한국노동연구원 전문위원이 지난 2010년 발표한 보고서[14]의 내용이 정리되어 있는데, 1959~1963년생 사무·전문직 근로자인 가구주의 실질소득(2005년 소비자물가지수 기준으로 실질화)은 그들이 만 25~29세인 1988년 월평균 66.3만 원에서 만 35~39세인 1998년 월평균 114.8만 원으로 73.2퍼센트 올랐다. 연평균 5.6퍼센트의 인상율이다. 같은 기간, 같은 연령대의 상용·노무직 근로자 임금은 연평균 4.3퍼센트, 임시·일용직 임금은 연평균 2.3퍼센트 올랐다.

표 6-3 60년대생의 근로소득 추이   (월 만 원)

출생연도	직종	25~29세 (1988년)	30~34세 (1993년)	35~39세 (1998년)	40~44세 (2003년)
1959~1963년생	사무·전문직	66.3	101.8	114.8	158.6
	상용·노무직	53.0	80.1	80.5	111.1
	임시·일용직	48.1	71.4	60.2	70.7

출생연도	직종	25~29세 (1993년)	30~34세 (1998년)	35~39세 (2003년)	40~44세 (2008년)
1964~1968년생	사무·전문직	83.5	112.8	151.5	180.4
	상용·노무직	78.6	87.2	109.3	114.4
	임시·일용직	63.3	69.8	71.0	66.5

자료: 반정호(2010).

다섯 살 아래인 1964~1968년생 사무·전문직 근로자 실질 소득은 1993년 83.5만 원에서 1998년 112.8만 원으로 35.1퍼센트 올랐는데, 연평균으로 환산하면 6.2퍼센트에 달한다. 동일 기간 같은 연령대 상용·노무직 근로자 임금은 연평균 2.1퍼센트, 임시·일용직 임금은 2.0퍼센트 각각 오르는 데 그쳤다. IMF 외환위기로 인한 블루칼라 근로자들의 임금 하락 요인이 있다고 하지만, 그럼에도 1987~1998년에 대학을 졸업하고 대기업에서 일한 사무직 또는 전문직 화이트칼라 임금이 더 가파르게 올랐음을 보여주는 셈이다.

물론 이 시기에 80년대 학번의 대기업 테크노크라트들만 이득을 본 것은 아니다. 고영선 KDI 선임연구위원이 분석한 1980~1994년 시간당 실질임금 상승률 추이를 보면 되레 이들의 소득 증가는 다른 집단에 비해 상대적으로 낮은 것처럼 보이기도 한다. 고 선임연구위원에 따르면 1980~1994년 상위 10퍼센트 근로자의 시간당 실질임금은 연평균 6.6퍼센트 올랐는데, 전체 근로자 가운데 임금 수준이 딱 중간인 중위임금은 연평균 9.2퍼센트 올랐고, 하위 10퍼센트의 임금 상승률도 연평균 9.2퍼센트에 달했다. 여기서 임금은 시간당 임금이므로 근로시간을 곱한 전체 임금과는 차이가 있다. 하지만 이는 블루칼라 근로자들이 상당한 임금 상승을 경험하면서 소득 격차가 감소했음을 시사한다. 그럼에도 80년대 초중반 학번의 사무·전문직이 기업의 상층부를 차지하고 있는 상황에서, 그들이 '최선의 몫'을 가지고 갔다는 사실을 부인할 수는 없다.

1998년 외환위기는 80년대 학번-60년대생들에게 오히려 기회에 가까웠다. 대우그룹이나 종합금융사(종금사) 등 기업째로 주저앉은 경우라면 타격을 받았지만, 기업이 망하지 않으면 구조조정 대상에서 빗겨나 있었기 때문이다. 1998년 당시 82학번-63년생은 만 36세로 고참 대리 내지는 신참 과장 정도의 직급이었다. 이들은 1998~1999년의 얼어붙은 채용시장의 분위기에서 취업해야 했던 90~91학번의 불운도 피할 수 있었다. 나아가 외환위기에서 생존한 사람들은 해당 기업이 구조조정을 끝마치고, 외환위기 파고에 무너진 기업을 인수한 뒤 덩치까지 키워 2001~2002년 성장을 재개할 때 그 과실을 맛볼 수 있었다.

이성균 울산대 사회복지학과 교수의 지난 2011년 보고서는 '졸업정원제'의 수혜를 받은 82학번-1963년생과 바로 그 직전 세대인 '58년 개띠(77학번)' 사이에 나타난 격차를 보여준다.[15] 입직 당시 임원 등 고위 관리자와 전문직을 가리키는 '전문·관리직'이었던 이들이 조사 시점이었던 2010년 현재 전문·관리직 직위를 유지하는 비율은 50세 미만(1961~1964년생)이 70.6 퍼센트였는데, 50세 이상(1955~1960년생)은 40.6퍼센트에 불과했다. 그리고 '준전문·사무직'으로 경제활동을 시작했던 이들이 전문·관리직 또는 준전문·사무직을 유지하고 있는 비율은 1961~1964년생이 총 48.9퍼센트, 1955~1960년생은 50.6퍼센트였다. 두 연령 집단의 직종별 직위 유지 비율은 각각 전문·관리직에서는 30퍼센트포인트 격차가 나는데, 준전문·사무직에서는 격차가 0.7퍼센트에 불과하다. 노동시장 최상층에서 고소득을 올리는 전문·관리직에서 1955~1960년생이 대거 밀려났고, 그 자리를 1961~1964년생이 채웠음을 시사하는 결과다.

이와 관련해 방하남 전 노동연구원장 등의 2010년 연구에 따르면, 인생에서 가장 주된 직장(커리어 직장)을 만 45세까지 계속 다니는 비율이 다른 세대에 비해 1955~1960년생에서 급격히 내려간다.[16] 방 전 원장은 이에 대해 "1997년에 발생한 외환위기에 가장 직접적인 피해를 입어 이전 어느 세대와 비교해서도 커리어 직장에서 빨리 퇴출될 수밖에 없었다"고 평가하면서 "(고도성장으로 커리어 직장에 이전 세대보다 빨리 안착하는) 화려한 시작과 (IMF 외환위기의) 비참한 종말로 특징지을 수 있다"고 설명했다.

IMF 외환위기 이후 수출 기업이 고도성장하는 가운데 대기업에서 일하는 화이트칼라와 그들을 주 고객으로 하는 전문직 그리고 자동차·조선 등 일부 업종 블루칼라 근로자의 소득은 가파르게 늘어났다. 삼성전자와 현대차가 세계시장을 바탕으로 전체 국가 경제보다 더 빠른 속도로 성장했던 것처럼, 삼성전자와 현대차에서 일하는 근로자의 소득도 다른 업종 근로자의 소득보다 더 빠른 속도로 증가했기 때문이다.

이러한 추세 속에 〈그림 6-1〉에서 보듯 상위 10퍼센트의 소득 몫도 계속 늘어났다.[17] 홍민기 노동연구원 선임연구위원이 추정한 상위 10퍼센트의 소득 몫은 1999년 32.8퍼센트(8.5퍼센트 +10.2퍼센트+14.1퍼센트)에서 2003년 36.3퍼센트(9.3퍼센트+12.1퍼센트 +14.9퍼센트)를 거쳐 2006년 46.8퍼센트(12.2퍼센트+15.5퍼센트+19.1퍼센트)로 급증한다. IMF 외환위기 당시보다 2003~2006년에 중상

그림 6-1 상위 10퍼센트의 소득 몫 추이

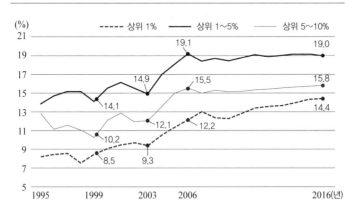

자료: 홍민기(2017).

위층의 소득 몫 증가와 그로 인한 불평등 확대 속도가 훨씬 더 빨랐다. 이후 상위 10퍼센트 소득 몫은 소폭 상승하여 2016년 현재 전체 가계소득의 49.2퍼센트에 이르렀다.

실제로 우리 사회의 소득 불평등 심화는 최상위 1퍼센트만의 문제가 아니었다. 고소득자의 소득 몫이 집중적으로 커졌던 2003~2006년 기간에 최상위 1퍼센트의 몫은 2.9퍼센트포인트 (9.3퍼센트→12.2퍼센트) 늘어났고, 상위 1~5퍼센트는 4.2퍼센트포인트(14.9퍼센트→19.1퍼센트), 상위 5~10퍼센트는 3.4퍼센트포인트 (12.1퍼센트→15.5퍼센트) 늘어났다. 2000년대 중반의 불평등 확대의 핵심 원인은 최상위 1퍼센트보다 오히려 중상위층(상위 10퍼센트)의 소득 몫 증가였다는 이야기다.

중상위층의 소득 몫 증가는 수출 대기업의 급격한 성장과 그로 인한 도시 화이트칼라 또는 전문직 급여생활자들의 소득 증가가 원인이었다. 홍민기 선임연구위원은 상위 5퍼센트 이내 고소득자의 직업 구성을 따로 집계하였다.[18] 이를 보여주는 〈표 6-4〉에 따르면 최상위 0.1퍼센트에서는 의료 종사자(22.2퍼센트)나 사업주(12.7퍼센트), 금융소득자(12.5퍼센트)의 비중이 높은데, 차상위 0.1~1퍼센트로 내려가면 사무직(26.1퍼센트), 의료 종사자(15.1퍼센트), 과학·공학 종사자(13.7퍼센트), 사업주(11.0퍼센트) 순으로 사무직과 연구개발직의 비중이 늘어난다. 또 장치 조작·조립 종사자의 비중도 5.5퍼센트로 교수·학원(6.2퍼센트)과 엇비슷한 수준을 차지한다. 상위 1~5퍼센트는 사무직 종사자의 비중이 29.8퍼

표 6-4 상위 5퍼센트 고소득자의 직업 구성(2011~2014년 평균)

	최상위 0.1%	차상위 0.1~1%	상위 1~5%
금융소득자	12.5	0.0	0.0
부동산업	4.3	3.0	1.4
사업주	12.7	11.0	5.2
관리자	28.7	6.9	5.5
의료	22.2	15.1	4.0
금융	7.2	5.7	5.2
과학·공학	0.9	13.7	17.3
교수·학원	0.4	6.2	4.9
법률	1.9	1.9	0.9
공무원	0.0	0.1	0.3
사무직	6.3	26.1	29.8
서비스	0.0	0.2	0.8
판매	0.9	3.3	3.9
기능	0.1	2.1	5.3
장치 조작·조립	0.0	5.5	12.7
단순노무	0.0	0.2	0.5

자료: 홍민기(2017).

센트로 가장 많고 그다음이 17.3퍼센트인 과학·공학 종사자와
12.7퍼센트인 장치 조작·조립 종사자다. 삼성전자에 다니는 화
이트칼라 부장·차장과 현대차 울산공장에 20년 이상 근속한 정
규직 생산직 노동자가 이러한 고소득자 그룹에 포함되어 있으
며, 이들이 2000년대 중반 수출 대기업 성장의 '낙수 효과'를 보
았다는 의미이기도 하다.

성장의 또 다른 과실: 금융, IT와 대공장 생산직

1990년대 한국 경제의 질적 성장과 1997년 IMF 외환위기로 인한 구조 변동 속에서 30대를 경험한 1960년대생 중 첨단 산업의 일부 엘리트와 1987년으로 탄생한 전투적 노동운동의 자장 안에 있던 대공장 블루칼라는 각각 '창업'과 '담합'이라는 선택을 하게 된다. 1990년대 금융업종에 종사하던 80년대 학번들은 IMF 외환위기 이후 팽창한 주식시장과 개인 투자 열풍 그리고 매물로 나온 한계기업들을 기반으로 증권, 자산운용, 사모펀드 PEF 등에서 창업에 나서 문자 그대로 '자본가'가 되었거나 또는 스타 운용역으로 떼돈을 벌었다. 인터넷 서비스 분야의 네이버와 다음(현 카카오), 게임 분야의 엔씨소프트와 넥슨으로 양분되는 IT 벤처도 1980년대부터 각 대학에서 집중적으로 육성된 전자공학이나 컴퓨터공학의 고급 인력이 잠깐 동안 기업에서 일한 뒤 창업에 나섰다는 공통점이 있다. 이들이 창업한 산업은 지식 집약적이며, 이전의 제조업종에 비해서 소수의 고급 인력만 필요로 한다.

또 다른 쪽에는 1987년 노동자 대투쟁을 기점으로 한국 사회의 한 축으로 발돋음한 대공장의 정규직 노동자들이 있다. IMF 외환위기 직후 각 대공장에서 이루어진 구조조정으로 '익숙한 세계가 무너져 내리는' 경험을 한 이들 블루칼라 노동자는 경제주의로 무장한 전투적 조합주의를 통해 고임금을 관철하는 방식으로 자신들의 요새를 구축했다. 하지만 그 요새는 생산 공정의 탈숙련화, 비정규직의 팽창과 희생, 공장 해외 이전의 가속화라는 결과를 낳았다. 매번 사용자와 부딪치는 것 같지만, 결국 양측의 이익을 극대화하는 일종의 "갈등적 담합관계"[19]의 결과이기도 했다.

증권업계에서 자산·자기자본 규모 1위인 미래에셋대우는 80년대 학번들이 만들고 80년대 학번들을 주된 고객으로 해서 성장한 회사다. 창업자인 박현주 회장은 1958년생으로 고려대 78학번이라 '586' 바로 앞 세대이지만, 그와 함께 1997년 동원증권을 나와 미래에셋투자자문을 세운 최현만 미래에셋대우 수석부회장은 1961년생, 구재상 케이클라비스 사장은 1964년생이다. 박 회장은 1986년 동원증권에 입사, 10년간 일한 뒤 최현만 당시 서초지점장, 구재상 당시 압구정지점장과 함께 창업했다. 세 사람은 박 회장이 1981년 32세 나이에 증권업계 최연소 지점장으로 을지로중앙지점을 맡았을 때 동고동락하면서 인연을 맺었다.[20] 10~12년차에 부장~임원 직책까지 올라간 뒤 창업에 나선 셈이다.

이후 박 회장은 80년대 학번의 스타 주식운용역을 영입해 뮤추얼펀드 운용을 맡긴다. 2000년 하나은행에서 영입한 김태우 KTB자산운용 사장(1967년생)이 대표적이다. 당시 대리 직급이던 김 운용역은 2001년 '디스커버리 펀드'를 내놓으면서 바로 직전 구재상 사장이 내놓았던 국내 최초의 개방형 뮤추얼펀드(자유롭게 중도 해지 및 환매가 가능한 펀드) '인디펜던스 펀드'와 함께 '대박'을 쳤다. 미래에셋은 2000년대 중반 수출 대기업의 성장과 그에 따른 증시 활황에 힘입어 뮤추얼펀드 붐을 주도한다. 적립식 펀드(매월 일정액을 납입하는 방식의 뮤추얼펀드)의 규모는 2004년 1조 원에서 2008년 76조 원으로 폭발적으로 성장한다.[21]

당시 주식 붐 또는 펀드 붐을 주도했던 이들은 82~88학번이 중심이었다. 그리고 다수가 1990년대 후반 등장한 '1세대 투자자문사(투자자가 맡긴 돈을 운용하거나 또는 투자 상담을 해주는 회사로 증권사나 자산운용사보다 자기자본 등 요건이 낮은 수준)'를 비롯한 자신의 회사를 세워 독립한다. 1998년 현대종합금융을 박차고 나와 IMM 투자자문(현 트러스톤자산운용)을 세운 황성택 사장(1966년생)이 대표적이다. 박건영 브레인자산운용 사장(1967년생)은 리스 회사인 산은캐피탈에서 IMF 외환위기 여파로 어려움을 겪던 '변두리 기업'들을 상대로 일하면서 기업 보는 눈을 뜬 뒤 펀드매니저로 변신했다. 그가 성공의 사다리를 올라탄 것은 2003년 현대미포조선 지분을 8퍼센트 가까이 매집한 투자가 성공을 거두면서다.[22] 현대미포조선은 PC선(석유화학운반선)에 특화된 조선사였는데, 2003년 당시 5,000원이었던 주가가 2007년 말 40만 원까지 치솟았다. 박건영 씨는 2004년 미래에셋에 스카웃되어 인디펜던스, 디스커버리 등 대표 펀드 운용역을 맡았다. 이후 트러스톤자산운용 최고운영책임자CIO를 거쳐, 2009년 브레인자산운용으로 '독립'했다.

2000년대 성장한 사모펀드 시장도 80년대 학번들이 개척해 업계의 맨 꼭대기에 있다. 사모펀드는 부실기업이나 사연이 있어 매물로 나온 기업을 인수하여 구조조정한 후 비싼 값에 되팔아 수익을 남기는 업종으로 금융산업의 최첨단 영역이라고 할 수 있다. MBK파트너스의 김병주 회장(1963년생)은 미국 하버포드 칼리지를 졸업하고 골드만삭스, 샐러먼스미스바니 등 미국 증권사에서 일하다 1999년 미국 사모펀드 칼라일의 한국지사장으로 귀국했다. 그의 '출세작'은 2000년 11월 한미은행 인수다. 칼라일은 한미은행 지분 36.6퍼센트를 4,900억 원에 인수한 뒤, 2004년 5월 시티은행에 매각해 6,600억 원가량의 수익을 거두었다. 매각 전 받은 배당금(370억 원)까지 합치면 7,000억 원을 챙긴 것이다. 이후 2005년 자신의 이름을 딴 MBK파트너스를 창업한 뒤, 웅진코웨이·ING생명(현 오렌지라이프) 등 대규모 기업 M&A를 성사시키며 대기업 집단 대주주(총수)와 어깨를 나란히 하는 자리에 올랐다. 국내 '토종' 사모펀드의 대표 주자인 IMM은 송인준 IMM파트너스 사장(1965년생), 지성배 IMM인베스트먼트 사장(1967년생)이 각각 회계법인을 나와 1999년 창업한 회사가 장동우 IMM인베스트먼트 사장(1967년생)이 같은 해 창업했던 회사와 2004년 합병한 곳이다.

IT 산업에서는 80년대 학번이 1999~2000년에 대거 벤처 창업에 나선 뒤, 이 중 살아남은 사람들이 IT 생태계에서 중심 지위를 차지하고 있다. 특히 86학번(1966~1967년생)이 핵심[23]이다.

이해진 라인 회장(네이버·NHN 창업자)은 서울대 컴퓨터공학과 86학번(1967년생)이다. NHN 출신으로 모바일메신저 카카오를 만든 뒤 네이버의 경쟁업체 다음을 인수한 김범수 카카오이사회 의장은 서울대 산업공학과 86학번(1966년생·재수)이다. 두 사람은 나란히 지난 1992년 삼성 SDS에 입사해 PC통신 서비스 유니텔을 개발했고, 1997~1998년 각각 네이버와 한게임을 창업했다. 이들은 김범수 의장의 한게임이 네이버에 인수되면서 한 배를 탔다가 김 의장이 2007년 퇴사하면서 결별했다. 김 의장은 2007년 벤처기업 아이위랩을 창업해 몇 가지 서비스를 개발하다가, 2010년 스마트폰 확산에 발맞춰 카카오 메신저를 개발해 국내 시장을 평정했다.

온라인 게임업체 NXC(구 넥슨)의 김정주 대표이사도 서울대 컴퓨터공학과 86학번이다. 김범수 대표와 이해진 회장은 카이스트 대학원 재학 시절 기숙사 룸메이트로 지내기도 했다. 카이스트 86학번으로 같은 시절 대학원 생활을 했던 이들이 김상범 넥슨 공동 창업자와 송재경 XL게임즈 사장이다. 김상범 씨는 메이플스토리, 퀴즈퀴즈 등 넥슨의 간판 게임을 만들었고, 송재경 사장은 김정주 대표이사와 함께 1995년 12월 지금도 서비스가 계속되고 있는 온라인그래픽게임 '바람의 나라'를 만들었다. 그리고 송 사장은 넥슨을 떠나 김택진 엔씨소프트 사장과 함께 국내 최초의 현대적 온라인롤플레잉게임MMOPRG '리니지'를 개발해 대성공을 거두었다. 김택진 사장은 서울대 전자공학과 85학번으로, 이찬진 드림위즈 대표(기계공학과 84학번·전 한글과컴퓨터 사장), 김형집 전 나모인터랙티브 연구소장(전자공학과 86학번), 우원식 엔씨소프트 부사장(제어계측학과 87학번) 등과 함께 서울대 컴퓨터연구회SCSC에서 활동하다 1989년 PC용 문서작성 프로그램 '아래아 한글'을 개발했다. 인터넷서비스 다음을 창업한 이재웅 쏘카 사장도 연세대 전산학과 86학번이다. 이재웅 사장과 이해진 회장은 서울 청담동 진흥아파트 같은 동에 살아 서로 알던 사이이기도 하다.

이렇게 한국 IT 산업의 1세대이자 지금도 최정점에서 활동하던 이들이 서울대와 카이스트 86학번인 것은 '컴퓨터'가 한국에 소개된 때가 1980년대 초반이기 때문이다. 김정주 사장의 대학원 지도교수였던 전길남 교수는 재일교포 출신으로 미국 NASA에서 일하다 1979년 정부 초청으로 한국에 왔다. 한국 정부는 당시 수출용 PC 개발을 주문했는데, 전 교수가 보기에 한국의 여건에서 필요한 것은 네트워크 전산망이었다. 그는 1982년 미국에 이어 세계에서 두 번째로 인터넷 네트워크를 구축하고, 이를 미국 인터넷에 연결시켰다. 넥슨 창업자 김상범 씨는 86학번이 IT 벤처를 주도한 이유에 대해 임원기 씨(당시 「한국경제」 기자)와의 인터뷰에서 "PC가 처음으로 보급되던 시기와 맞물려 있기 때문"이라고 설명한다. "맨날 기숙사에서 PC를 갖고 이것저것 해보던 최초의 학번들이었기 때문에 이들이 한 시도는 전부 최초가 될 수밖에 없었다"[24]는 것이다.

이들 86학번이 90년대 초반 초창기 IT회사에 재직하면서 기업 경영과 조직 운영에 대한 지식을 습득할 수 있었던 것도 성공 요인이다. 특히 삼성 SDS는 이해진, 김범수, 김택진 등이 몸담았던 스타트업의 산실 같은 곳이었다. 세 사람 모두 PC통신 유니텔 개발에 참여했다는 공통점도 있다. 2000년의 「한국경제」 기사 "IT업계 삼성 출신 '잘 나가네', '최대 벤처 인맥' 부상"[25]은 삼성 SDS 출신으로 IT 벤처기업을 이끄는 이들의 회합을 소개하는데, 삼성 SDS 출신으로 IT분야 다른 회사에서 일하는 인원이 3,000명에 달하고 1998~2000년 삼성그룹 전체에서 IT 분야로 넘어온 사람은 2만 명에 달할 것이라는 추정치를 내놓고 있다. 그리고 그 가운데 '사장' 직함을 단 사람도 200명이 훨씬 넘는다는 것이다.

이른바 '명문대'를 나온 엘리트들이 1997~1999년 금융과 IT 분야 창업에 나섰을 때 울산과 경남 일대의 대공장 블루칼라 노동자들은 IMF 외환위기의 파고를 맞았다. 그리고 그들은 고용 안정성과 임금 보전을 위해 자신들의 정규직 직위 유지에 노력을 경주하게 된다. 이를 가장 잘 보여주는 게 '한국 노사관계의 유형 설정자pattern setter'인 현대자동차다. 박태주 전 경제사회노동위원회 상임위원은 이에 대해 "현대차 노사가 어떤 제도를 도입하면 그것은 도미노가 무너지듯 다른 사업장으로 번져 간다"라고 설명한다.[26]

50~60년대생이 주축이었던 현대자동차 정규직 생산직 노

동자들의 가장 큰 트라우마는 1998년의 정리해고다. 현대차는 1998년 8월 280명을 정리해고했고, 2,200명을 1년 6개월간 무급휴직 처리했다. 이는 국내 대기업의 정리해고 첫 도입 사례였다.[27] 그 전에는 1994년 포항제철이 2,000명을 명예퇴직 처리한 게 대기업에서 유일했던 1,000명 이상 규모의 대량 감원 사례였다.[28] 1999년 12월이 되면서 무급 휴직자가 거의 대부분 일터로 돌아왔지만, 심리적 상처는 컸다. 이에 대해 송호근 서울대 교수는 "고단한 노동과 성장의 고락을 함께 겪던 회사로부터 어느날 날아온 해고 통지서는 나와 회사 사이의 심리적 계약을 깨뜨렸"다며 "노동조합이 임금보상을 극대화하고 고용안정 전략을 채택하게 된 계기"라고 설명한다.[29]

1999년부터 현대차 노조는 조합원들의 고용안정 보장과 임금 상승을 최우선 목표로 삼게 됐다. 그 상징적인 존재가 2000년 울산 공장에 16.9퍼센트까지 비정규직 생산직을 투입할 수 있도록 한 합의다. 이후 비정규직 비율은 30퍼센트에 육박할 정도로 올라갔지만, 정규직 노조는 문제제기를 하지 않았다.[30] 낮은 임금을 받고 일하면서도 업황에 따라 고용 인원이 변하는(다시 말해 사실상의 해고가 자유로운) 비정규직 노동자의 존재가 자신들의 안정적 지위를 위한 '해자' 역할을 했기 때문이다. 그리고 "장시간 노동을 보장받고, 장시간 노동을 보장하기 위한 UPHUnit per Hour(시간당 생산 대수) 축소와 산별교섭 거부"[31]와 상여금 및 성과급의 인상을 통해 높은 급여를 확보했다. 박태주 전 상임위원

에 따르면 2011년 현재 현대차 생산직의 임금은 연 9,599만 원
인데, 통상임금은 27.7퍼센트인 2,660만 원에 지나지 않는다. 반
고정적으로 지급되는 상여금(2,517만 원)이 26.2퍼센트이고 그 밖
에 시간 외 근무수당(2,031만 원)이 21.2퍼센트, 성과급(2,268만 원)
이 23.6퍼센트 등을 차지한다. 2014년 현재 근로소득이 1억 원
이 넘는 사람은 전체 노동자의 3.2퍼센트에 불과한데, 현대차 생
산직은 그 안에 포함되어 있다.

50~60년대생이 이렇게 정규직의 '해자'를 파면서 이후 세대
고용의 양과 질은 곤두박질쳤다. 현대차 국내 공장의 생산량은
1999년 122만 대에서 2009년 167만 대로 늘었는데, 정규직 생
산직 인원은 3만 1,842명에서 3만 2,260명으로 418명 늘어난 데
그쳤다. 1999년 극소수에 불과했던 사내 하청 비정규직은 2009
년 8,000명으로 증가했다.

회사 측은 정규직 인건비 증가에 '모듈화'를 적극적으로 추
진하는 것으로 대응했다. 모듈화는 엔진, 변속기, 동력전달장
치(파워트레인), 조향장치 등 주요 기능별로 부품을 하나의 덩어
리로 묶어서 '모듈'을 조립한 뒤 이를 완성차 조립 공장에 공급
하는 방식이다. 완성차 조립 공장은 레고 블록을 조립하듯 모듈
을 끼워넣으면 된다. 자동차 노조의 힘은 2만 개에 달하는 부품
을 실수 없이 조립하는 '숙련성'에 있는데, 모듈화는 완성차 생
산 과정을 탈숙련화시키는 장치다. 전통적인 자동차 산업에서
노조가 힘을 가질 수 있었던 이유는 숙련공 기능공 집단의 협조

가 없으면 원활한 생산이 이루어질 수 없었기 때문이다. 그런데 모듈화로 노동자들은 사전에 준비된 매뉴얼에 맞춰서 조립하고 반자동화된 공정을 관리하는 역할만 맡게 된다. 그 결과 자동차 공장에서 기능공의 힘은 약해지고, 대신 모듈을 관리하고 조율하는 현장 엔지니어의 힘은 커진다.

자동차 산업에서 고용 증가가 주로 부품을 만드는 하청업체를 중심으로 이루어지는 것도 모듈화의 영향이다. 조성재 노동연구원 선임연구위원은 2012년 보고서에서 "2008년 금융위기 이전까지 … 완성차 부문의 고용은 외환위기 이전과 거의 동일한 수준이며 부품 부문의 고용 확대에 의해 자동차산업의 성장이 이루어졌"다고 설명한다.[32] 또 현대차가 2000년대 중반 해외 생산에 적극적으로 나선 것도 부품 부문 고용 확대의 원인이다. 국내 생산설비를 늘린 것은 1996년 현대차 아산공장 건설과 2013년 기아차 광주 공장 증설이 마지막이다. 해외에서 생산하는 완성차용 부품 가운데 다수가 국내에서 만들어진다.

'귀족 노조'라고 비난받기까지 하는 완성차 조립공장 정규직 일자리가 2000년 이후 뚝 끊긴 건 노조 때문이라고 할 수 없다. 모듈화는 품질 개선과 생산 효율 개선을 위해 현대차 경영진이 내린 결정이었다. 또 해외 공장 증설도 현대차의 해외 진출과 현대차의 주력 시장이 한국에서 먼 미국이나 유럽이었기 때문에 내려진 결정이었다. 하지만 50~60년대생이 주력이었던 현대차 생산직 노조의 '전투적 경제주의'가 자동차 공장의 탈숙련화와 그에 반대급부처럼 이루어진 블루칼라 기능공 역할 축소-화이트칼라 엔지니어 역할 강화를 가속화시킨 것은 부인할 수 없다. 블루칼라에서 '번듯한 일자리'가 만들어지는 길이 끊기게 된 것이다.

학력-직업-경제적 지위의 결합

한국 자본주의의 고도화는 80년대 학번-60년대생의 시기에 이르러 학력과 전문지식, 직업, 경제적 지위가 맞물린 테크노크라트에 가까운 집단을 대규모로 창출했다. 이들은 이전 세대인 50년대생과 비교해 전문직이나 대기업 내 관리직 비율이 높았다. 또 시대에 맞는 전문지식과 기술을 갖추었기 때문에 1990년대 중반 이후 금융과 IT 산업에서 1세대 엘리트층을 구성하게 된다.

지난 2006년 방하남 전 노동연구원장이 발표한 논문에 따르면 2000년대 중반 '좋은 일자리'를 갖는 데에는 학력과 직종의 영향력이 결정적이었다.[33] 학력의 경우 '중졸 이하'에 비해 4년제 대졸자는 3.8배, 전문 대졸자는 2.7배 좋은 일자리를 얻을 확률이 높았다. 고졸자는 1.7배였다. 이는 고졸자에 비해서 4년제 대졸자가 좋은 일자리에 있을 확률이 2배 이상이라는 의미다. 또 직종별로 따져보면 '단순노무직'에 비해서 '전문가'는 694배,

'준전문가'는 83배 정도 좋은 일자리를 얻을 확률이 높았다. 이는 학력 및 직업 지위가 경제적 지위와 결합되었음을 보여준다.

　80년대 학번-60년대생이 이전 세대에 비해서 소득이 높고 그 결과 자산 축적 수준도 앞선다는 연구는 2000년대 중반부터 발표되었다. 남준우 서강대 교수는 2006년 발표한 논문에서 연령 집단별 자산 축적 정도를 분석했다. 그 결과 〈그림 6-2〉에서 볼 수 있는 것처럼 1964~1973년생 집단인 '386세대'는 이전보다 훨씬 더 자산을 많이 축적하고 있는, 즉 연령 요인이 자산 축적 정도에 미치는 긍정적 영향이 아주 강한 것으로 나타났다. 남 교수는 연령 요인을 가리키는 '세대 효과'가 1945~1953년생(광복·전쟁 세대), 1954~1963년생(베이비붐 세대)은 각각 5,800만 원, 9,800만 원인데 비해 1964~1973년생은 1억 3,100만 원에 달한

그림 6-2 세대별 연령에 따른 자산 축적 수준

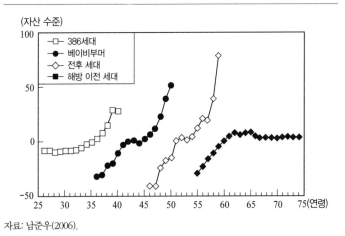

자료: 남준우(2006).

다고 추정했다. 또 386세대는 베이비붐 세대보다 동일 연령대에
서 자산 축적을 훨씬 더 많이 하는 것으로 나타났다. 남 교수는
이런 차이를 빚어내는 주요 원인으로 교육을 지목했다.

　다만 다른 한편에서는 자산 축적에 있어서 80년대 학번-60
년대생이 이전 세대보다 뒤처진다는 분석도 제기된다. 부동산
을 중심으로 자산 격차가 발생한 한국 상황에서 먼저 토지를 점
유한 40~50년대생이 유리한 고지를 점거하고 있다는 얘기다.
이철승 서강대 교수와 정준호 강원대 교수가 2018년 발표한 논
문[34]에 따르면 연령별로 소득 상위 10퍼센트만 떼어놓고 보면
만 60~64세는 11억 9,000만 원, 65~69세는 16억 9,000만 원의
순자산을 가지고 있는데, 이는 50~54세의 8억 원, 55~59세의 9
억 5,000만 원을 앞선다. 이철승 교수는 80년대 학번-60년대생
의 자산 축적에 대해 "실탄(현금)은 충분히 많은데, 그 실탄을 사
용할 곳이 없어 켜켜이 저축으로 쌓아놓고 있다"[35]고 분석하면서
이들이 은퇴를 앞두고 부동산을 대거 매입할 것으로 예상했다.

　한편 사회적 네트워크의 경우 80년대 학번-60년대생은 한
꺼번에 전문 관리직으로 진출하면서 탄탄한 인맥 자산을 구축
한 것이 특징이다. 앞서 소개한 A 씨는 전국대학생대표자협의회
(전대협) 간부를 여럿 배출한 핵심 대학교 출신인데, 그 덕에 알
고 지내는 전대협 출신 정치인 지인들이 여럿이다. A 씨는 "한
다리 건너면 아는 사람 중에 국회의원만 3명 있고 대학교수는
10명이 넘는다"고 했다. 이러한 인적 네트워크는 50대를 넘어갔

을 때 직업 경로를 바꾸는 데 도움이 될 뿐만 아니라, 자녀의 대학 진학과 취업 준비 과정에서 봉사활동·인턴 등의 활동에 큰 도움이 될 것이다.

문제는 이렇게 80년대 학번-60년대생에게 활짝 열렸던 '기회의 창'이 이후 세대로 가면 닫히게 된다는 데 있다. 김희삼 광주과학기술교육원 교수는 2014년 발표한 보고서에서 할아버지, 아버지, 본인, 자녀의 4대에 걸친 학력 및 사회경제적 지위 이동성에 대한 설문조사 분석 결과를 공개했다.[36] 그 결과는 〈그림 6-3〉에서 볼 수 있는데, 아버지와 본인의 대에서는 교육 수준이 극적으로 대물림되는 정도가 줄었고, 사회경제적 지위의 대물림도 줄었음을 확인할 수 있다. 하지만 본인과 본인의 아들의 대로 이어지면, 사회경제적 지위의 대물림 정도는 할아버지-아버지 수준으로 고착화된 것으로 나타났다. 교육 수준은 할아버지-

그림 6-3 교육 수준과 사회경제적 지위의 세대 간 상관계수 추이

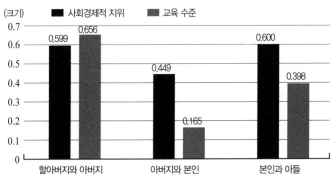

자료: KDI 2013년 행복 연구 설문(남성 1,525명 조사)을 김희삼(2014)에서 재인용.

아버지와 아버지-본인의 중간 정도로 대물림됐다고 답했다. 사회경제적 지위는 해당 가족이 중년(40~50대) 시기를 기준으로 해당 세대 전체 한국인과 비교해 상대적인 위치를 물은 것이고, 교육 수준은 교육 연수를 기준으로 한다. 사람들이 느끼는 '계층 간 이동성'의 측면에서 자신에게는 어느 정도 열렸던 기회의 창이, 자녀 세대에는 완전히 닫혔다고 생각하는 것이다.

80년대 학번도 불평등을 경험한 세대다. 그들 중에서 아버지가 부유하고 고졸 또는 대졸 학력을 가지고 있으면 자녀에게 그 사회경제적 지위가 상속됐다. 하지만 A 씨의 사례처럼 아버지가 읍내에서 양복점을 하던 상공인의 자녀와 읍내 주변에서 농사를 짓고 있는 농민의 자녀들이 체험하는 격차는, 경기도 성남시 분당의 신도시에 살면서 대치동 학원가에서 사교육을 받았던 A 씨의 90년대생 자녀와 경기도 평택이나 안산의 공단 주변에 살며 공장 노동자 또는 저임금 서비스업에 종사하는 경제적으로 불안정한 부모의 자녀(A 씨 자녀 또래인 90년대생)의 격차보다 작은 것이었으며 경우에 따라 행운이 함께하면 메울 수 있는 것이기도 했다. 또 고도성장기에 대졸 화이트칼라의 수요가 급증하는 가운데 이전보다 기회가 늘어났던 것도 A 씨 세대가 상대적인 '평등함' 속에서 '애국적 사회 진출'에 성공할 수 있었던 이유다. 그리고 그들은 교육을 통해 자녀에게 자신의 계층 지위를 물려주기 위해 분투하면서 세습 중산층 사회를 만들어냈다.

7장

계급의식의
형성

"나는 주인공 될 수 없는 영화 같았다"

　조국 전 법무부 장관을 둘러싼 공방이 조 전 장관의 사퇴로
일단락된 2019년 10월 29일 「한겨레」는 이른바 '하위 80퍼센트'
라 할 수 있는 18세 고등학생 박지수 씨와 36세 서울시 산하 공
기업 무기계약직 임선재 씨의 대담을 게재했다.[1] 대담에 등장한 두
사람은 20대는 아니지만 소위 '명문대'에 진학한 뒤 '번듯한 일
자리'를 차지하기 위한 경쟁에 뛰어들지 않았거나 또는 못한 나
머지 10~30대가 '조국 대전'을 어떻게 바라보는지 보여주었다.

　먼저 박 씨는 "20퍼센트에 속하는 이들이 1퍼센트를 바라보
면서 '한 끗 차이인데 우리는 왜 학위도 못 받고, 논문 등재도 못
하나'라며 화를 내고 있더라"고 말하며, 오히려 그러한 20퍼센트

의 분노를 보면서 화가 났다고 했다. "우리는 여기에서 그저 '차 소음' 정도밖에 안 되는 것 같다"는 게 그의 설명이다. 임 씨도 "시험을 치렀느냐 여부로 공정성을 얘기할 수 있을까요?"라고 반문하면서 "조국 사태와 공정성 얘기를 보면서 나는 주인공이 될 수 없는 재미없는 영화를 보는 느낌이 들었다"고 말했다. "'논문 제1 저자'나 '인턴' 같은 건 남의 세상 얘기 같다"는 것이다. 이들이 갖는 감정은 이른바 '공정성'을 둘러싼 논쟁에 대한 냉소와 자신처럼 '평범한' 이들은 목소리를 낼 수 없다는 데 대한 분노였다.

조국 전 법무부 장관을 둘러싼 논쟁에서 많은 20대들이 별다른 열의 없는 태도를 취했다는 점은 여러 차례 지적되었다. 정한울 한국리서치 전문위원은 한 토론회에서 여론조사 결과를 분석해보니 "20대는 이슈 초기 국면부터 냉소적이었다"며 "중도층과 함께 초기에 동시에 이탈한 뒤 큰 (여론의) 변화가 없었다"[2]고 지적했다. 오히려 20대보다 30~40대 그리고 진보층과 호남 거주자 등 전통적 진보 지지층의 이탈이 더 두드러졌다는 것이다. 이른바 '공정성'에 대해 20대들이 특별히 예민한 것도 아니라는 게 정 전문위원의 지적이다. '절차적 정의에 매달리고 보수화된 20대'라는 분석은 언뜻 그럴듯해 보이지만 실제 20대 의식조사에서 두드러지게 나타나지는 않는다는 것이다.

G세대와 N포 세대의 공존

한겨레경제사회연구원·「한겨레21」·글로벌리서치가 2018
년 1월 공동으로 실시한 여론조사 결과는 20대 내부에서 이른바
'G세대'와 'N포 세대'가 공존하고 있음을 보여준다.[3] G세대는
'글로벌 세대'의 약자로 「조선일보」가 지난 2010년 당시 20대를
정의하기 위해 제시한 개념이다. 「조선일보」는 '어떤 분야에서든
앞서 나갈 수 있는 자신감'과 '한국 사회에 대한 신뢰와 낙관' 그
리고 '학연·지연이 아닌 인터넷 기반의 창조적 관계'를 맺는 희
망으로 가득찬 세대로 G세대를 정의했다.[4] 'N포 세대'는 거의 모
든 것을 포기한 세대라는 의미로 2011년 「경향신문」이 "연애·
결혼·출산을 포기한 '삼포세대'"[5]라는 뜻으로 사용한 신조어에
서 시작됐는데, 이후 하나둘씩 추가되다가 2015년경 아예 'N포'
가 됐다. 「경향신문」이 당시 소개한 삼포세대는 "졸업해도 비정규
직 전전… 자신감 잃고 대인관계 기피"하는 세대였다.

G세대가 「조선일보」 독자의 주축인 50대-서울대 또는 연고
대 졸업-강남 일대 아파트 거주 중산층의 자녀를 가리킨다면, N
포 세대는 '기성세대의 잘못으로 피해 대중이 된 요즘 것들'이며
진보 진영의 정치적 의도가 가미되면 '예비 저항 주체'로까지 격
상된다. 하지만 이런 류의 신조어가 대체로 그렇듯 진실은 어느
중간 지점에 있다.

「한겨레」·글로벌리서치는 삶 전반에 대한 인식을 묻기 위해

'귀하는 전반적으로 현재 자신의 삶에 대해 어떻게 생각하십니까?'라는 질문을 던졌다. 〈표 7-1〉의 첫 번째 표에서 보듯 '매우 안정되어 있다'라고 답한 비율이 20대(만 19~29세로 만 19세가 포함되어 있지만 20대로 간주)에서는 확연하게 계층에 따라 차이가 난다. 중상층 이상은 29.2퍼센트가 자신의 삶이 매우 안정되어 있다고 답했다. 동일 계층·연령을 비교해보면 유독 높은 수치다. 중상층 집단을 놓고 보면 30대에서는 18.2퍼센트, 40대에서는 13.5 퍼센트, 50대에서는 20.0퍼센트였다. 20대 내부에서 중간층으로 가면 20퍼센트포인트 가까이 내려간 9.3퍼센트만이 매우 만족한다고 답했다. 중하층은 5.0퍼센트, 하층은 1.8퍼센트에 불과하다. 중상층 이상의 20대가 느끼는 삶의 안정성은 이전 세대보다 훨씬 강고하다.

생활이 안정되어 있다고 생각하는 20대의 중상위층에게는 꿈과 희망이 넘친다. 이전 세대와 비교해 한국사회에 훨씬 더 '기회의 평등'이 보장되어 있다고 생각한다. 따라서 중요한 것은 공정성이라는 가치가 사회 구석구석에서 관철되느냐다. '우리 사회가 부모의 지위에 관계없이 자녀도 계층 상승할 기회가 있는 개방적 사회에 가까운가?'라는 질문에 '그렇다'고 답한 20대 중상층은 37.5퍼센트에 달했다. 30대 중상층으로 가면 이 비율은 24.2퍼센트로 하락한다. '우리 사회는 노력에 따른 공정한 대가가 제공되고 있는가?'라는 질문의 경우 20대 중상층의 긍정 응답 비율(33.3퍼센트)은 30대(39.4퍼센트)에는 못 미쳤지만 40대

표 7-1 「한겨레21」 등의 여론조사(2018년 1월) 결과

자신의 삶이 '매우 안정되어 있다'라고 답한 응답자 비율

		연령			
		19~29세	30대	40대	50대
계층	중상층 이상	29.2%	18.2%	13.5%	20.0%
	중간층	9.3%	10.8%	5.8%	5.9%
	중하층	5.0%	3.3%	2.2%	2.3%
	하층	1.8%	1.7%	1.4%	3.0%

'부모의 지위에 관계없이 자녀도 계층 상승할 기회가 있는 개방적 사회에 가깝다'라고 답한 응답자 비율

		연령			
		19~29세	30대	40대	50대
계층	중상층 이상	37.5%	24.2%	35.1%	26.7%
	중간층	20.5%	22.3%	21.7%	21.8%
	중하층	12.9%	15.9%	13.1%	20.6%
	하층	17.9%	8.6%	12.9%	22.4%

'우리 사회는 노력에 따른 공정한 대가가 제공되고 있다'라고 답한 응답자 비율

		연령			
		19~29세	30대	40대	50대
계층	중상층 이상	33.3%	39.4%	29.7%	31.1%
	중간층	25.5%	21.7%	22.2%	19.8%
	중하층	18.8%	12.1%	14.0%	14.5%
	하층	12.5%	19.0%	12.9%	16.4%

'개인의 능력 차이를 인정하는 사회를 원하는가, 보완하는 사회를 원하는가'에 대한 응답
(1에 가까울수록 능력 차이 인정하는 사회 선호, 7에 가까울수록 보완하는 사회 선호, 7점 만점)

		연령			
		19~29세	30대	40대	50대
계층	중상층 이상	3.33	3.79	3.57	3.71
	중간층	3.63	3.82	3.65	3.70
	중하층	4.07	3.80	3.98	3.85
	하층	4.50	3.91	4.21	3.73

자료: 한겨레경제사회연구원, 「한겨레21」, 글로벌리서치의 여론조사(2018년 1월).

(29.7퍼센트)와 50대(31.1퍼센트)보다는 높았다.

경쟁과 자율을 신봉하는 것도 20대 중상층의 특징이다. 이 여론조사에서는 '원하는 사회의 모습'과 관련해 여러 가치를 제시하며 물었다. 그중에는 개인의 능력 차이를 '인정하는 사회'가 바람직한지, '보완하는 사회'가 바람직한지를 묻는 질문이 들어 있다. 7점에 가까우면 능력 차이를 보완하는 사회를, 1점에 가까우면 능력 차이를 인정하는 사회를 선호함을 나타내는 이 질문에서 20대 중상층은 모든 연령-계층 집단에서 개인의 능력 차이를 인정하는 사회를 원하는 강도가 3.33점으로 가장 높았다. 이는 30~50대 중상층(3.57~3.79점)과 0.24~0.46점 차이 나는 결과이며, 30~50대 내부의 계층 간 차이보다 더 큰 수치였다. 이 조사를 기획한 사람 가운데 한 명인 한귀영 한겨레경제사회연구원 사회정책센터장이 부유한 20대를 가리켜 "경쟁에 자신이 넘치"고 "'조국 논란'에서 명문대생들의 자존감이 훼손되고 분노하는 이유와 겹친다"고 평가한 이유다.[6]

자신감이 넘치는 세습 중산층의 자녀들과 달리 나머지 90퍼센트의 자녀인 20대는 원하는 사회의 모습이 다르다. 동일한 질문에 대해 '20대 하층'의 평균 점수는 4.50점으로 모든 연령-계층 집단보다 더 평등 지향적이었다.

이 때문에 중상층과 하층 간의 점수 격차도 20대에서는 30~50대와 비교할 수 없을 정도로 크게 벌어졌다. 이러한 계층 간 격차는 20대의 경우 1.17점에 달해 30대(0.13), 40대(0.65), 50대

(0.02)보다 훨씬 크게 나타났다. 다시 말해 '개인의 능력 차이에 따른 결과의 차이를 사회가 어느 정도 메워주어야 하는가'라는 질문에 대해 30~50대는 계층에 관계없이 균질한 답을 내놓은 반면, 20대는 출신 계층에 따라 완전히 다른 입장을 드러냈다.

앞서 논의한 결혼 및 주택시장에서 부유한 20대와 그저 그런 또는 가난한 20대의 격차는 컸다. 이는 20대의 노동시장 진입 경험과 결과가 근본적으로 계층에 따라 다르기 때문에 발생했다. 여기서 가장 밑바닥에 있는 20대 하층이 개인의 능력에 따라 결과가 차등배분되는 사회에 거부감을 가지는 건 어찌 보면 당연한 결과다. 'N포 세대'는 20대 전체를 가리키는 용어가 아니라, 부유한 부모를 둔 능력 있는 20대에 속하지 못한 '나머지' 20대에 해당되는 신조어다. 그것이 세습 중산층의 자녀인 'G세대'와 N포 세대가 공존하는 이유다.

20대 남녀의 정치적 양극화? 그건 '세습 중산층' 내부 이야기

20대의 정치·사회·경제에 대한 의식은 부모의 사회경제적 지위 그리고 성별에 따라 현격한 차이를 보인다. 여기서 성별 차이가 나타난다는 것은 단순히 남성은 보수적이고 여성은 진보적이라는 게 아니다. 사회 계층에 따라, 남성과 여성의 정치·사회·경제의식이 변화하는 양상이 다르다는 의미다.

20대의 '세상을 보는 눈'에는 30대보다 더 '출신 계층에 따른 인식 격차'가 존재한다. 30대에게도 출신 계층에 따른 인식 격차는 있었다. 하지만 20대에서는 그 차이가 더 벌어지고, 차이가 나는 양태도 달라졌다. 이러한 성별과 계층에 따른 의식 분화 양상을 20대가 과거보다 진보적이지 않다든가, 또는 보수화되었다는 서술만으로는 담아낼 수 없다.

이를 잘 보여주는 데이터가 앞에서 20대의 계층 간 교육 불평등을 나타내기 위해 사용한 동그라미재단의 '한국사회 기회 불평등조사' 자료다. 이 조사에는 정치·사회·경제에 대한 인식을 묻는 45개의 문항이 있다. 그리고 20대의 삶에서 가장 큰 영향을 주는 시기인 만 15세 당시 부모의 사회경제적 지위에 대한 자료도 제공한다. 〈그림 7-1〉부터 〈그림 7-6〉까지 앞 장에서 김영미 연세대 교수가 2016년 논문에서 사용한 방법론을 차용한 것과 동일한 방식[7]을 써서 부모의 사회경제적 지위와 20대의 의식 구조 간의 관계를 살폈다. 김 교수는 남녀를 분리하지 않고 한번에 보였는데, 이 책에서는 남성과 여성을 각각 분리해서 비교했다.

그림의 가로축에 대해 다시 설명하자면 부모가 외벌이 가구인 경우를 기준으로 직업 및 학력에 따라 점수를 부여했다. 부모가 대졸 또는 초대졸이고 사무직에 종사하면 50점을 넘는다. 서비스직, 판매직이고 초대졸~고졸이면 40점대다. 블루칼라이고 초대졸~고졸일 경우 20~30점대다. 반숙련 조립원, 단순노무직인 경우 10점대에 속한다.

먼저 자신의 정치 성향에 대한 '자기 평가' 결과를 〈그림 7-1〉에서 살펴보자. 20대 남성과 여성이 큰 차이를 보이는데, 특히 부모의 사회경제적 지위가 높아질수록 격차가 벌어진다. 20대 남성과 여성의 정치적 양극화는 부모가 대졸-사무직 또는 대졸-전문직인 이들에게서 나타난다. 그리고 부모의 사회경제적 지위가 높아질수록, 동일 계층 내 남성과 여성의 정치적 양극화 현상이 분명해진다. 20대 남성이 보수화되었고, 20대 여성이 진보화되었다는 담론은 상당 부분 중상위층의 자녀들에 국한된 이야기인 것이다.

〈그림 7-1〉에서 남성과 여성을 나누어 살펴보자. 먼저 20대 남성은 30대 남성과 상당히 유사하며, 부모의 사회경제적 지위가 높을수록 보수적인 성향을 띤다. 다만 차이가 있다면 20점 이하, 즉 고졸 이하-블루칼라 계층의 자녀들이 30대보다 좀 더 보수적이라는 점이다. 부모의 사회경제적 배경이 최상층일 경우에도 보수적이긴 하지만, 정도는 30대보다 덜한 수준이었다. 과거에는 20대가 30대보다 진보적이었다면, 지금은 20대 남성의 보수화 정도가 심해졌다고 평가할 수 있다. 하지만 20대가 30대보다 뚜렷하게 진보적이어야 할 이유가 분명하지 않다. 오히려 1990년대부터 '진보적 20대'를 전제로 한 담론들이 대개 학생운동의 세가 남아 있을 때를 전제로 하는 것이었다는 사실

그림 7-1 자신의 정치 성향 평가

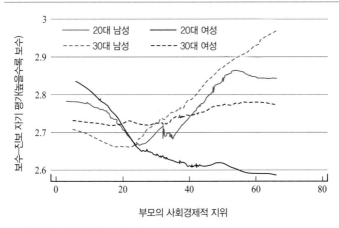

주: 5점 만점, 1에 가까울수록 진보적.
자료: 동그라미재단, 한국사회 기회불평등조사, 2016년.

을 감안하면, '정상화'의 과정을 밟고 있다고 평가할 수 있을지
도 모른다.

　여성의 경우 20대의 계층에 따른 정치의식 변화는 30대와
양상이 완전히 다르다. 30대 여성은 부모의 사회경제적 지위에
상관없이 정치 성향이 비슷하다. 그런데 20대는 부모의 사회경
제적 지위가 높아질수록 급격히 진보적인 성향을 띠게 된다. 50
대 부모가 대졸-화이트칼라일 경우 가장 진보적인 것이다. 남녀
간의 정치적 양극화가 발생하는 것은 이들 세습 중산층의 자녀
세대다.

　참고로 김영미 교수는 2016년 논문에서 20대와 30대를 한데
'청년'으로 묶어 그보다 고령인 세대와 비교했다.[8] 강도가 약하

긴 하지만 20~30대는 이전 세대와 달리 사회경제적 출신 배경
이 상류층일수록 보수적인 성향이었다. 이는 사회경제적 배경
과 정치적 보수성의 양陽의 상관관계가 20대가 아니라 30대에서
부터 나타나기 시작했음을 시사하는 것이기도 하다. 그리고 중
산층 보수화는 남성들에게서 나타나는 현상이다.

불공정·불평등에 대한 인식은 계급 문제

'세습 중산층' 내부에서 왜 20대 남성과 여성의 사회경제적
배경과 정치·사회의식 간의 관계가 서로 다른 양상을 보이는
지에 대한 해답은 한국 사회의 공정성에 대한 태도 격차에서 단
초를 찾을 수 있다. 〈그림 7-2〉에는 '한국 사회는 개인이 열심
히 노력하면 성공할 수 있는 사회인가'라는 질문을 '매우 그렇
다(1점)'부터 '전혀 그렇지 않다(5점)'까지 5점 척도로 물어보았을
때의 응답을 정리하였다. 30대는 남성과 여성의 인식이 비슷한
양상을 보였는데, 사회경제적 지위가 높아질수록 약간은 기회
공정성에 대한 보수성이 강해지지만 큰 차이는 아니었다.

20대의 경우에는 남성과 여성의 격차가 매우 크게 나타났다.
여성들은 이전보다 훨씬 강하게 기회 공정성이 존재하지 않는
다고 대답했다. 특히 사회경제적 지위가 낮을수록 '불공정'이 존
재한다고 인식했다. 사회경제적 지위가 높아지면 어느 정도 30

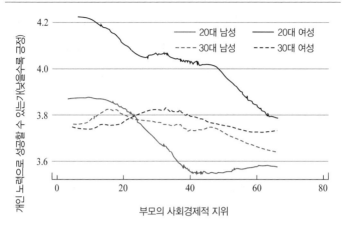

그림 7-2 개인의 노력으로 성공할 수 있는 사회인가에 대한 인식

주: '한국 사회는 개인이 열심히 노력하면 성공할 수 있는 사회이다'라는 질문에 대해 '매우 그렇다'(1점)부터 '전혀 그렇지 않다'(5점)까지의 척도로 답변.

출처: 동그라미재단, 한국사회 기회불평등조사, 2016년.

대 여성의 인식 수준에 근접해갔다.

반면 남성은 '공정성'이 존재한다고 보수적인 답을 내놨다. 부모가 블루칼라이면 30대와 비슷했는데, 가족의 사회경제적 지위 배경이 중간 정도(20~40점)일 때 급격히 공정성에 대해 긍정적인(다시 말해 보수적인) 인식을 갖기 시작하는 것으로 나타났다. 화이트칼라 부모를 두면 30대 남녀보다 훨씬 더 보수적이었다. 앞서 〈표 7-1〉에서 살펴본 「한겨레」· 글로벌리서치의 2018년 1월 여론조사 결과에서 나타난 한국 사회가 제공하는 기회에 대한 20대 중상위층의 강한 믿음은 남성 응답자들에게서 비롯됐다고 해석할 수 있는 결과다.

20대의 공정성에 대한 인식은 자신의 처지에 대한 공정성을 물었을 때 그 특징을 잘 보여준다. 〈그림 7-3〉에는 '현재 나의 사회경제적 상황은 내가 노력한 만큼 주어진 결과다'라는 질문을 앞서와 마찬가지로 5점 척도로 물어본 내용을 정리했다.

20대 여성의 경우 자신의 사회경제적 상황이 '공정하지 않다'고 느끼는 정도가, 가족의 사회경제적 지위 배경 점수가 높을수록 강했다. 사회의 공정성에 대해서는 가족의 사회경제적 지위가 높아질수록 공정하다고 인식하는 답이 많아졌지만, 자신이 노동시장 등에서 받은 몫에 대해서는 불만이 많은 것이다. 그래프 모양, 즉 사회경제적 위치 변화에 따른 공정성에 대한 인식 변화는 30대 여성과 비슷했지만, 그에 비해 훨씬 위쪽에 위치하여 자신의 상황이 공정하지 않다는 불만은 커졌다. 이는 20대

그림 7-3 현재 나의 상황은 공정한가에 대한 인식

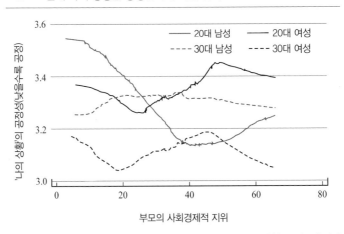

주: '현재 나의 사회경제적 상황은 내가 노력한 만큼 주어진 결과이다'라는 질문에 대해 '매우 그렇다'(1점)부터 '전혀 그렇지 않다'(5점)까지의 척도로 답변.
주: 동그라미재단, 한국사회 기회불평등조사, 2016년.

여성이 노동시장 등에서 본인이 얻는 지위가 스스로 들인 노력 등에 비해 불공정한 결과라고 인식하고 있음을 시사한다.

20대 남성의 경우 '결과의 공정성'에 대한 불만이 부모의 사회경제적 지위 배경 점수가 낮을수록 급격히 늘어나는 것으로 나타났다. 대신 부모가 고졸~초대졸로 서비스직에 종사하면 30 대보다 더 '공정하다'고 응답했다. 그리고 부모가 대졸-화이트 칼라 이상의 사회경제적 지위를 갖고 있으면 30대와 비슷한 수준이었다. 사회경제적 계층 지위에 따라 결과의 공정성에 대한 불만이 높은 정도는 일종의 좌우가 바뀐 'J 자' 형태였다.

〈그림 7-4〉는 사회경제적으로 취약한 위치에 있는 집단에 대한 인식을 묻기 위해 비정규직에 대한 설문을 분석한 결과다. '현재 비정규직으로 일하는 사람들은 왜 그렇다고 생각하십니까'라는 질문에 '자기 선택에 의해서'나 '본인의 능력이 부족해서'라고 답변하면 1점을 부여하고 '정규직 기회가 없어서 비자발적으로', '회사나 고용주의 차별에 의해', '기타'는 0점을 부여했다. 비정규직 고용 문제에 대해서 개인의 능력이나 선택의 결과로 보는지, 아니면 사회 구조의 문제로 보는지 살피기 위해서다. 그 결과 20대는 30대와 뚜렷이 다르게 사회경제적 배경 점수가 높을수록 비정규직이 개인의 선택이나 능력 문제라고 답했다. 그리고 남성이 여성보다 더 보수적이었다.

하지만 20대 남성의 답변은 30대 남성과 비교해서는 보수적이라고 보기 어려웠다. 그리고 부모가 대졸-사무직 정도가 아닐

그림 7-4 비정규직이 능력의 문제인지 선택의 문제인지에 대한 인식

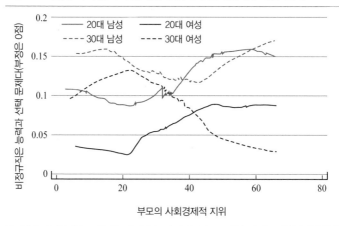

주: '현재 비정규직으로 일하는 사람들은 왜 비정규직으로 일을 한다고 생각하십니까'라
는 질문에 대해 '자기 선택', '능력이 부족해서'는 1점을 부여하고 '정규직 기회가 없어
서 비자발적으로', '회사나 고용주의 차별에 의해', '기타'는 0점을 부여.
자료: 동그라미재단, 한국사회 기회불평등조사, 2016년.

경우 '개인의 선택 문제'라고 답하는 비율이 약간 더 낮았다. 이
는 '부유하지 않은' 20대 남성의 경우 한국 사회가 기회가 보장
된 사회라는 믿음은 30대보다 강하지만, 자신의 경제사회적 처
지에 대한 불만은 더 강하고 또 비정규직 등 자신의 일자리와
관련된 문제에 대해서 약간 더 왼쪽에 있음을 시사한다.

　　여성의 경우 사회경제적 배경 점수가 40점 이상인, 즉 대졸-
화이트칼라 부모를 둔 20대가 30대보다 보수적이었다. 30대 여
성의 경우 오히려 부모의 사회경제적 지위 점수가 높아질수록
이 문제에 대해서 진보적이었는데, 20대는 거꾸로 보수적인 결
과가 나왔다. 20대 여성의 부모가 초대졸-서비스직이나 고졸-
생산직일 경우에는 비정규직 문제가 개인의 능력 문제가 아니

라고 생각하는 경향이 강했다. 즉 '부유하지 않은 20대 여성'의 경우 경제적 문제에 대해서 확실하게 왼쪽에 서 있었다.

불평등 문제에 대한 응답에서는 20대의 성별·계층별 반응이 확연히 갈렸다. 특히 20대에게 가장 민감한 일자리 문제와 교육 기회에 대한 질문에서 그러했다. 〈그림 7-5〉에는 취업이나 승진을 할 수 있는 기회의 불평등 정도'에 대한 질문에 '전혀 심각하지 않다'(1점)부터 '매우 심각하다'(7점)까지 답한 결과를 정리했다.

20대 여성의 경우 부모가 최상위 사회경제적 지위를 갖고 있는 경우를 제외하면 30대 남성·여성보다 모두 심각하다는 인식을 가지고 있다. 그리고 그 형태는 부모의 사회경제적 지위

그림 7-5 취업·승진 기회의 불평등에 대한 인식

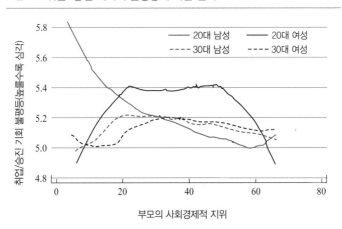

주: '취업이나 승진을 할 수 있는 기회는 얼마나 불평등한가'라는 질문에 대해 '전혀 심각하지 않다'(1점)부터 '매우 심각하다'(7점)까지의 척도로 답변.
자료: 동그라미재단, 한국사회 기회불평등조사, 2016년.

가 올라가면서 불평등하다는 인식이 강해진 뒤 일종의 고원같이 평평한, 즉 균질적인 인식을 나타냈다. 중간 정도 계층 출신의 여성은 거의 동일하게 취업이나 승진에 있어서 기회 불평등이 심각하다고 인식했다.

20대 남성의 경우에는 이 사안이 완전히 '출신 계급'의 문제였다. 부모의 사회경제적 지위 점수가 낮을수록, 즉 부모가 대졸-화이트칼라인 경우보다 초대졸-서비스직인 경우가, 또 고졸-생산직인 경우가 더 '취업이나 승진 기회가 불평등하다'고 답했고, 불평등하다고 느끼는 정도도 급격히 강해졌다. '부유하지 않은 부모를 둔' 남성과 중간층 여성이 취업 및 승진 기회의 불공정에 대한 불만이 컸다.

취업 기회의 불평등이 아니라 교육의 불평등을 물었을 때 20대 남성과 여성의 생각은 달랐다. 〈그림 7-6〉에는 '교육 기회의 불평등 정도'를 취업 기회의 불평등 정도에 대한 질문과 마찬가지로 7점 척도로 묻고 이에 답한 결과를 정리했다. 그런데 20대 여성은 다른 질문에 보여주었던 상대적으로 진보적인 모습과는 달리 이 사안에 대해서는 30대 남성과 비슷한 인식을 드러냈다. 부유하지 않은 30대 여성이 답한 '교육 기회의 불공정함'에 대한 인식은 20대 여성 집단에서는 찾아볼 수 없었다. 20대 여성들에게 있어서 교육 기회의 불평등 정도에 대한 인식은 출신 계층 배경에 상관없이 일정했다.

하지만 20대 남성의 인식은 취업 기회의 불평등만큼이나 부모의 사회경제적 지위에 따라 확연히 달라졌다. 부모의 사회경제적 배경이 고졸-생산직인 경우 30대 남성과 비슷했는데, 대졸-화이트칼라로 가면 급격히 더 기회가 평등하게 주어진다고 생각하는 것으로 나타났다. 이는 세습 중산층의 아들들이 '교육의 기회'에 대한 공정성에 대해서는 강한 믿음을 갖고 있다는 것으로 해석할 수 있다.

이 같은 결과를 음미하자면 먼저 오늘날의 20대가 '공정성'에 대해서 가지는 인식은 성별로 또 사회경제적 지위별로 다르다고 볼 수 있다. 이를 가장 잘 보여주는 게 중산층 여성의 공정성에 대한 인식이다. 여성의 경우 부모의 사회경제적 지위가 높을수록 불평등하고 불공정하다고 생각한다. 다시 말해 자신들

그림 7-6 교육 기회의 불평등 정도에 대한 인식

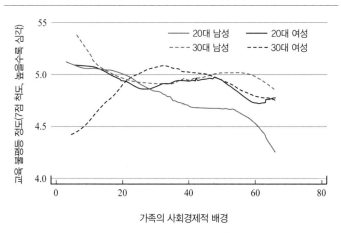

주: '교육 기회는 얼마나 불평등한가'라는 질문에 대해 '전혀 심각하지 않다'(1점)부터 '매우 심각하다'(7점)까지의 척도로 답변.
자료: 동그라미재단, 한국사회 기회불평등조사, 2016년.

의 '노력'을 사회가 가로막고 있다는 인식이 특징이다. 하지만 이 중산층 여성들은 타인의 '지위'에 대해서는 '노력의 결과'라는 답을 내놓는 경우가 많다. 노동시장에서 중상위층에 편입되는 비중은 늘어나지만, 오히려 그렇기 때문에 더 성별 차이에 따른 불평등 문제에 민감해졌음을 시사한다.

20대 남성은 대체로 이전 세대보다 더 개인의 사회경제적 위치가 '노력'에 따른 것이라고 생각한다. 하지만 자신의 지위가 스스로 들인 노력의 결과인지 묻는 질문에 대해서 사회경제적 지위가 중간 이하인 남성은 '노력'의 결과가 아니라고 생각하는 모습을 보인다. 그리고 비정규직 문제에 대해서 '부유하지 않은 부모를 둔' 남성은 더 '구조의 문제'라고 생각한다. 이처럼 20대 남성의 세계관에서 불평등과 불공정을 민감하게 받아들일지의 여부는 그가 어떤 계층에 속하느냐에 의해 좌우된다. 20대 남성 가운데 이전보다 기회의 공정성이나 능력 위주 사회에 대해서 목소리를 높이는 집단이 있다면 중산층 출신의 남성이라 예상할 수 있다.

이러한 측면에서 이른바 '공정성'에 대한 이슈는 20대 세습 중산층 자녀의 이슈다. 20대 중산층 남성이 왜 절차적 공정성에 예민하게 반응하는지는 앞 장에서 논의한 2010년 이후 노동시장에서 '번듯한 일자리'에 진입하는 데 가장 어려움을 겪게 된 집단이 20대 중산층 남성이라는 점과 연관될 것이다. 즉 그들의 '보수성'은 강한 경제적 압력이 존재하는 상황에서 '공정성'을 집착적으로 강조하면서, 자신이 그 '기회의 공정성'을 받지 못한다고 주장하는 서사이다.

하지만 부모가 고졸-생산직인 20대의 경우 확실하게 사회가 불공정하다고 인식하고, 또 노력해서 성공할 수 없다고 본다. 이 부분은 남성과 여성 모두 마찬가지다. 오히려 사회경제적으로 어려움을 겪는 20대 남성의 경우 최근의 '20대 보수화' 담론이 포괄하지 못하는 계층으로, 현재 한국 사회에 대한 강한 불만을 감지할 수 있다.

결국 지금의 '공정성' 문제는 20대 세습 중산층 자녀들에게 민감한 문제인 것이다. 누구나 노력만 하면 성공할 수 있는 세계는 세습 중산층의 자녀에게만 그 문이 열려 있는 세계다.

8장

'20대 남성 보수화'라는
신화

'20대 남성' 담론의 허실

2020년 총선을 앞두고 다시 '청년'이 화두다. 연세대학교에서 미디어문화 연구로 박사과정을 밟고 있는 김선기 씨는 "2010년 이후 청년들이 투표해야 세상이 좋아진다는 식의 담론이 선거 때마다 진보 인사들의 말과 글을 통해 퍼져나갔"다며 선거 몇 달 전부터 청년 담론이 갑자기 각광받는 현상이 반복되었다고 지적한다. 김 씨는 하지만 그 청년들이 적극적으로 정치에 참여하여 세상을 바꾸는 결과 같은 건 나오지 않았다고 덧붙였다. 그러자 기성세대들은 어김없이 "'새로운 존재론적 윤리를 내면화한 청년세대의 출현'으로 세대론의 정치적 기획이 파탄나게 되었다는 분석"[1]을 내놓았다는 게 김 씨의 일갈이다. 다시 말해

20대가 민주당이나 진보 세력에 충분히 표를 몰아주지 못해서
보수 세력이 이겼다는 이른바 '20대 개새끼론'[2]과 유사한 담론
이 계속해서 나왔다는 얘기다.

이런 측면에서 2018년 이후 진보 진영에서 나오는 '20대 남
성 보수화'론은 이른바 청년정치로 포장된 세대정치 기획의 최
신판이라 할 수 있다. 다만 2010년대 후반답게 정교하게 바뀐
측면이 몇 가지 있다.

가장 '정교' 또는 '복잡'해진 측면은 20대 전체가 아니라 '남
성'이라는 성별이 부각된다는 점이다. 이는 두 가지 의미에서다.
첫 번째는 응당 그래야 할 모습대로 정치적으로 진보, 정확히는
민주당 계열 정당을 지지하는 20대 여성과 달리 20대 남성은 집
나간 탕아마냥 행동한다는 것이다. 2018년 하반기 문재인 대통
령 지지율이 가장 급락한 집단 중 하나로 20대 남성이 조명되면
서 '20대 남성 보수화'론이 계속해서 제기되었다. 더불어민주당
의 설훈, 홍익표 의원처럼 "학교교육이 반공교육이었다"[3]고 말
하며 보수 정권의 의식화 때문이었다고 주장하는 복고적 스타
일부터, "가장 효과적인 경제 방책이라는 게 자기 아버지 재산을
물려받는 것"이라고 말하며 "아버지의 자산이… 굉장히 중요한
판단 기준이 된다는 것"[4]이라고 주장하는 여론조사회사 윈지코
리아컨설팅의 이근형 대표가 내세운 경제주의적 해석까지 백가
쟁명식의 원인 분석이 이루어지고 있다.

다른 한편에서 '남성'이 부각되는 이유는 20대 남성 집단 내

부에서 '20대 여성 위주로 돌아가는 사회'라는 인식이 확산되고 있고, 그러한 변화에 대한 반발이 거세기 때문이다. 주간지 「시사IN」이 한국리서치와 함께 2019년 3월 실시한 여론조사에 따르면 '법 집행이 남성에게 불리하다'고 답한 응답이 20대 남성은 53.6퍼센트로 전체 남성 평균인 26.7퍼센트보다 두 배 이상 높다.[5] 또 이들은 '한국에서 결혼은 여성에게 유리하다'는 질문에 대해 66.3퍼센트가 '그렇다'고 답하는 등 "결혼시장과 같은 사회문화적 권력 관계에서도 남자가 약자"라고 생각한다. 이는 대통령 직속 정책기획위원회가 2019년 2월에 작성한 '20대 남성 지지율 하락 요인 분석 및 대응방안' 보고서에서 20대 남성의 대통령 지지율 하락이 "문재인 정부의 '친여성' 정책 기조에 대한 불만의 표시인 것으로 해석 가능"[6]하다고 분석한 것처럼, 20대 내부의 성별 갈등이 좀 더 여성친화적인 민주당 또는 진보 진영에서 남성이 이탈하는 요인이라는 시각과 연결된다.

그런데 최근의 '20대 남성 보수화'론은 적잖은 결함이 있다. 먼저 정치적 지지율 추이를 살피면 20대 남성이 유독 최근에 보수화됐다고 볼 수 없다. 20대 남성의 대통령 국정수행 지지율은 앞서 말했듯 2018년 11월 급격히 하락하긴 했지만, 예전부터 이들의 민주당 또는 진보 정당 지지율은 50~60대와 비슷한 수준에 불과했다. 갤럽 여론조사에 따르면 2017년 5월 대선 직전 20대 남성의 문재인 당시 후보 지지율은 29퍼센트로 20대 여성(50퍼센트)보다 21퍼센트포인트 낮았고, 50대(35퍼센트)보다 더 낮았다.[7] 일시적으로 대통령 지지율이 오르긴 했지만, 그것은 취임 초기 이른바 '촛불 정부'에 대한 기대 때문이었다고 해석할 수 있다.

직접적인 비교 대상 집단인 20대 여성의 정치 성향이 과거에도 지금처럼 진보적이었는지도 따져봐야 할 문제다. 현재 20대 여성이 과거 세대보다 진보 쪽으로 대폭 이동한 것이라면, 20대 남성의 보수화는 흔히 논의되는 것보다 소폭으로 이루어진 것이기 때문이다. 그 경우 남성의 보수화뿐만 아니라 여성의 진보화도 20대의 정치적 양극화를 촉발시켰다는 의미가 된다. 이는 한쪽의 보수화만 붙잡고 늘어져서는 20대 정치의식 문제를 객관적으로 살필 수 없다는 결론으로 이어진다. 앞 장에서 논의한 것처럼 이념적 자기 평가 결과 20대 여성은 30대 여성에 비해 훨씬 더 진보적이고, 특히 중산층 출신일 경우 진보화 정도가 더 크다.

'20대 남성 보수화'론의 보다 근본적인 결함은 지금까지 여러 차례 서술했던 것처럼, 20대는 하나의 '세대'로 뭉뚱그릴 수 없으며 이전 세대보다 훨씬 더 큰 계층 간 격차 속에서 살아간다는 점에 있다. '세습 중산층'이라 할 수 있는 계층과 그렇지 못한 계층이 존재하며 두 집단 내부에서도 사회경제적 지위 등의 세부 격차가 크다. 따라서 그것을 마치 '공기처럼' 마시고 살아가는 20대의 정치의식은 균질할 수 없는 것이다.

가령 같은 20대 남성이라고 해도 젠더 문제에 대해 '나는 피해자'라고 느끼는 메커니즘이 계층에 따라 상이하다. 다소 단순화해 이야기한다면 중상위층 20대는 동일 계층 여성과 명문대 진학과 번듯한 일자리 취업을 놓고 예전보다 격렬한 경쟁을 벌여야 하기 때문에 분노한다면, 비정규직을 전전하면서 사회경제적 약자로 살아가는 20대는 연애와 결혼시장에서의 경험을 통해 자신이 '약자'라는 현실을 절감하게 되면서 분노한다고 볼 수 있다. 여성의 경우에도 명문대를 나오고 남성 못지않은 능력을 갖췄지만 여전히 남성 우위인 사회에 분노하는, 진정한 능력 본위 사회를 희구할 수밖에 없는 중상위층 여성과 여성 차별적 노동시장에서 월 200만 원을 밑도는 일자리를 전전하면서 중층적인 차별을 겪는 하위층 여성 사이에서 젠더 문제에 대한 감수성이 같을 것으로 보기는 어렵다.

한편 또 다른 '담론 정교화'의 흐름은 20대 내부의 계급 격차를 주목하는 시각이 나타났다는 것이다. 조국 전 법무부 장관을 둘러싼 논란이 결국 '강남 좌파'도 강남 사는 사람의 행태를 그대로 보여주는 것 아니냐는 인식이 확산되면서다. 그런데 이 20대 계급론에는 층위가 다양하다. 가장 전통적인 80년대 학번 진보 세력의 주장은 그래도 기득권(또는 보수 세력)이 문제라는 것이다. 성한용 「한겨레」 선임기자가 "기득권 세력은 '시선 돌리기'의 도사들이다. 계급의 문제를 늘 다른 쟁점으로 물타기했다"고 말하며 1퍼센트의 기득권을 옹호하는 보수 세력이 문제라고 주장했던 방식이다.[8] 조돈문 노회찬재단 이사장처럼 직접적으로

"이번 사태는 우리 사회에서 계급 불평등이 어떻게 재생산되느냐를 보여준 것이다. 20대들이 지지를 철회한 것은 계급 불평등이 세습된다는 사실에 분노한 거다"라는 지적도 제기된다.[9] 하지만 20대의 정치의식에 이 '계급'이나 '불평등' 요인이 단순한 '분노의 축적'으로 나타난다고만 주장하는 데는 한계가 뚜렷하다. 이는 세대정치를 계급정치로 치환한 뒤, 옛 좌파들이 혁명의 주체로 노동자를 호출하듯 20대를 저항의 주체로 호출하는 방식이다. 20대를 하나의 동질한 집단으로 규정한 뒤 그들을 역사의 올바른 방향으로 이끌어야 한다는 발상인데, 세대론에 계급론이라는 포장지를 입힌 게 전부인 주장인 데다 엘리트 특유의 오만함까지 더해져 진보 세력 내부 논의에 그치고 있는 실정이다.

오히려 현재 20대의 정치의식을 보기 위해서는 이들이 극도로 계층화된 사회를 살아가고 있다는 점을 전제로 하고, 계층별로 생활세계에서 겪는 경험이 다르다는 점을 인정해야 하지 않을까. 앞 장에서 여러 차례 보았듯이 20대라는 연령대는 청년이라는 말 하나로 포괄하기에는 너무나 이질적인 소집단으로 나누어져 있다. 그리고 노동시장 진입을 전후로 하는 생활세계의 경험이 상이하다. 결국 통상 유권자 집단을 각기 다른 연령, 성별, 지역, 사회 계층 집단으로 나누어 살피듯 20대라는 연령 집단도 각기 다른 소집단으로 나누어야 하는 시대가 왔다는 게 더 현실에 들어맞는 인식일 것이다. 요컨대 그럴듯한 '담론'을 정교한 '실증'으로 대체할 시기가 온 것이다.

2016~2017년 20대 '보수 이탈' 분석

실제 20대의 정당 지지는 어떠한지 알아보고자 2013년 1월부터 2019년 7월까지 갤럽의 월간 정당 지지도 조사를 살폈다. 정당 지지도를 변수로 삼은 것은 대통령 국정수행 지지도보다 훨씬 더 정치적 선호political preference를 살피기 용이하고, 일시적 요인에 의해 변동이 존재하는 대통령 지지도보다 안정적이기 때문이다. 선거에서 후보의 득표력은 정당에 대한 선호라는 기초 위에 후보에 대한 선호가 결합된 것으로 보는 시각이 깔린 것이기도 하다. 유권자가 정당을 기준으로 투표 행위를 한다는 이른 바 정당일체감party identification 이론은 고전적인 투표 행태의 설명 방식이기도 하다. 기간을 7월까지로 제한한 것은 조국 전 법무부 장관을 둘러싼 논란을 한꺼번에 고려하지 않기 위해서다.[10]

정당 지지는 크게 범민주·진보(민주당 계열 정당+정의당 등), 범보수(자유한국당과 우리공화당·대한애국당 등 보수 정당), 제3당(국민의당·바른정당·바른미래당 등), 없음·기타의 4개로 나누었다. 2013년부터의 분석으로 2016년 총선을 전후로 정당 간 분화와 이합집산이 있는 상황에서 크게 진보(민주당과 진보 정당)와 보수로 나누고, 여기에 더해 국민의당과 바른정당 등을 제3당(또는 제3세력)으로 분류한 것이다. 다만 제3당은 2016년 1월부터 여론조사에 포함됐다. 기간이 6년 7개월이기 때문에 어느 정도 중장기적인 정치적 선호의 변화를 살필 수 있다.

먼저 〈그림 8-1〉에서 2013년 상반기와 2019년 상반기의 20
대 남성, 20대 여성, 학생의 정당 지지율 변동을 비교해보면, '의
외'의 사실이 나타난다. 남성과 여성의 범보수 정당 지지율이 거
의 같은 규모로 하락한 것이다. 남성은 20퍼센트포인트, 여성은
19.5퍼센트포인트나 내려갔다. 요컨대 보수 정당 이탈의 '규모'
는 남성과 여성이 거의 차이가 없다.

더구나 2018년 4분기에 대통령 지지율이 하락했고 그 가운
데 20대 남성의 하락폭이 컸다는 사실을 감안하면 20대 남성의
보수 정당 이탈 규모가 여성 못지않다는 점에서 그들이 최소한
탈보수화되어 있다는 것을 시사한다. 많은 20대 남성이 대통령
지지를 철회하긴 했지만, 그렇다고 그들이 보수 정당 지지로 옮

그림 8-1 정당 지지율 증감 비교(2013년 상반기 대비 2019년 상반기)

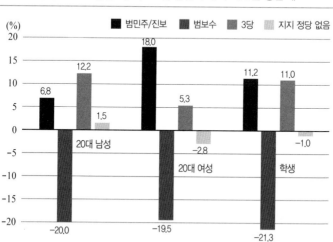

자료: 한국갤럽조사연구소, 데일리오피니언 제50호(2013년 1월)~제364호(2019년 7월).

겨간 것은 아니기 때문이다.

　20대 남성과 여성의 차이는 각각 보수 정당에서 20퍼센트포인트 정도 이탈한 이들이 어디로 이동했느냐다. 여성의 경우 범민주·진보 정당 지지율이 18퍼센트포인트 늘었다. 보수를 이탈한 유권자들이 진보로 옮겨간 모양새다. 반면 남성의 민주·진보 정당 지지율 증가폭은 6.8퍼센트포인트에 불과했다. 대신 제3당 지지율은 남성이 12.2퍼센트포인트 늘어난 데 반해, 여성은 5.3퍼센트포인트 늘어나는 데 그쳤다. 제3당은 2016년 이후 창당했기 때문에, 지지율 증가폭은 사실상 제3당 지지율 확보 비율을 의미한다. 무당파는 남성이 1.5퍼센트포인트 늘고, 여성은 2.8퍼센트포인트 감소했다.

　순증감만 놓고 보면 남성은 보수 정당 이탈층 가운데 3분의 2 정도가 제3당 지지로 바뀌었다. 그런데 여성은 거의 대부분 민주·진보 정당 지지로 흡수됐다. 보통 정치적 선호가 보수와 진보 사이를 바로 움직이지 않고 보수와 중도 또는 중도와 진보를 징검다리 건너뛰듯 옮겨간다는 것을 감안해본다면 여성의 진보로의 쏠림에 대해서는 6년 전의 20대 여성보다 지금의 20대 여성이 훨씬 더 진보적인 생각을 갖고 있기 때문으로 보는 게 자연스러울 것이다. 또 20대 남성의 경우 그들이 '보수화'되었다기보다는 민주·진보 정당에 포섭되지 못한 계층이 대규모로 존재한다는 것을 시사한다. 즉 20대 남성은 보수화된 게 아니라 '비당파화'되어 있는 데 가깝다.

20대 남성의 정당 지지율을 2013년부터 살펴볼 때(〈그림 8-2〉참조) 먼저 감안해야 하는 사실은 2016년 이전에는 20대 남성의 보수 정당 지지가 민주·진보 정당 지지를 앞지르고 있었다는 점이다. 2013~2014년 20대의 정당 지지율 평균을 보면 보수 정당이 32.3퍼센트, 민주·진보 정당이 28.2퍼센트로 조금이나마 보수 우위였다. 그러던 것이 2019년 상반기 보수 정당은 11.3퍼센트로 쪼그라들고, 민주·진보 정당은 32.3퍼센트로 올라간다.

20대 남성의 보수 정당 이탈은 2016년 4월 총선을 전후한 시기에 집중되어 있다. 2016년 2월부터 4월까지 줄어들던 보수 정당 지지율은 2016년 5월 16퍼센트로 하락하고, 그해 11월 9퍼센트를 기록하며 처음으로 10퍼센트 밑으로 내려간다. 그러던 것이 2018년 11월 10퍼센트를 기록하면서 2년 만에 10퍼센

그림 8-2 20대 남성의 정당 지지 추이

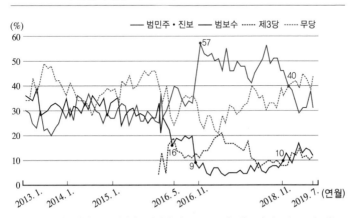

자료: 한국갤럽조사연구소, 데일리오피니언 제50호(2013년 1월)~제364호(2019년 7월).

트대로 회복한다. 민주·진보 정당 지지율은 보수 정당 지지율 변화를 뒤집은 대칭 형태다. 2016년 4월 총선, 2016년 10월 촛불집회 등으로 최고 57퍼센트까지 상승했던 지지율이 2018년 12월 40퍼센트를 기록한 뒤 가파르게 하락하고 있다.

보수 정당에서 이탈한 뒤, 일시적으로 범민주로 쏠렸던 지지율이 2018년 말부터 향하는 곳은 제3당이다. 제3당에 대한 지지율은 2018년 하반기 8.3퍼센트였는데, 2019년 1~7월 12.1퍼센트로 상승했다. 또 문재인 정부가 출범한 2017년 당시 21퍼센트까지 하락했던 무당파(지지 정당 없음)는 2019년 1월 41퍼센트를 기록한 뒤 40퍼센트 안팎을 넘나들고 있다.

결국 20대 남성의 정치적 선호에는 두 가지 특징이 있다. 먼저 2016년 하반기~2017년 초 촛불집회와 박근혜 전 대통령 탄핵이 정당 지지율 변화에 큰 영향을 주지 않았다는 것이다. 그들에게 오히려 중요한 보수 이탈의 계기는 2016년 4월 총선이었다. 그들은 이른바 '탄핵 정국' 조성의 원인이 된 보수의 지지 기반이 붕괴되는 과정에서 먼저 이탈한 집단이다. 두 번째는 보수 정당과 민주·진보 정당에서 각각 한 번씩 이탈한 경험을 한 이들이 많다는 것이다. 2016년 9~11월을 전후해 새롭게 늘어난 민주당 지지자 가운데 상당수가 2018년 하반기 지지를 철회한다. 20대 남성 가운데 다수는 양당 체제에 대해 부정적인 생각을 갖고 있는 이들로 보아야 할 것이다.

이와 비교해서 2016~2017년을 전후로 20대 여성의 정치적 선호에서 나타난 가장 큰 특징은 '보수 극혐(정말 싫어한다는 의미)' 이다. 〈그림 8-3〉을 보면 2013~2014년 20대 여성의 보수 정당 지지율은 평균 21.3퍼센트였는데, 2019년 상반기에는 3.7퍼센트를 기록했다. 2017년 상반기 1.5퍼센트로 떨어진 뒤 회복을 하지 못하고 있는 것이다. 민주·진보 정당 지지율은 2013~2014년 34.5퍼센트에서 2019년 상반기 51퍼센트로 오른 뒤 계속 높은 수준을 유지하고 있다.

20대 여성은 보수 이탈 시기도 남성과 다르다. 보수 정당을 지지하던 20대 여성이 민주당을 향한 시기는 2016년 10~11월로, 최순실 국정농단 사건이 드러나고 촛불집회가 발생했던 기간이다. 남성과 다르게 2016년 총선은 영향이 크지 않았다. 2016년 5~9월 보수 정당 지지율은 평균 11.6퍼센트로 같은 해

그림 8-3 20대 여성의 정당 지지 추이

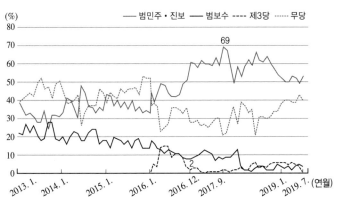

자료: 한국갤럽조사연구소, 데일리오피니언 제50호(2013년 1월)~제364호(2019년 7월).

1~4월 15.2퍼센트와 비교해 3.6퍼센트포인트 하락한 데 지나지 않았다. 그런데 2016년 10~11월 들어 급락하면서 12월 2퍼센트로 떨어졌고, 그 이후에는 5퍼센트를 밑돌고 있다. 결국 20대 여성의 보수 정당 이탈은 2016년 4월 총선이라는 정치 이벤트와 그 결과 보수 집권 블록의 와해에서 비롯된 것이 아니다. 오히려 기존에 보수 정당을 지지했던 20대 여성의 이탈은 2016년 하반기의 국정농단 사건에서 보수 정치 세력의 파탄 난 국정 수행 능력과 비도덕성이 드러난 데 기인한다.

민주·진보 정당 지지율도 2016년 4월 총선 전후 상승폭은 적다. 여성 지지율이 큰 폭으로 늘어난 시기는 2016년 11~12월이다. 2017년 9월 69퍼센트까지 치솟았던 민주·진보 정당 지지율은 2018년 12월 이후 내려가기 시작해 50퍼센트 초반대를 유지하고 있다.

'지지 정당 없음'의 등장

2013년 1월부터 정당 지지율 추이를 보면 20대 남성과 여성 공히 보수 정당과 민주·진보 정당 양쪽으로 이동하지 않은 사람들이 이전 세대보다 많다는 것이 드러난다. 20대 남성뿐만 아니라 20대 여성들도 상당한 규모가 '지지 정당 없음'을 선택했다. 흔히 이러한 무당파는 정치적 무관심층이라고 간주되지만,

20대의 경우 남성과 여성 모두 '의식적으로' 기존 정당을 지지하지 않는 흐름이 관찰된다.

30대와의 정당 지지율 추이를 비교할 경우 '20대 내부에 대규모 비당파가 존재하지 않는가' 하는 가설을 세울 수 있다. 앞서 사용했던 갤럽의 정당 지지율을 활용해 20대 남녀와 30대 남녀에서 민주·진보 정당 지지, 범보수+제3당 지지, 무당파(지지 정당 없음)의 세 가지 정치 선호의 비율 변화를 살폈다. 〈그림 8-4〉의 왼쪽 꼭짓점은 민주·진보 정당 지지, 오른쪽 꼭짓점은 보수 정당 및 제3당 지지, 그리고 꼭대기는 무당파다. 세 모서리에 가까워질수록 각각 세 정치 선호 비율이 높아짐을 의미한다.

30대의 경우 2016년 총선과 촛불집회를 계기로 남성과 여성 모두 보수 정당 지지와 무당파가 줄고 그만큼 민주·진보 정당 지지가 늘었다. 삼각형 가운데의 약간 왼쪽(민주·진보 정당 쪽)에서 움직이던 지지율 궤적이, 2016년 4월부터 왼쪽 아래로 이동한다. 즉 무당파들이 확연히 감소하고 민주당 지지로 이동했다. 2016년~2017년 30대의 민주당 지지 증가는 보수 정당에서 이탈한 유권자와 무당파 유권자의 두 그룹이 모두 유입된 결과다. 그리고 2018년 4분기 이후 여성은 무당파와 범보수 양쪽으로 지지율이 이동하지만, 남성의 경우 무당파의 증가는 나타나지 않는다.

그런데 20대는 30대처럼 무당파 비중이 크게 변화하지 않는다. 20대의 정당 지지 궤적은 좌우로 움직이는 형태이지, 위아래

그림 8-4 30대와 20대의 지지 정당 추이(2013년 1월~2019년 7월)

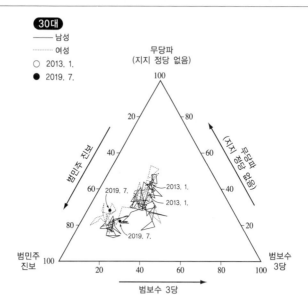

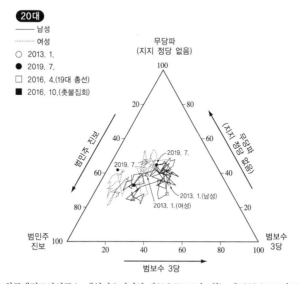

자료: 한국갤럽조사연구소, 데일리오피니언 제50호(2013년 1월)~제364호(2019년 7월).

움직임은 크지 않다. 특히 아래로 내려가지 않는다. 보수-진보 간의 지지율 변동만 눈에 띌 뿐이다. 그리고 이는 남성과 여성 모두 마찬가지였다. 대규모 무당파 집단이 존재하는 것이다. 반면 30대의 경우 궤적이 왼쪽 아래로 내려가는, 즉 무당파가 대규모로 줄고 민주·진보 정당 지지가 늘어나는 형태를 보였다.

앞서 서술했듯이 통상 정치적 선호의 변화는 진보↔중도와 중도↔보수가 주를 이룬다. 보수나 진보에서 정당 지지를 거두어들인 유권자는 중도 쪽으로 이동하지, 바로 이념적 좌표가 상이한 상대 진영으로 옮겨가지 않기 때문이다. 하지만 20대의 정치적 성향 변동에서 관찰되는 양상은 진보↔보수의 지지 변동이다. 이는 '지지 정당 없음'이라는 답변이 20대에게서는 중도파라기보다는 무당파임을 의미한다.

관건이 되는 건 이 무당파의 성격이다. 먼저 정치에 완전히 무관심하거나 배제되어 있는 계층이 폭넓게 존재하고, 이들에게 2016~2017년에 발생한 정치적 사건은 큰 영향을 미치지 않았다고 생각해볼 수 있다. 이럴 경우 이들은 정치에 관심이 있거나 최소한 정치적 선호를 가진 그룹과 아예 탈정치화된 그룹으로 나누어져 있을 가능성이 있다.

두 번째는 이 무당파 가운데 다수가 정치에 무관심한 게 아니라 기존 정당에 대해 부정적인 태도를 가진 이들일 가능성이다. 일종의 '적극적 비당파' 또는 '반反기성 정당파'라고 부를 수 있는 이들의 존재를 시사한다. 류재성 계명대 교수는

2012~2014년 전국 단위 선거를 분석한 2015년 논문에서 "한국의 무당파 유권자는 미국처럼 정치 일반과 선거에 대한 무지와 무관심, 무태도를 가진 유권자 집단이라 볼 수 없다"면서 "정당에 대한 무태도를 가진 집단이 아니라 정당에 대한 부정적인 태도를 가진 집단으로서 정당을 기준으로 한 후보 선택을 … 의식적으로 거부하는 집단"이라고 분석했다.[11] 그리고 그 대표적인 부동층 유권자 집단으로 젊은 층을 지목했다. 이러한 분석을 채택하면, 30대와 비교해 20대에 훨씬 규모가 많은 '지지 정당 없는' 무당파 집단은 사실 현재 더불어민주당과 자유한국당의 양당 체제 또는 '87년 체제'라고 불리는 진보와 보수의 이념 구도에 염증을 느끼고 반감을 가진 집단으로 볼 수 있다.

젠더 갈등과 SNS 배후의 '계급'

2018년 3월 조선아 씨가 발표한 「서울시 남자 대학생의 삶의 만족도가 여성 혐오에 미치는 영향: 결혼 의향의 조절효과를 중심으로」라는 논문은 20대에게서 나타나는 젠더 갈등, 정확히는 남성들의 여성 혐오(여성에 대한 적대감 및 성차별적인 태도)가 어디서 오는가에 대한 단서를 제공해준다.[12] 조 씨는 이 논문에서 서울 4년제 대학에 재학 중인 남성 256명을 대상으로 설문조사를 실시해 연령, 사회경제적 수준, 이성교제 경험 여부, 삶의 만족도,

결혼 의향 등과 여성에 대한 적대감, 적대적 성차별, 친밀한 관계에서 폭력 허용도 등 여성 혐오 감정 정도 간의 관계를 분석했다.

이 연구에서 흥미로운 점은 여성 혐오의 양상 가운데 '여성에 대한 적대감'이 부각되고 '적대적 성차별'이나 '폭력 허용도'는 낮은 수준이었다는 것이다. 여성에 대한 적대감에는 여성의 행동이 기만적이며 편의에 따라 외모를 이용한다는 불신, 사회에서 여성보다 훨씬 더 많은 부담을 진다는 피해의식, 여성에 대한 주변 지인의 부정적인 감정 등이 포함된다. 일종의 정서적인 반응이 도드라진 것이다. 또한 여성에 대한 적대감에 영향을 미치는 요인이 삶의 만족도와 결혼 의향인 것으로 드러났는데, 삶의 만족도가 낮을수록 여성에 대한 적대감이 높아졌다. 또 결혼 의향이 없다고 답한 집단에서 삶의 만족도와 여성에 대한 적대감 간의 음의 상관관계가 크게 뛰었다. 결혼 의향이 없다고 답한 응답자는 전체의 11.7퍼센트였다.

그런데 '삶의 만족도'는 사회 계층의 영향을 많이 받는다. 앞서 7장의 〈표 7-1〉에서 살펴본 「한겨레」·글로벌리서치의 설문조사 결과에서 잘 드러나듯이 중상위층 이상의 20대 남성은 어떤 연령-계층 집단보다 삶의 만족도가 높다. 이는 거꾸로 삶의 만족도가 낮은 집단은 소득이 낮은 계층 집단이라는 걸 의미한다. 앞에서 살펴본 것처럼 남성의 경우 소득이 많을수록 그리고 직업이 안정적일수록 결혼율이 높아졌듯이 출신 계층과 결혼 의향의 관계도 마찬가지라고 보는 게 자연스럽다. 조 씨는 "현재 청년층 남성의 삶의 만족은 남성이라면 자연스럽게 주어지던 사회적 인정과 권력이 자본에 의해 결정되기 시작하면서, 이를 획득하고자 열심히 노력하나 시장의 구조적 위기로 좌절되는 상황들로부터 위협받기" 쉬워졌다고 말하며, 결국 사회경제적 문제가 삶의 만족도에 영향을 미치는 것으로 봤다.

이 결과는 천관율 「시사IN」 기자와 정한울 한국리서치 전문위원의 주장과 연결 지을 수 있다. 두 사람은 20대 남성을 상대로 실시한 설문조사 결과를 분석한 뒤 페미니즘에 반대하는 남성 소수자 집단이 등장했다고 주장하였다.[13] 그리고 20대 남성 가운데 25.9퍼센트가 페미니즘 관련 인식을 물은 6개 질문에서 모두 강한 반대를 답한, 일관성 있고 확고한 정체성을 가진 마이너리티 집단임을 확인했다. 이들은 "짝짓기 시장에서 가장 상처받는 집단"으로 "연애·결혼시장에서 상대에 대한 불신과 자기 긍정 둘 다 가장 강"해 해당 시장에서 불만을 가질 수밖에 없는 집단으로 나타났다. 학창 시절 여성에게 밀렸던, 즉 여성에 뒤처져 원하는 학교 진학에 실패한 경험과 연애·결혼시장에서 외면당한 경험이 "이 집단의 반페미니즘 정체성을 형성한 후보 중 하나"라는 게 두 사람의 진단이다.

남성이 대학 진학 과정에서 여성에 밀리고, 연애·결혼시장에서 열등한 지위를 차지한다는 이야기는 앞서 대졸자들의 노동시장 진입과 진입 이후 소득과 결혼 이행 비율 간의 관계를 분석하면서 다룬 내용이다. 그런데 두 경험은 엄격하게 보면 20

대 남성의 출신 계층에 따라 분리된다. 대학 진학과 '번듯한 일자리'에서 여성 경쟁자에 밀리는 것은 주로 중산층 이상 남성이 겪는 경험이다. 그리고 연애·결혼시장에서 상처받는 것은 번듯한 일자리를 확보하는 데 실패한 남성 집단이 겪는 경험이지만, 특히 사회경제적 계층 배경 지위가 낮은 집단일수록 그 상처의 정도가 강할 가능성이 크다.

이는 20대 남성 집단이 주도하는 젠더 갈등이 결국 20대 남성 각각이 속한 계층에 따라 다른 동기에 의해서 발생하며, 또 그것이 계층에 따른 사회경제적 이해관계와 혼합될 가능성이 높다는 사실을 의미한다. 역으로 그 때문에 '여성 혐오'를 중심으로 한 20대 남성 대상의 포퓰리즘은 그저 호사가들이 언급하는 '가능성'에 그칠 확률이 높다. 젠더 갈등만을 가지고 단일한 유권자 집단을 구성하기 위해서는 그러한 '세계관의 차이'를 극복하고 봉합하는 기제를 제시해야 하는데, 이는 불가능에 가깝기 때문이다. 바른미래당의 하태경 의원과 이준석 최고위원은 토론회를 열어 20대 남성의 반감이 큰 '워마드'(남성 혐오에 중점을 두는 인터넷 커뮤니티)를 공격 대상으로 삼고 "오히려 젊은 남성들이 역차별을 받고 있는 만큼 여성을 우대하는 법안에 시효를 두겠다"(하태경 의원)는 발언을 내놓았지만 좀처럼 20대 남성의 호응을 얻지 못하고 있다.

젠더 갈등뿐만 아니라 20대의 특징이라 언급되는 스마트폰 기반의 소통도 사실 계층에 따라 그 방식과 강도를 달리한다. 정보통신정책연구원KISDI이 2018년 5월 실시한 조사 자료를 이용해 20대의 월 소득과 '가장 많이 사용하는 SNS'를 교차 비교해 보면 소득에 따라 주로 사용하는 SNS에 차이가 난다.[14]

⟨그림 8-5⟩를 통해 조사 대상 803명 중 소득이 있는 403명을 분석한 결과를 보자. 소득이 높아질수록 사용 빈도가 늘어나는 SNS는 인스타그램과 네이버 밴드다. 인스타그램의 점유율은 각각 월 소득 150만 원 미만은 17.8퍼센트, 월 소득 150만~249만 원은 17.2퍼센트인데 월 소득 250만 원 이상 집단에서는 22.9퍼센트로 뛴다. 네이버 밴드의 점유율도 월 소득 기준 150만 원 미만 3.3퍼센트, 150만~249만 원이 6.9퍼센트, 250만 원 이상이 14.6퍼센트로 고소득 집단에서 사용 빈도가 높다. 페이

그림 8-5 20대 소득별 SNS 사용행태

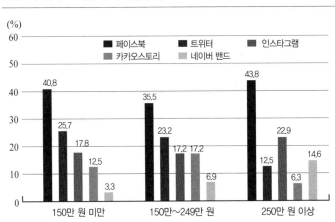

주: '1순위로 주로 사용하는 SNS 서비스'기준.
자료: 정보통신정책연구원 한국미디어패널조사 2018년 5월.

스북도 월 소득 250만 원 이상 집단에서 점유율(43.8퍼센트)이 상대적으로 높았다.

거꾸로 트위터는 소득이 높은 집단일수록 점유율이 낮다. 월 소득 기준 150만 원 미만은 25.7퍼센트, 150만~249만 원이 23.2퍼센트인데 250만 원 이상이 되면 12.5퍼센트로 반 토막이 난다. 카카오스토리의 점유율도 월 150만 원 미만은 12.5퍼센트, 월 150만~249만 원이 17.2퍼센트였는데 월 250만 원 이상 집단에서는 6.3퍼센트로 급락한다.

이 같은 결과는 20대들이 SNS나 유튜브 등 인터넷 서비스를 중심으로 소통하기 때문에 단일한 소통 창구를 가지고 있다는 식의 인식이, 세습 중산층의 자녀들을 '일반적인 20대'로 상정하는 것과 마찬가지라는 이야기다.

60대 건물주의 정당 vs. 50대 부장님의 정당

교육, 취업, 결혼 등 삶의 거의 모든 과정에서 불평등을 경험하는 20대가 대졸-대기업-화이트칼라 일자리의 중상위층인 '80년대 학번-60년대생'에 대해 불신하는 건 당연한 결과다. 이는 그들이 불평등한 사회의 상층에 있기 때문만은 아니다. 무엇보다도 그들의 자녀들이 견고한 불평등 구조에서 최상층을 독식하기 때문이다. 게다가 20대의 입장에서 50대 중상위층은 단순한 부모 세대가 아니라 적극적으로 교육 및 일자리 경쟁에 참여하고 있는 경쟁자다. 그리고 그 경쟁에서 우월적인 지위를 독식하는 존재이기도 하다.

이런 상황에서 80년대 학번-60년대생이 제시하는 정치 기획이나 이데올로기는 능력 본위 경쟁을 내건 교육-취업 게임에서 '기울어진 운동장'을 창출하고, 승리를 독식하는 이들의 주장일 뿐이다. 이른바 '적폐 청산' 등의 어젠다는 20대의 생활세계에 영향을 주지 못할 뿐더러 50대 중상위층의 우월적 지위를 재생산하는 이데올로기로 비춰질 수밖에 없다. 즉, 지금의 20대가 586의 정치 기획에 냉소를 보내는 것은 단순히 '세대 차원의 기득권'을 가졌거나 '상류 계급'이기 때문이 아니라 그들이 '불공정한 게임의 핵심 플레이어'이기 때문이다.

오늘날 보수와 진보의 스테레오타입을 어떻게 표현할 수 있을까? '보수'가 60대 중반 이상의 건물주라면 '진보'는 50대 초중반의 대기업 부장 또는 임원이다. 60대 건물주가 20대에게 요구하는 것은 높은 월세 정도로, 자산 소유를 기반으로 한 경제적 착취 관계다. 하지만 50대 초중반 고참 부장은 자신의 자녀들에게 경제적 교육 투자뿐만 아니라 사회적 네트워크를 바탕으로 기업체 인턴 기회를 알아봐주는 등 사실상 '경쟁자적 관계'를 맺고 있다. 이러한 상황에서 그들이 60대 중반 건물주를 상대로 '적폐 청산'을 해야 한다고 주장하는 게 설득력을 가질 리 만무하다. 비싼 월세는 화가 나긴 하지만 돈을 벌어서 지불하면 되는 문제라면, 교육과 노동시장에서의 불공정한 경쟁은 교육과 일자리라는 근본적인 '기회' 및 그 '결과'와 관련되어 있기 때문이다.

조국 전 법무부 장관을 둘러싼 논란으로 가속화되긴 했지만, 민주당 또는 진보 정당이 당면한 20대 문제는 단순한 세대 갈등이나 계급 갈등의 문제 이상이다. '50대 부장님들의 정당'이 그들의 자녀 세대의 지지를 획득할 수 있느냐의 문제가 제기되기 때문이다.

먼저 초격차 사회의 승자인 상위 10퍼센트에 대해서 '피해 대중'이나 마찬가지인 하위 90퍼센트는 반감을 가질 수밖에 없다. 교육, 주택, 일자리 등에서 주된 사회경제적 문제가 발생하고 있고, 향후 정치적 주 전선主戰線도 여기에서 형성될 가능성이 높다. 그런데 이들 이슈에서는 모두 상위 10퍼센트의 독식 구조가 중요한 문제다. 또 일자리나 주거 등에서 20대의 상위 10퍼센트와 나머지 90퍼센트의 격차는, 10퍼센트의 부모인 80년대 학번-60년대생의 우월한 사회경제적 지위 문제로 연결된다. 결국 불평등 문제가 불거질 때마다 80년대 학번-60년대생이 주범이라는 지적이 이어질 수밖에 없다. 나아가 하위 90퍼센트에 속한 20대들이 상위 10퍼센트의 부모들과 정치적 적대 관계에 놓일 가능성도 충분하다.

더구나 교육, 일자리, 부동산 자산 가격에서 심화되고 있는 격차는 중상위층이 거주하는 '서울'과 나머지 계층이 거주하는

'지방' 사이의 격차를 부각시킨다. 좁게는 민주당, 넓게는 민주·진보 세력의 정치 블록에서 호남·충청 등의 '동맹 지역'은 주된 구성 요소다. 그런데 서울과 지방의 격차 문제에 계층 문제가 중첩될 경우, 상위 10퍼센트가 거주하는 '서울'과 나머지 90퍼센트가 모여 있는 '지방'은 대립 관계를 형성할 가능성이 높다. 그 경우 중앙정부의 자원을 놓고 경쟁해온 지역들이 모여 정치 블록을 구성해온 방식도 무너질 수밖에 없다.

도시 중산층 집단 내 구심력 약화도 민주당과 진보 정당이 구축한 지지 블록을 형해화시킬 요인이다. 지금의 20대 중후반이 5년 뒤면 30대 초중반이 된다. 민주당 지지 블록의 '근육' 역할을 해왔던 30~40대 화이트칼라 집단의 일원이 되는 셈이다. 그런데 현재 20대 중상위층이 30대 이상이 되었을 때 오늘날의 30~40대처럼 민주·진보 세력에 기울어져 있을 것으로 기대하기 어렵다. 무엇보다 오늘날의 20대 중상위 계층은 말 그대로 '세습' 중산층이다. 그들의 정치의식은 탄탄한 사회경제적 기반에서 기원한다. 따라서 지금과 같이 민주당이 여전히 30~40대의 강력한 지지를 받을 가능성은 적다. 또한 앞서 논의했듯이 번듯한 일자리는 계속해서 줄어들고 있으며, 이는 안정된 경제적 기반의 대기업 화이트칼라 유권자가 감소한다는 것을 의미한다.

게다가 서울 주택 가격이 급등하면서 현재 20대 후반~30대 초중반 중상위층이 자력으로 주택을 사기는 어려워지고 있다. 이들과 40대 중후반 이상, 특히 50대 중산층과의 자산 격차는 더더욱 벌어진다. 또 부모가 서울에 아파트 1~2채를 갖고 있는 20대와 그렇지 않은 20대 간에는 노동소득으로 메울 수 없는 격차가 난다. 자산 격차 확대에 가장 불만이 있는 계층은 1차 노동시장의 주변부에 있거나 또는 계층 이동에 성공한 '개천에서 용난' 이들이다. 즉 도시 화이트칼라 집단에서도 경제적 지위가 분화되고 있으며, '586'에 대한 30대의 불만은 커져가고 있다.

이러한 요인들은 현재 20대의 비당파 성향이 노동시장 진입 이후에도 상당 기간 유지될 것임을 시사한다. 노동시장에서의 격차 심화와 자산 불평등 강화 속에서 상위 10퍼센트의 이해관계를 대변하는 정당들에 대해 정치적 일체감을 가질 이유가 없기 때문이다. 따라서 현재 20대들은 앞으로 상당 기간 정치적 선호가 형성되지 않은 비면역non-immunized 유권자로 남아 있게 될 것이다.

결국 30대 중반까지 포괄한 대규모 탈민주당 유권자 집단이 수년 내 등장할 가능성이 높다. 지금의 20대가 30대 중반 정도가 되는 2022년 대선이나 2024년 총선을 전후로 해 기존 정당 체제에 대한 불만과 비당파적 성향이 강한 유권자 집단이 이슈가 될 것이다. 그런데 정당 일체감이 약하거나 없는 유권자층이 대규모로 존재할 경우, 유권자들의 정당 간 선호 체계가 크게 바뀌고, 각 정당의 소구 계층이 변화하는 '재정렬realignment'이 발생할 가능성이 높아진다. 미국 정치학자 크리스티 앤더슨Kristi Anderson은 1933년 프랭클린 루즈벨트 대통령의 당선과 그 이후 민주당 세력의 확대를 가능케 했던 것은 기존 정당이 포섭하지 못했던 비당파 유권자층을 공략했기 때문이라고 지적한다.[15] 즉 대규모 비당파 유권자가 존재하는 상황에서 그들을 묶어내는 데 성공한 것이 이른바 '뉴딜 집권 연합'의 성공 요인이라는 것이다. 2020년 이후 한국 정치 지형에서도 비슷한 현상이 발생할 가능성이 높아질 것으로 보인다.

세습 중산층의 진화

세계 무대에서 펼쳐지는 명문대 졸업장 경쟁

이 글을 한창 쓰고 있던 2019년 10월 하순, 워싱턴 DC에서 미국에서 다섯 손가락 안에 드는 MBA(경영대학원)에 입학한 지인을 만났다. 지난해까지 국내에서 직장 생활을 하다가 유학생이 된 그와 이런저런 대화를 나누다가 미국 대학 MBA 과정의 한국인들에 관한 이야기를 듣게 되었다. 그런데 그들 중 한국에서 대학을 나온 학생들은 점점 줄고, 대부분 미국에서 대학을 졸업한 이들이 그 자리를 차지하고 있다는 것이었다. 암묵적으로 한국인 입학 인원의 상한선이 있다는 점을 감안하면, 한국인들 간의 경쟁에서 '해외파'가 우위를 잡았다는 이야기였다.

이러한 현상이 벌어진 핵심적인 요인은 국내 대학 졸업장이 큰 의미가 없다고 생각한 부유층들이 미국의 아이비리그 명문대로 자녀를 보내는 일이 많아졌기 때문이다. 대원외고·한영외고 등에는 한참 전부터 유학반이 활성화되었고, 아예 중고등학교부터 미국의 사립학교 진학을 선택한 이들도 꽤 된다. 이렇듯 미국에서 대학을 다닌 한국인들이 MBA 시장까지 진입할 나이가 되자 벌어진 현상인 것이다.

이 '해외파' 젊은이들을 주제로 대화가 계속 이어졌던 이유는 이들이 사회에 진출할 때는 결국 다시 한국으로 돌아올 가능성이 크다는 생각에서였다. 당장 도널드 트럼프 미국 대통령 당선 이후 미국에서 외국인이 취업 비자를 받기 까다로워졌을 뿐만 아니라, 이공계 출신이거나 박사 학위를 갖고 있지 않은 한 MBA 학위를 가진 한국 국적자를 뽑아줄 미국 기업이 많지 않기 때문이었다. 그런데 외고 유학반 출신이라면 모를까, 조기 유학생은 청소년기를 외국에서 보내면서 사실상 정서적으로는 외국인이나 마찬가지라 국내 기업이 썩 환영하지 않는다. '해외파'들의 미국 명문대 졸업장이 국내에서 힘을 못 쓴다는 「한국일보」 기사에서 헤드헌팅 업체 커리어케어의 이현승 이사는 "유학파는 비록 똑똑하지만 한국 기업과 문화, 업무를 모르기 때문에" 그렇다고 그 이유를 설명한다.[1]

대화를 나누던 지인과 "그들의 아버지인 '586'들이 이런 상황을 모르지 않으니 무언가 수를 내지 않을까"라는 데로 의견이 모아졌다. 그리고 "만약 그렇게 될 경우 '교육을 통한 능력주의 사회'

또는 최소한 국내 명문대 입시를 통해 입학한 이들을 대상으로 엘리트를 충원한다는 한국 사회의 기본적인 작동 방식은 유지될 수 있을까"라는 불길한 의문도 나왔다. 한국 사회가 일종의 '능력주의 사회'라는 구성원들의 믿음이 많이 약해진 상황이긴 하지만, 이것이 완전히 사라지는 건 또 다른 문제이기 때문이다.

중상위층의 재산 증식 및 자녀 교육 실태를 보여주는 좋은 지표 중 하나로 장관 인사청문회의 국회 보고자료를 들 수 있다. 이를 보면 80년대 학번-60년대생 부모의 상당수가 국내 대학 진학에 연연하지 않고 자녀를 외국(주로 미국)의 중고등학교에 보내거나, 또는 국내의 국제학교를 거친 뒤 외국 대학에 보내는 양상이 드러난다.

2019년 7월 전희경 의원(자유한국당)이 문재인 정부 주요 공직자 자녀의 중등학교 진학 내역을 집계한 자료에 따르면 박영선 중소벤처기업부 장관의 장남이 미국인 자격으로 서울외국인학교에 다닌 것을 비롯해 홍남기 경제부총리 겸 기획재정부 장관과 강경화 외교부 장관의 자녀가 국제학교에 다녔다. 김연철 통일부 장관, 정경두 국방부 장관의 자녀는 미국에서 고등학교를 나왔다.[2] 박영선 장관의 경우 서울시장 후보의 꿈을 꾸던 수년 전부터 자녀의 이중국적 문제 등이 제기되어 논란이 되었다. 외국 로펌에서 삼성전자 등 국내 기업 사건을 대거 수임한 능력 있는 변호사 남편의 소득으로 자녀를 미국 대학에까지 보낸 사례다. 자유한국당 나경원 의원의 아들은 미국의 사립 기숙학교인 명문 세인트폴 고등학교를 나와 미국 대학에 진학했다. 그리고 대학 진학을 준비할 때 부모의 도움으로 교과외 활동 준비 과정에서 특혜를 받았다는 논란이 있었다.

매년 수천만 원 이상 많게는 억대인 학비를 감당할 수 있는 고소득층이 자신들의 경제력으로 자녀를 '해외파'로 만든다면, 중앙정부 고위 관료나 교수들은 외국 파견 근무 기간 등을 최대한 활용한다. 2019년 현재 청와대와 중앙정부 부처의 1급(옛 차관보) 이상 고위 관료와 교수 출신 장관 자녀 중 여러 명이 외국에서 중고등학교와 대학을 나오고, 경우에 따라 현지나 국내에서 고연봉의 '괜찮은 일자리'를 얻는 데 성공했다. 은성수 금융위원장(행정고시 27회·1961년생)의 자녀가 외국계 증권사에 취업한 것이 대표적이다.

고도성장의 끝, 세습 자본주의의 시작

80년대 학번-60년대생의 자녀 교육에 대한 투자는 단순하게 자녀를 서울대, 연고대에 보내는 데 그치지 않는다. 다양한 기회를 이용하고 막대한 경제적 투자를 해 자녀를 해외 명문대를 나온 '글로벌 인재'로 키우는 것도 세습 중산층 지위를 재생산하는 주요 경로 가운데 하나다.

이 같은 방식이 각광을 받는 이유는 한마디로 국내에서 '명문대 졸업장'을 겨냥한 투자가 수익은 떨어지고 있는 반면 리스크는 여전히 상당하기 때문이다. 앞서 논의한 범용 사무직 일자리의 몰락에 'SKY' 출신들도 영향을 받고 있다. 「동아일보」가 2019년 1월 서울대와 연세대, 고려대의 온라인 학생 커뮤니티의 취업 관련 게시글을 분석한 기사에 따르면 "대충 살아본 적이 없는데 이렇게 직업 구하는 게 힘들다니 죽고 싶다는 생각이 드네요"(연세대 취업준비생 A 씨), "문과 취업은 진짜 답이 없네요"(서울대 취준생 B 씨) 등 이들 대학 졸업생 중에서도 취업에 어려움을 겪는 이들이 넘쳐난다.[3] 심지어 한 고려대 취준생이 "중소기업 한 곳에 붙었는데 연봉 2,300만 원 정도에 일이 많고 복지가 안 좋다고 해서 고민 중"이라는 글을 올릴 정도로 '눈높이'도 많이 낮아졌다.

수학이나 과학이 적성에 맞아서 이공계에 진학하고 엔지니어의 삶을 선택할 수 있다면 그래도 선택지가 넓다. 하지만 '문과' 전공자라면 1~2학년 때 공부에 전념해 거의 모든 과목에서 'A+(에이플러스)'를 받아 로스쿨(법학전문대학원)에 가거나 아니면 예전만 못한 5급 공무원 시험(행정고시)이나 그래도 지난 1~2년 사이 급여가 오른 회계사CPA 시험에 도전하는 길 정도를 선택할 수 있다. 로스쿨 입학이나 고시 합격 모두 상당한 노력을 기울여야 할 뿐더러 '운'도 많이 작용한다. 리스크가 높은 셈이다. 또 대기업 입사의 경우 문턱은 점점 높아지고, 임원 승진의 가능성은 줄어들고 있다.

상황이 이렇다 보니 결국 괜찮은 외국 대학에 보내는 게 매력적인 선택지가 된다. 졸업 후에는 미국 현지 기업이 아니더라도 싱가포르나 홍콩 등에 사무실이 있는 아시아 시장을 무대로 활동하는 다국적 기업에서 기회를 찾을 수도 있으니 말이다. 이런 모험적인 경로를 권유하기 꺼리는 부모들은 앞서 보았듯 자녀들을 의사로 만들기 위해 전력투구한다. 4장에서 교육평론가 이범 씨의 지적을 소개했듯이 대치동 학원가에서 만나는 중상위층 부모의 최우선 목표가 자녀의 의대 진학이 된 이유다.

이러한 중산층 지위 세습 전략의 변화는 왜 나타난 것일까? 이는 80년대 학번-60년대생이 '승리의 역사'를 쓸 수 있었던 한국 자본주의의 고성장과 빠른 질적 고도화의 시대가 끝났다는 현실과 연관된다.

이미 살펴보았듯이 80년대 학번-60년대생은 1980년을 전후한 대기업의 성장 및 발전과 그에 따른 기업의 '테크노크라트' 수요 폭발의 파도를 타고 성장한 집단이다. 이들은 노동시장에 진입하자마자 대기업과 각종 전문직 집단의 규모가 확대되는 가운데 두터운 중간층을 형성했다. 또한 IMF 외환위기로 바로 윗세대가 '구조조정'되자 관리자 직군까지 진출해 롱런하고 있다. 2000년대 한국 자본주의의 질적 발전과 수출 대기업의 폭발적인 성장 속에서 그들은 금융·IT 등 신산업에서 '1세대' 또는 '핵심 그룹'의 지위를 차지하였다.

문제는 2008년 글로벌 금융위기 이후 한국 경제의 질적 발전이 멈추기 시작했다는 것이다. 지난 2017년에 나온 세계은 행의 '한국의 성장률 결정 요인 분석(성장회계)' 결과에 따르면, 1980~2009년까지 한국 경제의 고성장을 이끌어왔던 생산성(총요 소생산성Total Factor Productivity-경제성장에서 자본이나 노동 투입이 설명하지 못하 는 부분을 뭉뚱그린 요소인데, 주로 기술 발전이나 경제 구조의 고도화를 의미한 다) 증가 추이가 2010~2014년에는 꺾였다.[4] 2000~2009년 동안 에는 연평균 경제성장률 3.9퍼센트 중 생산성 향상이 기여한 부 분은 2.2퍼센트포인트로 5분의 3 수준이었다. 이 시기까지만 해 도 산업 고도화 등 질적 개선이 경제성장을 이끌어왔던 것이다. 그런데 2010~2014년에는 경제성장률이 연평균 2.5퍼센트였는 데, 생산성 향상의 기여는 0.5퍼센트포인트로 4분의 1에도 못 미치는 수준으로 하락했다.

또 세계은행의 보고서에 따르면 2010~2014년 사이 기업의 자본투자를 의미하는 자본심화도(자본량을 생산으로 나눈 값)가 평균 0.3퍼센트 늘었는데, 이는 1990년대 1.9퍼센트, 2000년대 0.5퍼 센트에서 더 떨어진 수치이다. 이것은 한국의 고도성장을 이끌 어왔던 기업들의 공격적인 투자 관행이 2010년대에 접어들면서 종식되었음을 의미한다. 또 개별 기업 수준에서 투자가 부진하 면 생산성이 높은 새로운 장비 도입도 늦어진다는 의미이기 때 문에, 결국 경제 전체의 생산성 개선도 제대로 이루어지지 못함 을 의미한다. 이런 상황에서 그나마 2퍼센트대 경제성장률을 기 록할 수 있었던 것은 노동 투입 증가 덕분이었다. 그리고 노동

투입은 주로 50대 이상 장노년층에 의해 이루어졌다. 경제 구조는 2000년대와 별 차이 없는 상황에서 저임금 장노년층 노동자들이 몸으로 때우는 방식으로 생산량을 늘렸다는 이야기이기도 하다.

80년대 학번-60년대생은 1980~2010년까지 진행된 한국 자본주의의 급속한 고도화의 수혜를 정면으로 받았지만, 2010년대에 그들이 기업과 정부의 핵심 의사결정 집단이 된 시점에서는 양적으로나 질적으로 급격한 성장 여건 악화에 직면하였다. 이게 그들의 역량 부족 때문인지 아니면 한국 사회의 구조적인 문제인지는 이 책의 논의 대상에서 벗어난다. 다만 양적으로는 저성장, 질적으로는 '제로 성장'이나 다름없는 국면에 봉착하자 80년대 학번-60년대생 가운데 자연스레 자녀의 인적자본 투자 전략을 달리하는 이들이 나타났다는 점은 지적할 수 있다.

그 달라진 전략 가운데 하나가 세계화에 발맞춰 늘어난 다국적 기업 취업 기회를 노리는 것이다. 국내에서도 외국어 사교육부터 국제학교·외고 유학반 등 '글로벌 교육'의 기회가 늘어난 데다, 다국적 기업도 한국인에 대한 수요가 적지 않다. 몇 년 전부터 5~6살이 된 자녀를 둔 전문직 또는 고소득 대기업 직장인들의 최대 고민 중 하나가 월 200만 원 정도의 비용을 무릅쓰고 영어 유치원에 보낼지 말지였다는 건, '글로벌 인재'로 키워야 하는 것 아니냐는 고민을 30~40대도 하고 있다는 현실을 보여준다.

또 다른 전략은 자녀를 의사 등 고연봉 전문직으로 키우는 것이다. 특히 서울에 1~2채 정도의 주택을 갖고 있고 근로소득에 의존하는 '세습 중산층'의 부모들은 자녀에게 언제라도 구조조정을 당할 수 있는 샐러리맨의 굴레를 씌우기보다 의사 등 고소득 전문직으로 키우고 싶어 한다. 드라마 「스카이캐슬」에서 법대와 의대 교수 집안 부모의 목표가 자녀의 서울대 의대 진학이었던 것은 이를 잘 보여준다.

저성장기에 더 치열해지는 '교육 군비 경쟁'

한국 경제가 성숙 단계로 접어들면서 성장률이 낮아지면, 세습 중산층과 나머지 사람들 간의 격차는 더 벌어진다. 원인은 크게 세 가지다. 먼저 성장률이 낮고, 특히 빠르게 성장하는 산업들이 등장하지 않으면서 이른바 '개천에서 난 용'이 이전보다 더 등장하기 어려워진다는 점이다.

더욱 중요한 두 번째 이유는 경제 전체의 성장률 하락이 역설적으로 인적자본 투자의 상대적인 수익성을 높인다는 것이다. 부모들은 자녀의 인적자본 투자의 수익성이 높아지는 만큼 더 대규모 투자에 나서게 된다. 인적자본은 노동력에 체화體化되어 있는 지식·기술 등의 총합인데, 임금의 형태로 수익을 낸다. 성장률이 낮아진다는 것은 물적자본 투입을 늘렸을 때 가능한 생산량 증가폭이 줄어듦을 의미한다. 성장률 하락이 이자율 하락으로 나타나는 이유다. 반면 노동력의 생산성은 하락하지 않기 때문에, 임금은 줄지 않는다. 임금이 이전에 인적자본 형성 과정에 어느 만큼 투자했느냐에 따라 달라진다고 한다면, 인적자본 투자의 상대적인 수익성은 올라간다.

좀 더 자세히 원리를 풀어 쓰면 다음과 같다. 기계설비와 유사하게 개개인에게 체화된 인적자본이 임금을 만들어낸다고 하자. 그리고 가계소득은 인적자본에서 나오는 임금과 물적자본을 빌려주고 얻는 자본수익(일종의 임대료)에서 온다고 하자. 임금은 매년 일정하게 받는다고 가정하자. 인적자본에 대한 투자는 과거에 이루어진 것이고, 지금은 따로 여기에 투자하지 않기 때문이다. 이러한 상황에서 이제 자본수익률이 5퍼센트에서 3퍼센트로 떨어진다고 해보자.

이전에는 물적자본이 1억 원 있으면 연 500만 원의 수익을 내던 게, 이제 300만 원으로 떨어진다. 상대적으로 정해진 임금을 꾸준히 받는 인적자본의 가치는 그만큼 올라간다. 한 사람의 일자리에서 받는 임금이 연 1,000만 원이라고 한다면, 자본수익률 5퍼센트의 세계에서는 그 임금만큼 자본소득을 얻기 위해서는 물적자본이 2억 원 필요했다. 그런데 수익률이 3퍼센트로 떨어지면 물적자본이 3억 3,333만 원이 필요하다. 그만큼 임금의 가치가 상대적으로 올라가는 것이다. 따라서 가계 입장에서는 물적자본을 모으는 데 쓸 돈을 자녀 교육에 쓰는 게 합리적인 선택이 된다.

미래에 얻는 소득을 현재 시점에서 평가할 때 사용하는 할인율이 낮아지는 것도 인적자본 투자에 대한 매력을 높인다. 자본수익률의 하락은 미래의 성장률 예상치도 내려가는 것을 의미한다. 성장률 예상치가 낮아지기 때문에 할인율도 덩달아 떨어진다. 그런데 이 경우 정해진 임금을 꾸준히 받는 인적자본의 가치는 그만큼 올라간다. 한 일자리가 임금이 연 1,000만 원이고 30년간 근속한다고 할 경우, 이 일자리의 현재가치는 각각 자본수익률 5퍼센트에서는 1억 6,140만 원이고 3퍼센트에서는 2억 190만 원이다. 현재 시점에서 4,000만 원가량 일자리, 즉 인적자본의 가치가 늘어난 셈이다. 인적자본이 장기간에 걸쳐 '수익(즉 임금)'을 내고, 그 수익의 변동성이 낮은 데다 숙련도 상승 등의 영향으로 일정 시기까지는 꾸준히 올라가는 경향이 있기 때문에 만기 30년 이상의 초장기 채권과 유사하게 성장률 하락이 현재가치 상승으로 이어지는 것이다.

예를 들어 살펴보자. 2019년 9~10월 대규모 손실을 낸 파생금융상품인 DLF(해외금리 연계 파생결합상품)의 연 수익률은 3퍼센트에 불과했다. 거꾸로 말해 연 3퍼센트 수익을 내려면 꽤 리스크가 높은 금융상품에 투자해야 할 정도로 물적자본 또는 금융자본의 수익성이 내려간 셈이다. 그렇다면 매월 꼬박꼬박 정해진 근로소득을 가져다주는 인적자본의 가치는 상대적으로 그만큼 더 올라갔다고 볼 수 있다. 열심히 저축을 해서 돈을 물려주는 것보다 교육을 통해 임금을 높여주는 게 부모 입장에서 더 나은 부의 상속 전략이 되는 셈이다.

90년대생 또는 2000년대생들에 대해, 지금까지 한국에서 가장 교육을 잘 받은 세대이지만 정작 능력에 걸맞은 대우는 받지 못하는 불우한 세대라는 주장이 많이 제기되곤 했다. "단군 이래 최고 스펙(spec·구직자의 능력이나 이력을 가리키는 단어)을 자랑한다. 하지만 아무리 노력해도 취업·결혼을 꿈꾸기 어려운 게 현실"[5] 이라는 것이다. 그런데 보통 이러한 종류의 담론은 왜 교육 투자가 급증했는지에 대해서는 그 원인을 살펴보지 않고 단순히 '교육의 확대' 정도로 언급한다. 오히려 중요한 것은 부모 또는 교육의 당사자인 자녀들이 왜 과거보다 훨씬 더 많은 금액과 시간을 교육 투자에 투입하느냐다. 그것은 성장률의 급격한 하락 또는 저성장기 진입과 연결 짓지 않고서는 설명하기 어렵다.

과거보다 더 늘어난 인적자본 투자와 한정된 일자리 사정이 맞물리면서 결국 인적자본 투자의 군비 경쟁 강도는 강화된다. 그리고 그 군비 경쟁을 감당할 여력이 있는 중상위층과 나머지 계층의 격차는 벌어지게 되는 것이다.

세습 중산층의 성벽이 높아지는 세 번째 경로는 주택시장이다. 주택은 다른 물적자본과 다르게 '토지'의 가치가 중요하다. 재건축 아파트에서 아파트 가치가 대지면적, 즉 해당 아파트 단지의 토지 몇 제곱미터를 보유하는지에 따라 좌우된다는 것은 주택 가치에서 토지 가치의 비중을 보여주는 사례다. 그런데 한정된 토지, 좀 더 정확히 말하면 서울과 근교 중산층 거주 지역의 토지의 수익은 일정한데, 성장률 하락으로 미래에 대한 할인율이 낮아지면서 현재 거래되는 토지의 가격이 뛰게 된다. 금리 하락으로 주택 가격이 뛰었다는 이야기는, 토지가 한정되어 있다는 것과 할인율이 내려간다는 두 가지 과정을 모두 의미한다.

KB국민은행이 집계하는 부동산 통계에 따르면, 서울 아파트 가격의 중위값은 2013년 4억 6,700만 원에서 2015년 5억 1,000만 원, 2017년 5억 4,800만 원, 2019년 8억 6,200만 원으로 급격히 올랐다.[6] 2019년을 2013년과 비교하면 84.5퍼센트 상승했는데, 이는 연평균으로 환산하면 연 10.8퍼센트에 달한다. 5대 광역시 아파트 중위가격은 2013년 1억 7,500만 원에서 2019년 2억 3,800만 원으로 오른 정도(36퍼센트)에 불과하다. 이 역시 연평균 상승률 5.3퍼센트로 낮지 않지만, 중상위층의 거주 지역인 서울과의 격차는 벌어졌다. 서울과 5대 광역시를 제외한 나머지 지역의 아파트 중위가격은 2013년 1억 7,500만 원에서 2019년 1억 5,100만 원으로 오히려 뒷걸음질 쳤다.

이러한 상황에서 중산층의 거주 지역인 서울의 아파트 가격은 평범한 사람들의 근로소득만으로 구매하기 어려운 수준이 되고 있다. 물론 부부가 모두 대기업에서 일하는 중상위층 30~40대라면 1억 원이 넘는 소득을 올리는 경우가 많아 사는 게 불가능하지는 않지만, 예전보다 훨씬 더 부담을 지게 된다. 결국 1~2주택을 보유한 80년대 학번-60년대생들 및 그 자녀와 아버지가 중산층이 아닌 나머지 계층의 격차가 벌어진다.

이는 피케티가 『21세기 자본』에서 지적한, 근로소득만으로 살 수 없는 비싼 주택을 소유한 '세습 중산층'이 한국에도 나타났다는 것을 의미한다. 피케티는 "인구의 절반을 차지하는 가난한 사람들보다는 분명히 더 부유하며 국부의 4분의 1에서 3분의 1을 소유하는 중간 집단의 등장"[7]이 부의 불평등에서 가장 중요한 문제라고 지적한 바 있다.

국세청이 매년 발간하는 국세통계연보의 상속세 항목을 봐도 이러한 경향이 잘 드러난다. 총상속재산가액이 1억~5억 원인 사람의 비율은 2008년 6.8퍼센트에서 2015년 24.4퍼센트까지 늘었다. 5억~10억 원인 사람의 비율도 0.9퍼센트에서 3.0퍼센트까지 증가했다.

인적자본 투자에서 군비 경쟁 강화와 자산 격차의 심화는 중산층 내부의 분화를 야기할 가능성이 높다. 이전 같다면 서울 노원구 중계동 등에 사는 대기업 회사원 가정이 자녀 교육을 위해 서울 대치동 은마아파트에 전세를 살고 인근 학원에 자녀를 보내는 것으로도 어릴 때부터 강남 3구에 살고 고액 과외를 받는 전문직 부모의 자녀들과 경쟁할 수 있었지만, 이제 그들 사이에서도 격차가 벌어지리라는 것이다. 자녀를 어느 정도 비싼 사교육을 시킬 수 있을 것인지 그리고 외국 유학 기회를 제공할 수 있을 것인지에 따라서 중산층 내부의 경제력에 따른 투자 수준이 갈릴 수밖에 없기 때문이다.

또 근로소득으로 강남 3구는커녕 마포·용산·성동구에 진입하기도 어려워진 상황에서 거주 지역은 곧 계층이 된다. 근로소득만으로 서울의 주택을 살 경우 계속해서 '주변부'나 '반주변부'에 머물러 있을 수밖에 없다. 서울에 자가가 있다는 게 중산층의 표지이긴 하지만, 그 중산층 집단 내에서도 메울 수 없는 격차가 발생하고 그 격차는 더욱더 벌어지게 되었다.

불가능한 프로젝트, 세대 간 양보

이런 상황에서 나름대로 의식이 있다고 생각하는 80년대 학번-60년대생 중 일부는 '586 양보론'을 제기하고 있다.

586 양보론자들은 크게 두 영역의 양보가 필요하다고 주장한다. 첫째, 정치권이나 시민운동 등에서 공고한 네트워크를 형성하고 아래 세대를 키우는 데 인색했던 80년대 학번이 자리를 양보해야 하지 않느냐는 것이다. 둘째, 대기업 화이트칼라와 대공장 블루칼라 50대가 고임금을 향유하는 밑바탕이 되는 연공서열제를 허물고, 직무급제로 전환해 젊은이들에게 일자리를 나누어야 한다는 것이다. "역삼각형 인구 시대가 연공급 및 세대 네트워크와 결합하면 정규직과 비정규직 차별은 신분제처럼 될"[8] 것이라고 말하며 "(연공서열제라는) 정규직의 특권을 축소하는 것 외에는 다른 방도를 알 수 없다"는 이철승 서강대 교수의

지적이 586 양보론의 대표적인 논거다. 이 교수는 대안으로 강력한 임금피크제와 함께 "급여를 직무에 따라 주는 직무급제와 성과에 따라 주는 연봉제를 약한 수준의 연공급제와 함께 시행하자"고 제안했다. 50대 정규직 근로자에게 높은 임금이 몰리는 것을 막은 뒤, 남는 재원을 20대 추가 고용에 투입하자는 것이다.

이러한 주장의 문제는 '586 양보론'의 두 번째 부분, 즉 노동시장에서 '세대 양보'가 현실성을 갖고 있느냐이다. 정치권이나 시민단체에서 높은 자리를 오랫동안 독점하고 있던 50대가 물러나는 것은 그 자체로 어느 정도 인적 청산 효과가 있다고 볼 수 있지만, 기업과 노동자가 자유롭게 계약을 맺는 노동시장의 작동 방식을 바꾸는 것은 간단한 문제가 아니기 때문이다.

가장 두드러지는 맹점은 어떻게 '세대' 차원의 양보가 가능하도록 할 수 있을지에 대한 전략을 제시하지 못하고 있다는 것이다. 그들이 기업들을 상대로 청년 추가 고용을 요구하면서 반대급부로 급여 제도를 바꾸고 자신들의 높은 급여를 깎자고 제안해야 한다는 것인지, 아니면 국가가 나서서 기업에게 강한 연공서열제 기반의 급여 제도를 바꾸도록 노동법 차원에서 규제를 해야 한다는 것인지 또는 연공서열제의 기반인 강력한 노동조합의 힘을 빼기 위한 노동유연화 조치가 필요하다는 것인지 등 구체적으로 어떤 방식을 통해서 세대 차원의 양보를 이끌어 낼 것인지를 제시하지 못하고 있다.

아울러 개별 산업이나 기업에서 60년대생 블루칼라 노동자나 80년대 학번-60년대생 화이트칼라가 상층부를 독식하고 강한 연공서열제 방식의 임금 체계로 혜택을 받아온 게 나름의 '합리적 선택'에 따른 결과라는 사실도 무시한다. 기업이 직원들의 생산성과 무관하게 근속 연수에 따라 임금을 지급하는 것은 직원들의 장기 근속을 유지해야 한다는 등 나름의 이유가 있다고 보는 게 합리적일 것이다. 임금이나 고용 구조가 기업의 조직 구조나 문화에 의해서 결정된 것이고, 또 그 조직 구조에서 유지되어 왔다는 것도 중요하다. 요컨대 노동시장의 제도를 일괄적으로 바꾸기란 대단히 어렵고, 만약 바꾸어야 한다면 그에 상응하는 대규모 충격 요법 형태가 되어야 할 것이다.

노동시장에서 60년대생의 기득권을 깨기 위한 방안 가운데 하나로 이야기되는 임금피크제의 도입 과정을 살펴보자. 임금피크제는 2000년대 중반 시중은행들이 명예퇴직의 대안으로 대거 도입했는데, 몇 해 지나지 않아 유명무실해졌다. 이를 다룬 2011년 11월 「매일경제」 기사는 비용 절감 효과가 크지 않았기 때문이라고 지적한다.[9] 임금 외 복리후생비, 사무실 비용 등은 줄지 않기 때문에 기업 입장에서 한 명 고용에 따르는 비용 감소폭이 크지 않았던 것이다. 관리직이었던 임금피크제 대상의 고령 직원에게 맡길 일이 마땅치 않은 것도 문제였다. 임금피크제 대상자는 이전 대비 50퍼센트 전후 급여를 받는 대신 단순 업무로 전환 배치된다. 기업 입장에서는 특별한 기술이 없는 '범용'한 사무직 근로자들이라 정년 연장의 실익이 없는 셈이다.

2015년 「머니투데이」 기사에서 "은행권이 임금피크제(이하 임피제)를 도입한 지 10년에 접어들지만 임피제의 목적인 중장년층 고용 보장과 신규 채용 확대 어느 것 하나 제대로 달성되지 않은 것으로 나타났다"[10]고 평가를 내린 것처럼 임금피크제는 효과도 실익도 없었다. 현재 공공기관에 도입된 임금피크제도 거의 비슷한 논란이 계속되고 있다.

노동 법규·제도로서 임금피크제 도입도 지지부진했다. 2013년 당시 박근혜 정부는 정년을 55세에서 60세로 연장하면서 임금피크제 도입을 의무화하려고 했는데, 당시 야당과 노동계의 반발로 정년 연장만 이루어졌다. 당시 노동계와 진보 진영은 임금피크제를 간판 정책으로 내세운 정부에 대항해 "청년을 위한 '합의'는 없었다. 노동시장 개편 압박에 '청년'을 동원한 정부·여당의 레토릭이 방향을 바꿔 청년들의 시린 가슴으로 날 세워 날아들고 있다. 미래 세대는 다시 이용당했다"는 식의 논리를 내세웠다.[11] 당시 시사주간지 「한겨레21」은 "취업규칙 변경 요건 완화는 임금피크제를 빌미로 풀밭에 방사됐다"고 지적했다. 문재인 정부가 들어선 2017년 이후 공공기관의 임금피크제가 추진되고 있지만, 실제 진척은 지지부진하다. 임금이 대폭 깎이기 때문에 공공기관 근로자들이 반발하는데, 쉽게 밀어붙이지 못하는 상황이기 때문이다.

사실 기업들은 연공서열제를 유지하면서도 적극적으로 50대를 내보내는 방식으로 조직을 운영해왔다. 2015년 「이데일리」는 "정년 연장이요? '쉰세대'에겐 먼나라 얘기죠"라는 제목의 기사[12]에서 기업정보회사 CEO스코어가 30대 그룹 상장사를 대상으로 조사한 결과 평사원으로 입사해 상무 등 초임 임원으로 승진한 확률이 0.87퍼센트라고 전했다. 평균 퇴직 연령은 53세고, 78퍼센트는 정년을 채우지 못하고 회사를 나섰다. 생산성에 맞춰 임금을 조절하기 어렵기 때문에, 결국 내보내는 게 기업의 선택인 셈이다. 현대자동차와 같이 연공서열제 아래에서 정년을 보장받으면서 50대 중반 이후 높은 급여를 받는 근로자는 노동조합의 보호를 받는 극소수 대공장 근로자밖에 없다는 이야기이기도 하다.

임금피크제를 지금보다 더 적극적으로 도입하거나 (진정한 대안으로 이야기되는) 직무급제(근속 연수가 아닌 근로자가 맡는 업무를 기준으로 급여를 책정하는 제도) 도입 속도를 빨리한다고 했을 때 예상되는 상황도 비슷하다.

먼저 노동제도 전반을 바꾸는 것이기 때문에 사회적인 진통이 불가피하다. 노동자가 급여를 받고 승진을 하는 방식을 총체적으로 바꾸자는 것이기 때문이다. 그것을 '세대 간 자원 배분을 하자'는 맥락에서 주장하는 것은 '노동시장 제도를 바꾸자'는 핵심 문제에 논거를 하나 더하게 되는 결과만을 낳을 뿐이다. 또 급여와 승진 체계 개편은 단순히 일부 제도의 도입에 그치지 않고 근로계약과 직무 전반의 유연화와 같이 갈 수밖에 없다. 장기 근속에 따른 혜택을 줄이자는 것이기 때문이다. 결국 법규와 기업의 조직 구조도 함께 바뀌는 문제다.

또 연공서열제를 타파한다 해도 임금피크제 도입 과정에서 보여주듯 논의가 시작되고 실제 도입되기까지는 몇 년에 걸친 오랜 시간이 걸린다. 노동시장과 관련된 제도는 문자 그대로 '노동'과 '자본'의 이해 관계가 정면으로 대립하는 장이며, 정치적 파급력이 커 정치권에서 법규를 도입하는 데도 복잡한 논의와 협상이 불가피하기 때문이다. 지금 60년대생 중 가장 젊은 69년생(51세)만 해도 2029년이 되면 정년을 맞아 퇴직하기 때문에, 그들 가운데 영향을 받는 집단은 소수이거나 거의 없을 가능성이 높다. 정책 논의에서 노동-자본-정부의 합의 그리고 제도 도입까지 적지 않은 시간이 걸린다고 감안하면, 노동시장의 제도 개편은 사실 80년대 학번-60년대생이 아닌 90년대 학번-70년대생이 대상이라고 할 수 있다.

이런 측면에서 노동시장에 대한 이슈를 '세대 간 재분배'의 해결책으로 내세우는 건 사실 586들에게 별 피해가 없는, 그러면서도 꽤 효과적으로 대의명분을 확보할 수 있는 어젠다 세팅 방법이다. 불가능하고, 오랜 시간이 걸리는 이슈를 내세워서 현실에 대한 불만이 기득권을 공격하는 걸 막을 수 있다는 효과까지 있다.

사실 다소 위악적으로 말하자면 80년대 학번-60년대생의 노동시장에서의 기득권을 타파하는 가장 좋은 방법은 현재 50대인 그들에 대한 대규모 명예퇴직과 정리해고다. 1997년 IMF

외환위기 당시 80년대 학번의 선배들인 고참 관리자들이 대거 정리해고됐던 것처럼 현재 50대 중반 정도로 생산성보다 훨씬 더 많이 급여를 받아가는 80년대 학번을 내보내고, 그 자리를 젊은 20대로 채우는 게 정부, 공공기관, 기업 입장에서 차라리 더 효과적이고 작동 가능한 해결책이다. 그리고 그렇게 채운 20 대들부터 직무급을 도입한다면 대규모 채용과 임금 구조 개편을 맞바꿀 수도 있다. 조직 전체의 임금 구조 개편은 어렵지만, '신 참'을 대상으로 국한시킬 경우 성공 가능성이 커지기 때문이다.

개별 기업 차원에서 실현 가능성이 높을 뿐만 아니라, 노동 법규를 고치는 데 들어가는 시간과 사회적 에너지 소모도 줄일 수 있다. 하지만 어떤 80년대 학번도 60년대생을 기업, 정부, 공공기관에서 내보내자는 인적 청산에 대해서는 이야기하지 않는다. 노동시장의 유연성을 확보해야 한다는 보수 진영 사람들도 정작 경직된 노동시장의 최대 수혜자인 60년대생을 구조조정하자는 주장을 꺼내지 않는다. 이들이 인적 청산을 이야기하는 건 본인들의 이해관계가 걸려 있지 않은 '정치권 586'들에 대해 훈수를 둘 때뿐이다.

문제는 '60년대생'이 아니라 '세습 중산층'이다

2019년 하반기 들어 50대-80년대 학번-60년대생에 대한 비판이 봇물처럼 쏟아지고 있다. 비판의 핵심은 이들이 기득권이라는 것이다. 그리고 그들이 하나의 동질적인 '세대 집단'으로서 양보를 해야 한다는 주장으로 이어진다. 위에서 언급한 세대 간 양보론이 대표적이다. 계급 간 격차가 문제이기 때문에 지금보다 더 공정한 입시제도 등을 도입해 교육에서 '결과의 불평등'을 바로잡아야 한다는 주장도 제기된다.

이러한 주장들은 대개 지금의 586 기득권은 시스템에 내재화된 기득권이라는 점에 그리 주의를 기울이지 않는다. 또 그들의 기득권 가운데 가장 문제는 계층 세습이라는 사실에 대해 진지하게 다루지 않는다. 요컨대 문제는 단순히 60년대생들이 90년대생을 착취한다거나, 입시제도가 부유한 중상위 계층에 유리하다거나 하는 데 있지 않다. 오히려 문제는 명문대를 나오고, 번듯한 직업을 가지고, 사회적 인정과 경우에 따라 명망까지 가진 80년대 학번-60년대생이 90년대생인 자신의 자녀들이 적합한 '능력'을 갖추도록 독려하고, 교육 제도를 잘 이용해 새로운 경제 여건과 시대 상황에 걸맞는 '인재'로 키워내는 데 성공하는 것 그 자체다.

교육에 기반한 능력 본위 사회를 표방하는 한국 사회에서, 세습 중산층의 자녀들은 명문대 학벌과 외국어 능력 및 교양, 잘 양육된 품성(좀 더 학문적으로 표현하면 비인지적 능력) 등을 가지고 노동시장에 진출해 1차 노동시장을 독식한다. 이러한 과정은 조국 전 법무부 장관의 자녀처럼 몇몇 예외적인 경우를 제외한다면 꽤나 합법적이고, '룰'을 그대로 지킨 결과다. 절차의 불공정함이 아니라, 기회의 불평등 또는 능력 배양에서의 불평등이 문제인 것이다.

80년대 학번-60년대생이 세대 차원에서 양보를 하고, 기득권을 떼어내 아래 세대에 준다 할지라도 지금의 시스템은 바뀌지 않는다. 사회가 20대를 배려해 번듯한 일자리를 늘린다 할지라도, 그 기회는 대부분 세습 중산층의 자녀들이 차지하게 될 것임이 분명하다. 다시 말해 80년대 학번-60년대생의 양보는 그들 중 일부가 노동시장에서 몇 년 앞서 은퇴하고 그 대가로 그들의 자녀들이 노동시장에 안착하는 것으로 귀결될 것이다. 세습 중산층의 첫 세대인 그들을 제외한 나머지 60년대생의 자녀들에게는 '합법적'으로 기회가 주어지지 않을 것이다. 이는 나머지 60년대생 자체가 성장의 혜택이 주어지지 않은 중소기업이나 자영업에서 짧은 근속 연수와 불안정한 노동 지위로 낮은 소득에 머물고, 또 자녀에게 제공할 수 있는 문화자본이나 사회적 네트워크도 빈약하기 때문에 발생한다.

입시제도를 조금 더 옛 과거제에 가까운 형태로 '공정'하게 바꾼다고 해도 마찬가지다. 대학 선발 시스템을 이용하는, 좀 더 노골적으로 말하면 해킹hacking하는 능력에서 세습 중산층을 따라갈 수 있는 계층 집단은 없다. 이는 그들이 단순히 서울 대치동 사교육에 많은 금액을 투자할 수 있기 때문만은 아니다. 자녀의 인적자본 투자를 효율적으로 계획하고, 잘 조율하며, 위험을 회피할 수 있는 그들의 경영자적 능력에서 기인한다.

지금의 문제가 '세습 중산층의 독주를 어떻게 막을 수 있을 것인가'라고 한다면, 세대 간 양보론과 교육의 공정성 확보론만큼 그들의 영향력과 독주를 잘 보여주는 것도 없다. 세대와 공정이 문제라고 목소리를 높여 '세습'이라는 진짜 문제를 숨기면서 적당히 양보하는 척하며 실질적인 손실을 보지 않는 노회한 86식 정치 투쟁의 구호가 한국 사회를 뒤덮는 양상이다. 문제는 그들의 계급적 이해관계가 그대로 관철되고, 유지되는 2019년 한국 사회의 시스템 그 자체다. 지금 한국에 필요한 것은 양보와 공정이 아니라 의무와 공평이 아닐까. 시작 단계에서부터의 공평과 그것을 위한 세습 중산층의 경제적·사회적 의무 부담 말이다.

그런 측면에서 지금 가장 분명하게 요구해야 할 것 중 하나는 기회의 평등equality of opportunity이다. 단순히 입시제도의 공정함을 요구하는 것이 아니라, 근본적인 수준의 교육 기회와 능력 배양의 기회에서 하위 90퍼센트도 상위 10퍼센트 수준의 기회를 갖도록 제도를 바꾸어야 한다는 것이다. OECD[13], IMF[14], 세계은행[15] 등에서 나오는 관련 보고서에서 으레 등장하는 표현이라 식상해 보이지만 오늘날의 한국 사회에서는 근본적인 수준에서 기회의 평등을 이야기하는 것만으로도 급진적인 주장이 가능해 보인다. 가령 기회의 평등의 중요한 구성 요소 중 하나인 영유아기에서부터 공공 보육이나 공교육을 강화해야 한다는 주장은 교육을 통한 계층 재생산이 매우 어린 시기부터 이루어짐을 보일 수 있으며, 교육 과정이나 교육 재정 구조 개편을 촉발시킬 수 있다.

두 번째는 사회에서 보장해야 하는 최소 수준social minimum에 대한 합의와 그에 따른 적극적인 세원 확보다. 노동시장의 변화에서 밀려날 수밖에 없는 이들에게 패자부활전의 기회를 주고, 인간다운 품위를 유지할 수 있게 부조하자는 것이다. 이는 그들의 자녀들이 '다음 세대'에서 벌어지는 경쟁에서도 영영 기회를 얻지 못하는 일이 없도록 하기 위해 중요하다. 또 재원 마련을 위해 현재 노동시장 구조에서 상대적으로 수혜를 받고 있는 상위 10퍼센트 중상위층에 대한 과세 강화가 필요하다. 심상정 의원실이 지난 2018년 9월에 공개한 2016년 근로소득 1000분위(0.1 퍼센트 단위)별 급여와 결정세액(실제로 납부한 근로소득세액) 자료[16]에 따르면 2016년 근로소득 상위 10퍼센트에 해당하는 노동자의 급여는 연 7,200만 원이었는데 연말정산 등을 감안한 실효세율은 5.76퍼센트에 불과했다. 실효세율이 10퍼센트를 넘기 위해서는 연 1억 500만 원 이상을 벌어 상위 3.2퍼센트 내에 진입해야 했다. 흔히 이야기되는 상위 1퍼센트에 해당하는 노동자는 연 1억 4,700만 원을 버는데, 그중 15.6퍼센트를 세금으로 냈다. 결과의 불평등을 개선하는 데 필요한 재원을 상위 1~10퍼센트를 대상으로 걷을 여력이 충분한 셈이다.

무엇보다 지금의 불평등이 상위 1퍼센트와 나머지 99퍼센트의 격차뿐만 아니라 상위 10퍼센트와 나머지 90퍼센트의 심각한 격차 문제에 기인한다는 점을 직시할 필요가 있다. 상위 10퍼센트에 속하는 세습 중산층은 그 격차를 '능력의 차이'로 포장하며, 자신의 자녀들에게 적극적으로 계층 지위를 물려주고자 노력한다. 그 불평등이 구체적으로 어떻게 발생하고, 사회적 계층 이동을 가로막는지 정확히 인식하는 데에 해결의 단초가 있을 것이다.

프롤로그

1. 「경향신문」이 2011년 만든 신조어인 '삼포세대'가 그 어원으로, 연애도 결혼도 출산도 포기한 청년층을 의미하다가 이후 'N가지를 포기한 세대'로 확장되었다.

2. 「조선일보」 등이 2010년 만든 신조어로 역동적이고 도전적인 세대를 의미.

3. 「경향신문」, "경북대 총학 성명 '조국에게'가 말하는 이 논란의 진짜 본질", 2019년 8월 28일.

4. 정한울, 「조국 이슈로 본 한국인의 공정성 인식 격차」, 2019년 10월 25일, KBS-한국리서치 및 한국리서치 여론조사 분석 결과.

5. OECD(경제협력개발기구)는 중위 소득의 50~150%를 버는 집단을 중간 소득집단으로 본다.

6. 신광영, '중산층 살리기는 사회 양극화 해소의 해법인가?', 한국사회학회, 『기로에 선 중산층: 현실진단과 복원의 과제』, 인간사랑, 2008.

7. Thompson, William E., Joseph V. Hickey, and Mica L. Thompson. *Society in focus: An introduction to sociology*. Rowman & Littlefield, 2016.

8. 피케티(2014).

1장 문제는 노동시장

1. 황수경(2003) 49-86.

2. 김영철(2015) 25-70.

3. Corak(2013) 79-102.

4. 배규식(2017).

5. 김유선(2019).

6. 권혜자·이혜연(2019), 1-28. 2013년 8월과 2014년 2월에 졸업한 전문대학 이상 대졸자의 2015년 근로 행태와 급여를 조사했다.

7. 여기서 대기업 집단의 기준은 계열사 자산 총액이 5조 원이 넘느냐로, 일반적으로 사람들이 알 만한 '○○그룹'에 속한 기업은 거의 대부분 포함된다 할 수 있다.

8. 양준석·박태수(2017), 1-19.

9. 정이환(2014), 103-128. 이 논문의 대규모 사업체 수치를 본문에서 대기업 수치로 사용했다.

10. 전병유·황인도·박광용(2018).

11. 양승훈, "거제도에선 소개팅에 나가도 '직영이세요?'라는 질문을 받는다", 「허핑턴포스트코리아」, 2019년 3월 5일.

12. 송윤경, "제2의 고향요? 25년간 가슴에 붙인 하청 차별 … 나는 거제가 싫다!", 「경향신문」, 2019년 3월 9일.

13. 배규식, 2017년 희망제작소 주관 사다리포럼 발언 중.

14. 채창균(2014).

15. 조윤서(2013) 185-209.

16. 고은미(2011), 103-138.

17. 고은미. "톱10 대학' 졸업생, 임금 23퍼센트 더 높아". 「이코노미 인사이트」, 2011년 9월호.

18. 고용노동부 사업체노동력 조사에서 300인 이상 사업체의 2014년 임금 총액 467만 8,000원과 2011년 임금총액 415만 4,000원을 비교하여 12.6퍼센트를 산출하였음.

19. 이지영·고영선(2019).

20. 고등교육 졸업자는 대학 및 대학원 졸업자를 가리킨다.

21. 대학알리미. http://academyinfo.go.kr

22. 서울대, 연세대, 고려대, 서강대, 성균관대, 한양대, 중앙대, 경희대, 한국외대, 서울시립대 등 10개 대학에 이화여대와 숙명여대를 포함.

23. 변태섭, "능력중심 사회는 허울뿐… 고졸자, 양질의 일자리 5퍼센트 안 돼", 「한국일보」, 2014년 12월 8일 자, A6면.

24. 김기홍, 앞으로 3년… 최악의 '취업 빙하기', 「조선일보」, 2017년 7월 2일.

2장 좁아진 중산층 진입의 문

1. 공태윤, 취업 전선의 弱者 슬픈 그대 이름은 지·여·인, 「한국경제」, 2014년 10월 2일 자, A2면.
2. 조소희·최강호, [부산대, 남녀 취업 격차 최고] 공대 선호 산업구조, 여학생 '유리 천장', 「부산일보」, 2018년 5월 24일 자.
3. 이주현 등(2018).
4. 가령 2013년 R&D 인원과 관련된 숫자는 모 회사의 지속가능경영보고서와 사업보고서에 있는 숫자를 그대로 가져다 쓴 것이다.
5. 서울대, 연세대, 고려대, 서강대, 성균관대, 한양대, 중앙대, 경희대, 한국외대, 서울시립대 등 10개 대학에 이화여대와 숙명여대를 포함한 것.
6. 박양수, SKY대 합격자 5명 중 2명은 女학생, 「문화일보」, 2010년 2월 22일 자.
7. 대학 알리미, https://www.academyinfo.go.kr/index.do
8. 경제활동인구조사 청년층 부가조사
9. 이승윤·백승호·김윤영(2017).
10. Das, Mitali, and Hilgenstock(2018).
11. Acemoglu and Autor(2011) 1043-1171.
12. David and Dorn(2013) 1553-97.
13. 고영선(2019).
14. Koh(2018).

3장 가려진 20대: 지방과 고졸

1. 최종렬, 『복학왕의 사회학』, 오월의봄, p.9
2. 네이버 웹툰 「복학왕」 4화 베스트댓글.
3. 양승훈, [양승훈의 공론공작소] 청년에게 '가족 밖 세상'을 허하라, 「경향신문」, 2018년 7월 25일.
4. 유지영(2016).
5. 김형주(2018) 41.
6. 통계청 인구총조사, 시도별 인구에서 전체 인구 대비 비율 계산. http://kosis.kr/statHtml/statHtml.do?orgId=101&tblId=DT_1IN1502&-conn_path=I2
7. 문영만·홍장표(2017).
8. 김준영·이주현(2017).

9. 금융감독원 금융통계정보시스템. 2019년 10월 6일 추출.

10. 「동아일보」, 사측 "서울 와야 R&D인력 확보"… 노조측 "구조조정 위한 꼼수", 2019년 5월 29일 자, A4면.

11. 「단비뉴스」, 구직 청년에겐 서울 사는 것도 '스펙'[지방대 위기와 혁신] ⑥ 부족한 취업 인프라 〈하〉, 2019년 6월 27일 http://www.danbinews.com/news/articleView.html?idxno=11857

12. 2008년 3월 개설된 인터넷 포털 네이버에 개설된 카페로 2019년 10월 5일 현재 회원 수는 191만 4,300명, 즐겨찾는 카페로 설정한 회원은 32만 8,200명에 달한다. https://cafe.naver.com/specup

13. 특성화고 취업률이 2010년 이후 가장 낮았던 2018년(65.1퍼센트)의 경우 전국 특성화고 졸업자는 9만 1,000명이었고, 그 가운데 진학을 제외한 미취업이 2만 명이었다.

14. 한국청소년정책연구원(2019).

15. 김성남·강서울·허영준(2018).

16. 「서울신문」, 2019년 7월 29일 자, A6면, 지방대 나와 지방中企 비정규직… '맨끝 출발선'에 선 청춘들.

17. 김성남·하재영(2018). 한국교육고용패널KEEP 자료를 이용했다.

18. 진형익·이미숙(2019). "심층면접조사를 통한 창원시 제조업 청년노동자 실태분석." 한국혁신학회지 14.3: 33-57.

19. 설문조사에서 계속 파악되는 정규직 취업자 31.3퍼센트와 정규직 취업 이후 상황을 파악할 수 없는 36.5퍼센트를 더한 값.

20. 제조업은 취업자가 대부분 고용보험에 가입하기 때문에, 고용보험 가입자를 기준으로 제조업 취업자수 증감을 판단할 수 있다.

21. 김문길 등(2015). 해당 보고서는 정부 각 부처의 정책 용역 보고서를 공개하는 온-나라 정책연구(http://prism.go.kr)에서 검색해 다운로드받을 수 있다.

22. 한국은 근로빈곤에 대한 확정된 기준이 없다. 보고서는 가처분소득을 기준으로 연령대별 중위 가처분소득의 50퍼센트를 빈곤선으로 놓았다. 다만 취업준비생 및 구직활동 포기자(니트·NEET)도 조사 대상에 포함했다.

4장 세습 중산층의 등장

1. 김영미(2016). 이 연구는 동그라미재단이 2016년 실시한 '한국사회 기회

불평등조사' 원시자료(마이크로데이터)를 이용했다.

2. 김영미(2016)가 썼던 홀링스헤드 사회경제적지위 지수를 독립변수로 이용했다. 이 지수는 부모의 학력과 직종을 점수화한 뒤 이를 합산하는 방식이다. 김영미(2016)는 학력은 교육 연수를 기준으로 삼았다고 했는데, 여기서는 홀링스헤드의 방식대로 대학원졸, 대졸, 고졸, 중졸, 기타 등을 점수화했다. 또 군인 및 공무원의 직업 점수는 전문직 및 준전문직(8점)과 사무직(7점)의 사이인 7.5점으로 잡았다. 김영미(2016)의 방법을 따라간 것은 해당 논문과의 일관성을 높이고, 보고서 자료 분석의 강건성을 확보하기 위한 것이다. 분석기법은 LOWESS(국부가중치 산점도 평활화) 기법이다.

3. 이경희·민인식(2016).

4. 허핀달-허쉬만 지수는 소수 기업에게 시장점유율이 어느 정도 쏠려 있는지 측정하기 위한 지표다. 각 기업들의 시장점유율을 제곱해 더하는 방식으로 구하는데, 극소수 기업이 높은 점유율을 차지할 때 높은 값이 나온다. 보통 기업 수를 50개 정도로 제한하곤 하는데, 여기서는 몇 개 학교로 제한하기 위한 기준이 없으므로 모든 학교의 서울대 신입생 점유율을 제곱해 더했다.

5. 「중앙일보」, "'개천서 용 날 수 없나' SKY진학률 비교해보니", 2012년 5월 10일 자, 4면.

6. 송화선, 사교육 철옹성 대치동-'명문대 운동권'이 일구고 어설픈 교육정책이 키웠다, 「신동아」, 2018년 10월호. https://shindonga.donga.com/3/all/13/1469904/1

7. 이규대, '사교육 공화국' 랜드마크에 욕망이 들끓다, 「시사저널」, 2013년 11월 23일 http://www.sisajournal.com/news/articleView.html?idxno=138558

8. 유지혜, 정진우, 하준호. 학원 강사가 모닝콜…목동 고3 "교실 30명 중 10명만 깨 있어", 「중앙일보」, 3월 14일 자, A5면.

9. 최예나, 교사 신분으로 학원 입시특강 파문→교육컨설팅 대표 변신 '대치동 오선생' 만나보니, 「동아일보」, 2010년 9월 25일 자, A5면.

10. 정현목, 'SKY 캐슬'에 비친 입시 광풍, 웃픈 현실 그대로, 「중앙선데이」, 815호 10면, 2018년 12월 12일.

11. 선담은, 스타강사 '이중생활' 적발 한 달…'대치동 1등' 학원은 여전히 성업 중, 「한겨레」, 2018년 11월 7일.

12. 이현진, 구은서, 움직이는 1인 중소기업…1타 강사, 학원가 넘어 유튜브까지 접수, 「한국경제」, 2019년 2월 9일 자, A11면.

13. 이규대, '사교육 공화국' 랜드마크에 욕망이 들끓다, 「시사저널」, 2013년 11월 23일 http://www.sisajournal.com/news/articleView.html?idxno=138558

14. 허문명, 조국 사태의 본질은 '교육세습'…러시아 특권층 노멘클라투라가 돼버린 386, 「신동아」, 2019년 9월 21일 자.

15. 주병기(2018).

16. 개천용지수는 부모의 교육수준이 가장 낮은 집단을 '최하위 환경' 집단이라 정의하고, 소득 상위 10% 중에 최하위 환경 출신인 비율을 전체 인구 중 최하위 환경 출신 비율로 나눈 값을 활용한 지수다. 만약 자녀의 소득이 부모의 교육수준과 관련이 없다면, 분모와 분자가 같기 때문에 1이 되고, 부모의 교육수준이 자녀의 소득을 모두 결정한다면 분모가 0이 되어 전체 값도 0이 될 것이다. 이 값을 1에서 빼주어 '개천에서 난 용'이 나오기 힘들수록 1에 가까운 값이 나오도록 했다. 불평등 지수들이 보통 더 불평등해질수록 값이 커지기 때문에 일관성을 갖게 하기 위해서다.

17. 가령 조국 서울대 교수의 법무부 장관 입각 당시 문제가 된 딸의 고려대 입학과 관련해 고려대 재학생 인터넷 커뮤니티인 '고파스'에서는 그의 과 선배라는 사람이 글을 올려 "노력으로 일군 결과와 성과들이 부정되고 있는 상황에서 억울하고 한스러울 친구의 마음을 조금이라도 이해하고 응원하는 친구가 있다는 걸 알고 기운냈으면 한다"고 변호했다. "평범한 다른 친구들처럼 자신의 미래를 위해서 그 노력을 해냈고 정당하게 의대에 진학했다"는 것이다. 출처: 「세계일보」, 조국 딸 대학 과 선배 목격담…" 눈에 띄는 외모와 성실함으로 유명", 최서영 온라인 뉴스 기자. 2019년 8월 23일. http://www.segye.com/newsView/20190823509140

18. 오성재 등(2016).

19. Heckman, Stixrud, and Urzua(2006) 411-482.

20. 이자형(2011) 205-233.

21. 김희삼(2017) 555-576.

22. Reeves(2017).

5장 '정상가족'이라는 특권

1. 강정석(2018) 54~72.

2. 90년대생에 대한 다수의 책이나 신문 기사는 이 세대의 특징으로 '개인주의'를 가장 먼저 거론한다. 20대 사회 인식을 공정, 성취, 개인주의 성취로 요약한 「매일경제」, 2019년 1월 4일 자 기사와 이를 인용한 박원익·조윤호의 90년대생에 대한 비평서 『공정하지 않다』가 대표적이다. 여기에서 개인주의는 공동체나 타인을 의식하지 않는 데 방점이 찍혀 있긴 하지만, 함인희 이화여대 교수가 「세계일보」 기고문에서 지적한 것처럼 가족과의 관계에서도 "가족 및 친족에 대한 책임과 의무로부터 자유롭고자 하는 시도가 강하다는 측면"이 강한 것으로 이해되고 있다.

3. 한국노동연구원 '노동패널' 2015년도 18차 조사의 원시자료(마이크로데이터)를 이용해 계산하였다.

4. 노동패널 자료를 선형회귀기법으로 분석하였다.

5. 소수점 둘째 자리까지 반올림해서 9.57퍼센트포인트 차이가 났다.

6. 18.47퍼센트포인트 차이가 났다.

7. 통계적 유의수준을 1퍼센트가 아니라 5퍼센트로 높였을 때 이러한 상관관계가 나타났다.

8. 연령, 소득과 연령과 소득을 곱한 상호작용항 등 세 독립변수로 회귀분석을 실시할 경우 연령·소득 상호작용항이 통계적으로 유의하게 양의 상관계수를 갖는다. 연령과 소득이 같이 높아질 경우 결혼할 확률이 올라간다는 것을 의미한다. 또 연령, 소득, 사회적 계층 지위를 독립변수로 회귀분석 할 경우 소득의 영향력은 모든 변수를 고려해 회귀분석을 실시했을 때와 비슷한 수준이다.

9. 주휘정·김민석(2018) 59-88. 2013~2016년 재정패널 원시자료를 이용하여 분석하였다.

10. 이재경·김보화(2015) 41-85.

11. 권오재(2017). 권 씨는 현재 하버드 대학교 박사과정에 재학 중이다.

12. 하인식 등, 창원·거제·포항, 집값 하락 '톱3'. 「한국경제」, 2018년 7월 26일 자, A3면.

13. 이는 지난 몇 년 간 부동산 투자자들에게 가장 널리 퍼져있는 이론이기도 하다. 부동산 전문가인 이상우 유진투자증권 연구위원이 2018년 6월 출간한 『대한민국 아파트 부의 지도』라는 책은 오르는 아파트의 첫 번째 조건을 '고소득 직장이 밀집된 지역'으로 꼽는다.

14. 하나금융연구소(2019).

15. 2016년 재정패널 원시자료 분석 결과.
16. Jorda et al.(2019) 1225-1298.
17. 마강래·권오규(2013) 169-188.

6장 세습 중산층의 기원

1. 성수영, 서민준, 추천서에 이름 쓰면 취업, 집 샀더니 몇배 뛰어…천운을 타고난 586, 「한국경제」, 10월 14일 자, 4면.
2. 임명묵, '86'이 되지 못한 내 어머니 '6'의 이야기, 「슬로우뉴스」, 2019년 9월 16일 게재, https://slownews.kr/74196
3. 고용노동부, 전국 노동조합 조직현황, 2008년.
4. 2008년을 기준 시점으로 삼은 이유는 2010년대에 접어들면 공공부문, 서비스부문에서 노조 가입이 늘어나면서 종사자 수 300인 이상 사업체에서 노조에 가입한 노동자 숫자가 늘어나기 때문이다. 배혜정, [2010년 이후 노조 조합원 어디서 늘었나] 공공·서비스 여성 무기계약직 노조가입 증가세 뚜렷, 매일노동뉴스, 2017년 8월 18일.
5. 2008년 현재 노조에 가입한 노동자 115만 6,000명 가운데 300인 이상 사업체 소속 노동자는 71.9센트에 달한다.
6. 「경향신문」, 1975년 11월 13일 자, 3면. '대학 선택… 어디로 갈 것인가: 프롤로그: 일류의 허실'에서 재인용
7. 「매일경제」, 1973년 4월 9일 자, 8면. '밝아진 화이트칼라의 생활전선 55.4 퍼센트의 취업률'
8. 「매일경제」, 1981년 9월 14일 자, 7면. '대기업 사장이 모교 찾아 후배 유치'
9. 「경향신문」, 1981년 8월 8일 자, 5면, '대학생 아르바이트 문호 개방 서두르는 기업들 "예비사원을 잡아라"'.
10. 노동연구원(1990).
11. 대학교육연구소(2013).
12. Koh(2018).
13. 삼성전자(2010).
14. 반정호(2010) 3-15.
15. 이성균(2011) 38-49.
16. 방하남 등(2011).
17. 홍민기(2015) 1-34와 홍민기 '최상위 소득 비중 장기추세 결과표 2016년

까지 수치 갱신, 2018/01/03', https://sites.google.com/site/hminki00/.

18. 홍민기(2016) 27-50.
19. 박태주, 현대자동차에는 한국 노사관계가 있다. 「매일노동뉴스」, 2014.
20. 김우섭, '영업통' 최현만, '주식 천재' 구재상…미래에셋 성공 주춧돌 '박현주 사단', 「한국경제」, 2017년 6월 27일 자, A4면.
21. 박지훈, [한국 펀드매니저 대해부] (3) 성장주 下 | 헤지펀드 고수들 전성시대 맞아 전통 강자 '공모펀드' 명성 되찾을까. 「매일경제」, Luxmen. 2018년 3월호.
22. 남기현, 이한나, '[펀드매니저 이야기] 박건영 브레인투자자문 대표', 「매일경제」, 2009년 10월 16일 자.
23. 임원기, 인터넷산업 좌지우지하는 86학번 천재들 https://limwonki. com/20
24. 임원기, 앞의 블로그 게시글.
25. 김철수, "IT 업계 삼성 출신 '잘 나가네', '최대 벤처 인맥' 부상", 「한국경제」, 2000년 7월 20일 자.
26. 박태주, ibid. p.9
27. 서진발, 숨막혔던 13시간의 극적 드라마, 「연합뉴스」, 2008년 8월 24일.
28. 박운영. 대기업, '천명 단위 감원시대' 돌입. 「연합뉴스」, 2008년 3월 18일.
29. 송호근. 가보지 않은 길: 한국의 성장동력과 현대차 스토리. 나남. 2017년.
30. 조성재(2012) 55-66.
31. 박태주, ibid. p.16
32. 조성재(2012) 55-66.
33. 방하남·이상호(2006) 93-126.
34. 이철승·정준호(2018) 316-373.
35. 이철승(2019).
36. 김희삼(2014). KDI가 2013년에 실시한 'KDI 행복 연구' 설문조사 중 남성 응답자 1,525명을 대상으로 하였다.

7장 계급의식의 형성

1. 이재훈·오연서, '조국 대전' 끼지 못한 이들의 분노 "난 주인공 될 수 없는 영화 같았다", 「한겨레」, 2019년 10월 29일 자, 1면
2. 정한울, 조국 이슈로 본한국인의 공정성 인식 격차, 한국사회과학연구SSK 네트워킹 지원사업단 주최 토론회 발표 자료, 2019년 10월 25일.

3. 이 부분의 서술은 한겨레경제사회연구원·「한겨레21」·글로벌리서치가 2018년 1월 23~25일 전국 만 19~59세 남여 2,000명을 대상으로 실시한 온라인 여론조사 결과표를 기초로 한 것이다. 당시 응답률은 35.9퍼센트 이고 표본오차는 95퍼센트 신뢰수준에서 ±2.2퍼센트포인트였다.

4. 「조선일보」 특별취재팀, ['G세대 한국인' 새 100년을 이끈다] [上] G(Global)세대 '대한민국 희망둥이'로 뜨다, 2010년 1월 1일. 1면

5. 유정인·박은하, [복지국가를 말한다](1부)② 과부하 걸린 한국의 가족, 2011년 5월 11일.

6. 한귀영, [한귀영의 프레임 속으로] 촛불을 들지 못한 20대들, 「한겨레」, 2019년 9월 27일 자.

7. 4장에서 사용했던 것과 마찬가지로 김영미(2016)가 썼던 홀링스헤드 사회경제적지위 지수를 독립변수로 이용했다.

8. 김영미(2016) 27-52.

8장 '20대 남성 보수화'라는 신화

1. 김선기(2019).

2. 인터넷 하위문화를 다룬 웹사이트인 나무위키는 20대 개새끼론에 대해서 "2000년부터 2009년쯤까지의 한국의 20대(넓게 보면 30대 포함)의 정치적 무관심 및 체제 순응 경향에 대한 비판을 담은 극단적인 비칭"이라고 설명한다. https://namu.wiki/w/20대%20개새끼론

3. 정환보. '20대 청년 비하' 뭇매…여당, 자중지란. 「경향신문」, 2019년 2월 25일 자, A9면.

4. CBS 라디오 '시사자키 정의용입니다'. "20대 남성, 아버지 재산 지키려고 문재인에 등 돌렸다". 2019년 1월 14일 자, https://www.nocutnews.co.kr/news/5089708

5. 천관율·정한울(2019).

6. 박다해. [단독] "페미니즘 무장한 20대 여성은 집단이기주의"라는 대통령 직속 정책기획위. 「한겨레」, 2019년 2월 27일 13면.

7. 최성용(2019) 93-113에서 재인용.

8. 성한용. [성한용 칼럼] 조국 사태, 세대가 아니라 계급이 문제다. 「한겨레」, 2019년 9월 16일 자, 26면.

9. 정원식. 조돈문 노회찬재단 이사장 "조국 사태에서 20대가 분노한 건 계

급불평등의 세습을 봤기 때문". 「경향신문」, 2019년 9월 10일 자, A6면.

10. 글을 쓰고 있는 2019년 10월 현재 조국 전 법무부 장관 논란은 종료되지 않았고, 그 사건의 '충격'에 대한 영향을 분석하기에도 이르다.

11. 류재성, 부동층은 누구인가? 2012년 총선 및 대선, 2014년 지방선거 비교 분석, 강원택 편, 2014년 지방선거 분석.

12. 조선아 · 유계숙(2018) 86-119.

13. 천관율 · 정한울(2019) 65.

14. 정보통신정책연구원, 2018년 한국미디어패널조사 원시자료(마이크로데이터).

15. 앤더슨(2019) 및 Anderson(1979).

에필로그

1. 권영은. "미국서 취업 실패해 한국 온 것 아닙니까" 힘 못쓰는 해외파 타이틀. 「한국일보」, 2014년 12월 6일 자, 2면.

2. 이슬비. 장관 18명 중 12명, 자녀 자사고 · 외고 · 유학 보내. 「조선일보」, 2019년 7월 12일 자, A6면.

3. 김호경, SKY도 못 피하는 취업난 "문과는 진짜 노답", 「동아일보」, 2019년 1월 15일 자, A5면.

4. Jeong(2017).

5. 고재학, [고재학 칼럼] 한국사회 장악한 586세대의 몰염치, 「한국일보」, 2019년 6월 17일 자, 30면.

6. 매년 8월을 기준으로 하였다.

7. 피케티(2017) 404.

8. 김지훈, 권력 장악 '막강 386세대' 양보해야 자녀 세대가 산다" '불평등 세대' 출간 이철승 서강대 사회학과 교수. 「한겨레」, 2019년 8월 12일 자, 21면

9. 김인수 · 석민수, "금융권 임금피크제 왜 실패했나… 대부분 관리직 출신", 「매일경제」, 2011년 11월 30일 5면.

10. 권다희, "은행권 임금피크제 10년… 채용 · 고용보장 효과 모두 '글쎄'", 「머니투데이」, 2015년 8월 17일 5면.

11. 이문영, "미래 세대는 다시 이용당했다", 「한겨레21」, 1080호. 2015년 9월 21일.

12. 피용익, "정년 연장이요? '쉰세대'에겐 먼나라 얘기죠", 「이데일리」, 2015년 8월

17일. https://www.edaily.co.kr/news/read?newsId=01193926609468304

13. OECD(2018).

14. Ostry, Loungani and Berg(2019).

15. World Bank(2019).

16. 심상정 의원 블로그. [보도자료] 심상정, 소득 천분위 자료 공개 (종합, 근로, 배당, 이자 소득). https://blog.naver.com/713sim/221350785950

강정석(2018). 「가족을 만들 수도, 가족을 떠날 수도 없는 청년」. 『황해문화』 2018년 봄. 54~72쪽.

고영선(2019). 「임금격차는 어떻게, 왜 변해 왔는가?」. 『KDI 정책포럼』. No. 274.

고용노동부(2008). 『전국 노동조합 조직현황』. 고용노동부.

고은미(2011). 「Changes in Wage Differentials among College Graduates in South Korea, 1999~ 2008」. 『노동경제논집』 34.1. 103~138쪽.

권오재(2017). 『결혼의 계층화와 전통적 성 정체성의 고착: 부모 자산이 성인 자녀의 결혼 이행에 미치는 영향』. 서울대학교 대학원 석사학위 논문.

권혜자, 이혜연(2019). 「대기업 집단 및 중견기업의 임금 프리미엄: 대졸 청년 층을 중심으로」. 『노동정책연구』 19.1. 1~28쪽.

김문길 등(2015), 『청년근로빈곤층 사례 연구』. 한국보건사회연구원, 2015.

김선기(2019). 『청년팔이 사회: 세대론이 지배하는 일상 뒤집기』. 오월의봄.

김성남, 강서울, 허영준(2018). 『고졸 취업자의 노동시장 정착방안』. 한국직업 능력개발원.

김성남, 하재영(2018). 「고졸 취업자의 노동시장 이행경로 유형화」. 『진로직업 연구』. 31.4. 89~111쪽.

김영미(2016). 「계층화된 젊음: 일 가족형성에서 나타나는 청년기 기회불평등」. 『사회과학논집』. 47.2. 27~52쪽.

김영철(2015). 「노동시장 이중 선별구조를 활용한 입시체제 분석」. 『재정학연 구』 8.4. 25~70쪽.

김유선(2019).「한국노동시장의 구조와 쟁점」. 한국노동사회연구소 이슈 페이퍼.

김준영, 이주현(2017).「지방대학 졸업생의 수도권 이동과 노동이동 성과」. 한국고용정보원.

김형주(2018).『청년 사회·경제 실태 및 정책방안 연구 Ⅲ』. 한국청소년정책연구원.

김희삼(2014).「세대 간 계층 이동성과 교육의 역할」. 김용성·이주호 편.『인적자본정책의 새로운 방향에 대한 종합 연구』. 연구보고서 2014-08. KDI.

김희삼(2017).「다중격차와 사회통합의 다중장벽: 경제자본, 인적자본, 사회자본의 동조성」.『한국사회보장학회 정기학술발표논문집』2017.1. 555~576쪽.

나무위키.「20대 개새끼론」. https://namu.wiki/w/20대%20개새끼론

노동연구원(1990).『중장기 노동력 수급 전망』. 노동연구원.

대학교육연구소(2013).『대교연 통계 3호』. 대학교육연구소.

류재성(2015).「부동층은 누구인가? 2012년 총선 및 대선, 2014년 지방선거 비교 분석」. 강원택 편.『2014년 지방선거 분석』. 나남.

마강래, 권오규(2013).「주택자산의 세대간 이동성에 관한 연구」.『주택연구』21. 169~188쪽.

문영만, 홍장표(2017).「청년층의 노동시장 격차 및 지역인재 유출요인」.『지역사회연구』. 25.2. 165~187쪽.

박원익, 조윤호(2019).『공정하지 않다: 90년대생들이 정말 원하는 것』. 지와인.

박태주(2014).『현대자동차에는 한국 노사관계가 있다』.「매일노동뉴스」.

반정호(2010).「청년층 고용상황과 소득수준의 변화」.『노동리뷰』10. 3~15쪽.

방하남 등(2011).『베이비붐 세대의 근로생애 연구』. 노동연구원.

방하남, 이상호(2006).「'좋은 일자리(Good job)'의 개념 구성 및 결정요인의 분석」.『한국사회학』40.1. 93~126쪽.

배규식(2017).「새 정부의 공공부문 일자리 정책」. 희망연구소 주최 사다리포럼 발표문.

삼성전자(2010).『삼성전자 40년』. 삼성전자.

송호근(2017).『가보지 않은 길: 한국의 성장동력과 현대차 스토리』. 나남.

신광영(2008).「중산층 살리기는 사회 양극화 해소의 해법인가?」.『기로에 선 중산층: 현실진단과 복원의 과제』. 한국사회학회. 인간사랑.

심상정 의원 블로그.「[보도자료] 심상정, 소득 천분위 자료 공개 (종합, 근로,

배당, 이자 소득)」, https://blog.naver.com/713sim/221350785950

양준석, 박태수(2017).「대중소기업간 임금격차 원인 분석: 최근의 쟁점을 중심
　　으로」.『산업관계연구』27.1. 1~19쪽.

오성재 등(2016).「가구환경과 교육성취의 기회: 대학수학능력시험 성적을 이
　　용한 연구」.『재정학연구』. 9.4. 1~32쪽.

우석훈, 박권일(2007).『88만원세대: 절망의 시대에 쓰는 희망의 경제학』. 레디
　　앙 미디어.

우제윤 등. 치열한 스펙경쟁 세대⋯꼼수로 내 기회 박탈 때 가장 분노. 매일경
　　제신문 2019년 1월 5일 자.

유지영(2016).「융복합시대 우리나라 지방대학생의 경제적, 일상적 좌절에 대
　　한 연구-지방대학생&서울 소재 대학생 비교를 중심으로」.『디지털융
　　복합연구』. 14.1. 43~52쪽.

윤철경(2019).『학교 밖 청소년 지역사회 지원모델 개발연구 I : 질적 패널 조사
　　를 중심으로』. 한국청소년정책연구원

이경희, 민인식(2016).『직업 및 소득 계층의 세대 간 이전에 관한 연구』. 한국
　　노동연구원.

이상림(2018).「미혼인구의 결혼 관련 태도」.『보건복지포럼』268. 6~18쪽.

이상우(2018).『대한민국 아파트 부의 지도』. 한빛비즈.

이성균(2011).「베이비붐 세대의 교육성취와 직업경험의 다양성」.『노동리뷰』
　　2. 38~49쪽.

이승윤, 백승호, 김윤영(2017).『한국의 불안정 노동자』. 후마니타스.

이자형(2011).「일반계 고등학생의 비인지적 능력 결정요인에 대한 구조분석」.
　　『교육사회학연구』21. 205~233쪽.

이재경, 김보화(2015).「2, 30대 비혼 여성의 결혼 전망과 의미: 학력 집단 간 차
　　이를 중심으로」.『한국여성학』31.4. 41~85쪽.

이주현 등(2018).『2017 대졸자직업이동경로조사 기초분석보고서』. 한국고용
　　정보원.

이지영, 고영선(2019).「대학 서열과 생애임금격차」.『KLI패널 워킹페이퍼』1.
　　한국노동연구원.

이철승(2019).『불평등의 세대』. 문학과지성사.

이철승, 정준호(2018).「세대 간 자산 이전과 세대 내 불평등의 증대 1990~
　　2016」.『동향과 전망』104. 316~373쪽.

임명묵(2019년 9월 16일). 「'86'이 되지 못한 내 어머니 '6'의 이야기」. 「슬로우
뉴스」. https://slownews.kr/74196

임원기. 「인터넷산업 좌지우지하는 86학번 천재들」. https://limwonki.com/20

전병유, 황인도, 박광용(2018). 「노동시장의 이중구조와 정책대응: 해외사례 및
시사점」. 한국은행.

정이환(2014). 「국제비교를 통해서 본 한국의 고용불안정」. 『경제와사회』 103.
103~128쪽.

정한울(2019). 「조국 이슈로 본 한국인의 공정성 인식 격차」. 『2019년 추계공동
세미나 한국사회의 세대문제 -불평등과 갈등-』 자료집. 코리아컨센서
스연구원.

조선아, 유계숙(2018). 「서울시 남자대학생의 삶의 만족도가여성혐오에 미치는 영
향: 결혼의향의 조절효과를 중심으로」. 『가족과 문화』 30.1. 86~119쪽.

조성재(2012). 「현대차 노사관계의 바람직한 미래」. 『노동리뷰』 12. 55~66쪽.

조윤서(2013). 「대학 명성이 임금에 미치는 영향 분석」. 『교육재정경제연구』
22. 185~209쪽.

주병기(2018). 「소득과 교육의 공정한 기회평등: 우리사회의 현실과 개선안」.
서울대 분배정의연구센터 워킹페이퍼 DP201813. 서울대 분배정의연구
센터.

주휘정, 김민석(2018). 「청년층의 결혼 이행 여부에 대한 경제적 배경 요인의
영향」. 『사회적경제와 정책연구』 8.2. 59~88쪽.

진형익, 이미숙(2019). 「심층면접조사를 통한 창원시 제조업 청년노동자 실태
분석」. 『한국혁신학회지』. 14.3. 33~57쪽.

채창균(2014). 「4년제 대졸과 전문대졸의 초기 노동시장 성과 비교」. 『KRIVET
이슈브리프』 50.

천관율, 정한울(2019). 『20대 남자: 남성 마이너리티 자의식의 탄생』. 시사IN북.

최성용(2019). 「'20대 남성'담론을 질문한다」. 『황해문화』 2019년 여름. 93~113쪽.

최종렬(2018). 『복학왕의 사회학: 지방 청년들의 우짖는 소리』. 오월의봄.

하나금융연구소(2019). 『2019년 부자보고서』. 하나금융연구소.

함인희. 가족이 선택한 '우발적 다원주의'의 한계. 세계일보 2019년 9월 17일 자.

홍민기(2015). 「최상위 소득 비중의 장기 추세 (1958-2013년)」. 『경제발전연
구』 21.4. 1~34쪽.

홍민기(2016). 「최상위 소득 집단의 직업 구성과 직업별 소득 분배율」. 『사회경

제평론』. 14. 27~50쪽.

홍민기(2018년 1월 3일).「최상위 소득 비중 장기추세 결과표 2016년까지 수치
    갱신」. https://sites.google.com/site/hminki00/

황수경(2003).「내부자Insiders 노동시장과 외부자Outsiders 노동시장의 구조 분석
    을 위한 탐색적 연구」,『노동정책연구』. 49~86쪽.

Acemoglu, Daron, and David Autor(2011). "Skills, tasks and technologies:
    Implications for employment and earnings." Handbook of Labor
    Economics. Vol. 4. Elsevier. 1043-1171.

Anderson, Kristi(2019). 이철희 옮김.『진보는 어떻게 다수파가 되는가: 미국의
    뉴딜 연합(1928~36년)』후마니타스.

Corak, Miles(2013). "Income inequality, equality of opportunity, and
    intergenerational mobility", Journal of Economic Perspectives 27.3: 79-
    102.

Das, Ms Mitali, and Benjamin Hilgenstock(2018). The Exposure to
    Routinization: Labor Market Implications for Developed and
    Developing Economies. International Monetary Fund.

David, H., and David Dorn(2013). "The growth of low-skill service jobs and
    the polarization of the US labor market." American Economic Review
    103.5 : 1553-97.

Heckman, James J., Jora Stixrud, and Sergio Urzua(2016). "The effects of
    cognitive and noncognitive abilities on labor market outcomes and
    social behavior." Journal of Labor Economics 24.3: 411-482.

Jeong, Hyeok(2017). Korea's growth experience and long-term growth
    model. The World Bank.

Jorda, Oscar, et al(2019). "The rate of return on everything, 1870~2015." The
    Quarterly Journal of Economics 134.3 (2019): 1225-1298.

Koh, Youngsun(2018). "The Evolution of Wage Inequality in Korea." KDI
    Policy Study 1.

OECD(2018). A Broken Social Elevator? How to Promote Social Mobility,
    OECD Publishing.

Ostry, Jonathan D., Prakash Loungani, and Andrew Berg(2019). Confronting
    Inequality: How Societies Can Choose Inclusive Growth. Columbia

University Press.

Piketty, Thomas(2014). 장경덕 옮김. 『21세기 자본』. 글항아리.

Reeves, Richard(2017). 김승진 옮김. 『20 VS 80의 사회』. 민음사.

Thompson, William E., Joseph V. Hickey, and Mica L. Thompson(2016). *Society in focus: An introduction to sociology*. Rowman & Littlefield.

World Bank(2019). *World Development Report 2019: The Changing Nature of Work*, World Bank.

세습 중산층 사회

90년대생이 경험하는 불평등은 어떻게 다른가

1판 1쇄 펴냄 | 2020년 1월 20일
1판 18쇄 펴냄 | 2024년 11월 20일

지은이 | 조귀동
발행인 | 김병준·고세규
편 집 | 정혜지
디자인 | 김은영·이순연
마케팅 | 김유정·차현지·최은규
발행처 | 생각의힘

등록 | 2011. 10. 27. 제406-2011-000127호
주소 | 서울시 마포구 독막로6길 11, 2, 3층
전화 | 02-6925-4183(편집), 02-6925-4188(영업)
팩스 | 02-6925-4182
전자우편 | tpbook1@tpbook.co.kr
홈페이지 | www.tpbook.co.kr

ISBN 979-11-85585-82-6 03330